主　　编　孙晓勇　国家法官学院院长
最高人民法院司法案例研究院院长
副 主 编　胡田野　国家法官学院副院长
刘　畅　最高人民法院司法案例研究院规划部主任
主编助理　赵文轩　最高人民法院司法案例研究院规划部编辑
刘丽媛　最高人民法院司法案例研究院规划部编辑

《中国法院年度案例》编辑人员（按姓氏笔画）
王　锐　刘　畅　朱建伟　朱　琳　吴光荣　李晓果
李　谦　杨小利　胡　岩　赵文轩　唐世银　徐一楠
贾　傳　曹海荣　梁　欣　程诗翰　程　瑛

本书编审人员　王　锐

中国法院2022年度案例

国家法官学院　最高人民法院司法案例研究院 / 编

金融纠纷

中国法制出版社
CHINA LEGAL PUBLISHING HOUSE

《中国法院2022年度案例》通讯编辑名单

序

党的十八大以来，以习近平同志为核心的党中央高度重视法治在推进国家治理体系和治理能力现代化中的重要作用，党的十九届六中全会通过的《中共中央关于党的百年奋斗重大成就和历史经验的决议》指出，必须坚持中国特色社会主义法治道路，贯彻中国特色社会主义法治理论，坚持依法治国、依法执政、依法行政共同推进，坚持法治国家、法治政府、法治社会一体建设，全面增强全社会尊法学法守法用法意识和能力。人民法院始终坚持以习近平法治思想为指导，把加强司法案例研究作为推进全面依法治国的重要途径，通过发布具有普遍指导意义的典型案例，统一法律适用、提高审判质效，提升司法公信力，努力让人民群众在每一个司法案件中感受到公平正义。《中国法院年度案例》丛书，旨在总结提炼典型案例的裁判规则和裁判方法，发挥司法规范、指导、评价、引领的重要作用，大力弘扬社会主义核心价值观，增强全民法治意识和法治素养，展现新时代我国法治建设新成就。

《中国法院年度案例》丛书自2012年编辑出版以来，已连续出版11年，受到读者广泛好评。近年来，为更加全面地反映我国司法审判执行工作的发展进程，顺应审判执行实践需要，响应读者需求，丛书2014年度新增金融纠纷、行政纠纷、刑事案例3个分册，2015年度将刑事案例调整为刑法总则案例、刑法分则案例2个分册，2016年度新增知识产权纠纷分册，2017年度新增执行案例分册，2018年度将刑事案例扩充为4个分册。自2020年起，丛书由国家法官学院与最高人民法院司法案例研究院共同编辑，每年年初定期出版。在全国各级人民法院的大力支持下，丛书编委会现编辑出版《中国法院2022年度案例》系列丛书，共23册。为助力实施环境资源审判专门化的司法政策，推进生态文明建设与绿色发展，自今年起，丛书将土地纠纷（含林地纠纷）分册改为土地纠纷（含环境资源纠纷）分册。

《中国法院年度案例》丛书以开放务实的态度、简洁明快的风格，在编辑中坚持以下方法，努力把案例书籍变得“好读有用”：一是高度提炼案例内容，控制案例篇幅，每个案例基本在3000字以内；二是突出争议焦点，剔除无效信息，尽可能在有限的篇幅内为读者提供有效、有益的信息；三是注重对裁判文书的再加工，大多数案例由案件的主审法官撰写“法官后语”，高度提炼、总结案例的指导价值，力求引发读者思考，为司法工作提供借鉴，为法学研究提供启迪。

《中国法院年度案例》丛书编辑工作坚持以下原则：一是广泛选编案例。国家法官学院和最高人民法院司法案例研究院每年通过各高级人民法院从全国各地法院汇集上一年度审结的典型案例近万件，使该丛书有广泛的精选基础，优中选优，可提供给读者新近发生的全国各地多种类型的典型性案例。二是方便读者检索。为体现以读者为本的宗旨，丛书分卷细化，每卷下还将案例主要根据案由分类编排，每个案例用一句话概括裁判规则、裁判思路或焦点问题作为主标题，让读者一目了然，迅速找到目标案例。

中国法制出版社始终全力支持《中国法院年度案例》丛书的出版，给了作者和编辑们巨大的鼓励。2022年，丛书将继续提供数据库增值服务。购买本书，扫描前勒口二维码，即可在本年度免费查阅往年同类案例数据库。我们在此谨表谢忱，并希望通过共同努力，逐步完善，做得更好，真正探索出一条编辑案例书籍、挖掘案例价值的新路，更好地服务社会主义法治国家建设、服务法治社会建设、服务学习研究法律的读者。

《中国法院年度案例》丛书既是法官、检察官、律师等法律工作者的办案参考和司法人员培训的实用教材，也是社会大众学法用法的经典案例读本，同时是教学科研机构案例研究的良好系列素材。当然，案例作者和编辑在编写过程中也难以一步到位实现最初的编写愿望，客观上会存在各种不足甚至错误，欢迎读者批评指正。我们愿听取各方建议，不断扩宽深化司法案例研究领域，立足新发展阶段，实现中国特色司法案例研究事业的高质量发展。

国家法官学院

最高人民法院司法案例研究院

2022年1月

目　录

Contents

一、银行卡纠纷

（一）借记卡纠纷

（二）信用卡纠纷

二、储蓄存款合同纠纷

三、金融借款合同纠纷

四、票据纠纷

（一）票据付款请求权纠纷

（二）票据追索权纠纷

六、融资租赁合同纠纷

七、委托理财合同纠纷

八、财产保险合同纠纷

九、其他

一、银行卡纠纷

（一）借记卡纠纷

1

可疑交易下发卡行违反
保障账户内资金安全义务的认定

——周某萍诉甲银行中南路支行借记卡案

【案件基本信息】

1. 裁判书字号

北京市第一中级人民法院（2020）京01民终5448号民事判决书

2. 案由：借记卡纠纷

3. 当事人

原告（被上诉人）：周某萍

被告（上诉人）：甲银行中南路支行

【基本案情】

2011年12月13日，经原告申请，被告为原告开通银行借记卡账户，并向原告发放了相应借记卡。其后，原告分别于2014年8月19日、2016年4月7

日、2017 年 7 月 2 日向被告申请挂失及补发新卡。2017 年 8 月 10 日 16 时 47 分至 18 时 14 分之间，涉案银行卡账户发生了 283 笔交易，交易金额均为 1000 元（总计 283000 元），交易方式均为发生在境外的第三方快捷支付，交易的对方账号均一致。诉讼中，原告称前述 283 笔交易均为他人盗刷。前述交易发生后，该银行卡除利息存入外未发生过交易。2017 年 8 月 16 日，原告将涉案银行卡永久挂失成功。2017 年 9 月 4 日，原告拨打电话报警并前往北京市公安局海淀分局田村派出所反映情况。2017 年 11 月 27 日，原告将该银行卡剩余款项取出，并将该银行卡销户。

诉讼中，双方当事人均确认涉案银行卡开通了短信提醒服务，原告称其未收到被告关于涉案交易的短信通知；被告对此不予认可，但未向法院提交相反证据。

原告认为被告未能妥善保管原告交付的货币资金，应承担赔偿责任。故原告诉至法院，要求：1. 判令被告支付原告存款本金 283000 元及利息损失 1000 元，暂共计 284000 元（按照中国人民银行同期存款利率自 2017 年 8 月 10 日起计算至付清之日止，暂计算至 2018 年 11 月 1 日）；2. 判令被告承担本案全部诉讼费用。

【案件焦点】

被告作为发卡行是否适当履行了保障储户账户内资金安全的义务。

【法院裁判要旨】

北京市海淀区人民法院经审理认为：原告在被告申请开立银行账户，被告受理该申请后，为原告开立涉案账户，双方成立合法有效的储蓄合同关系，该合同关系为双方真实意思表示，亦未违反相关法律法规的强制性规定，应属有效。被告作为原告涉案账户的开户行，负有保障原告账户内资金安全、不被盗用的义务。

《中国银监会、中国人民银行关于加强商业银行与第三方支付机构合作业务管理的通知》（银监发〔2014〕10 号）第十条规定：“商业银行应就大额支付、可疑支付及时通知客户。对开通短信或其他方式即时通知功能的客户，应就每一笔支付交易即时通知客户。通知信息中包含但不限于第三方支付机构名称、交易金额、交易时间等”；第十四条规定：“商业银行应将与第三方支付机构的合作业务纳入全行业务运营风险监测系统的监控范围，对其中的商户和客户在本行的账户资金活动情况进行实时监控，达到风险标准的应组织核查。特别是对其中大额、异常的资金收付应做到逐笔监测、认真核查、及时预警、及时控制”；第十五条规定：“商业银行应对客户通过第三方支付机构进行的交易建立自动化的交易监控机制和风险监控模型，及时发现和处置异常行为、套现或欺诈事件”。据此，在储户使用第三方支付机构进行交易，尤其在进行大额、可疑交易时，商业银行的相应通知、审慎义务等亦为其保障储户账户内资金安全义务的重要内容。

本案中，涉案283笔交易均为发生在境外的交易，且自第一笔交易发生至最后一笔交易结束之间的时间间隔不足90分钟，交易金额均为1000元，交易的对方账户亦相同，与日常消费模式不符，明显为异常、可疑交易。同时，原告称其未收到被告关于涉案283笔交易的通知，被告虽对此不予认可，但其在认可涉案银行卡已开通短信提醒服务的情况下，未就原告的前述主张向一审法院提交相反证据，在此情况下，应当认定被告未适当履行其通知、审慎义务。综上所述，被告作为原告涉案银行卡账户的开户行，其银行交易系统未能准确识别该异常交易，在前述交易发生时以及交易发生后，均未对前述交易进行风险识别，亦未就前述交易向原告发送提醒通知或进行核实，未适当履行其保证储户资金安全的合同义务，应对原告的资金损失承担违约责任。故原告要求被告赔偿其账户资金损失283000元及相应利息损失（利息损失按照中国人民银行同期同类活期存款基准利率，自2017年8月10日起计算至实际付清之日止）的诉讼请求，具有事实及法律依据，一审法院予以支持。

北京市海淀区人民法院依照《中华人民共和国合同法》[①] 第五条、第八条[②]、

---

① 《中华人民共和国民法典》于2021年1月1日起实施，《中华人民共和国合同法》、《中华人民共和国民法总则》等同时废止，本书收录的部分案例裁判于《中华人民共和国民法典》生效前，适用的是当时有效的法律规定，下文将不再对此进行提示。

② 对应《中华人民共和国民法典》第四百六十五条。

第一百零七条①，《中华人民共和国民事诉讼法》② 第六十四条第一款，《最高人民法院关于民事诉讼证据的若干规定》第五条第二款，作出如下判决：

甲银行中南路支行于本判决生效之日起十日内向周某萍支付283000元及相应利息损失（利息损失按照中国人民银行同期同类活期存款基准利率，自2017年8月10日起计算至实际付清之日止）。

被告不服一审判决，提起上诉。北京市第一中级人民法院同意一审法院裁判意见，依照《中华人民共和国民事诉讼法》第一百七十条第一款第一项之规定，判决如下：

驳回上诉，维持原判。

【法官后语】

保障储户资金安全、不被盗用是银行卡开户行作为储蓄合同当事人的义务。银行卡盗刷案件审理的争议焦点往往集中在银行是否适当履行了保障储户资金安全义务。

在有卡交易中，是否存在伪卡是查明事实的关键。在争议交易发生前后的短时间内，一旦出现持卡人在其他位置使用银行卡进行交易，再结合交易发生的时间间隔及空间距离，通常可认定是否存在伪卡。

随着支付宝、微信等第三方支付平台越来越普及，商业银行与第三方支付机构的业务合作也越来越紧密，通过支付宝等网上第三方支付平台进行的银行账户交易均为无卡交易。无卡交易背景下不存在伪卡盗刷的情形，此时，认定银行是否适当履行义务主要在于审查银行是否做到了相应的审慎、通知义务。《中国银监会、中国人民银行关于加强商业银行与第三方支付机构合作业务管理的通知》（银监发〔2014〕10号）明确了商业银行的审慎、通知义务。具体可参照该通知第十条、第十四条、第十五条之规定。

---

① 对应《中华人民共和国民法典》第五百七十七条。

② 《中华人民共和国民事诉讼法》已于2021年12月24日修改，于2022年1月1日实施，本书收录案例均裁判于该法修改之前，适用的是当时有效的条文，下文将不再对此进行提示。

本案中，涉案283笔交易均为发生在境外的交易，且全部交易发生的时间前后不足90分钟，每笔交易金额均为1000元，交易的对方账户亦相同，与日常消费模式不符，明显为异常、可疑交易。该银行卡开通了短信提醒，而甲银行中南路支行作为专业的商业银行，未提供相应证据证明其就涉案交易进行了通知，因此，应当认定甲银行中南路支行未适当履行其通知、审慎义务。

本案的裁判思路，与最高人民法院于2021年5月24日发布的《最高人民法院关于审理银行卡民事纠纷案件若干问题的规定》的主旨、理念也是一致的。另外，应当注意的是，交易是否为他人盗刷与银行是否适当履行了保护客户资金安全的义务不能等同。在我们审理的另一案件中，案涉交易亦为无卡交易，但在案证据表明，持卡人曾收到诈骗短信，并点击了短信中的链接，将收到的验证码输入至该链接。因此，在该案中，虽然相应交易为他人盗刷，但不能因此认定银行没有适当履行保障储户资金安全的义务。

编写人：北京市海淀区人民法院　刘雨

2

发卡行保障储户账户内资金安全义务的合理限度

——闫丽某诉某银行股份有限公司北京新兴支行借记卡案

【案件基本信息】

1. 裁判书字号

北京市海淀区人民法院（2019）京0108民初57594号民事判决书

2. 案由：借记卡纠纷

3. 当事人

原告：闫丽某

被告：某银行股份有限公司北京新兴支行

【基本案情】

原告系卡号为×××的某银行银行卡持有人，该银行卡的开户行为被告。2019年7月15日18时7分至18时10分之间，涉案银行卡发生三笔支出，金额分别为24667.41元、24667.41元、500元，交易摘要分别为银联二维码支付-Flu Bangkok ×××、银联二维码支付-Flu Bangkok ×××、银联二维码支付-晨某超市。诉讼中，双方当事人均确认前述交易系因涉案银行卡绑定了银联云闪付APP后，通过银联二维码支付。

诉讼中，原告称前述三笔交易均非其本人操作，系他人盗刷。2019年7月16日，原告对涉案银行卡进行挂失处理。诉讼中，被告称原告在涉案交易发生的次日才进行挂失，证明原告最初不认为银行卡被盗刷；原告称其在涉案交易发生的次日才发现涉案交易的发生。

诉讼中，原告确认其在2019年7月15日，涉案交易发生前，收到号码×××发送的一条短信，其上称："闫丽某！您身份证号×××实名新注册另一微信，如非本人操作，请紧急前往冻结：t.cn/AiWW××××【微信安全中心】。"收到短信后，原告点击了前述链接，输入了姓名、银行卡号、身份证号、银行预留手机号。其后，原告收到了中国银联发送的验证码，收到验证码后，原告根据前述短信中冻结账户的提醒输入了验证码。原告称该验证码显示的只是绑卡操作，并没有提示其他操作。

诉讼中，经法院询问，原告确认其已知晓前述短信为诈骗短信。原告主张即便原告在此过程中自身存在过失，仍不能免除被告的注意义务，被告对涉案交易的发生亦存在过失。原告称其在前述短信的链接中没有输入银行卡交易密码，也没有收到银行的任何通知，以原告的金融知识无法意识到存在安全隐患，银行在涉案交易过程中没有设置任何来自银行的安全认证，某银行也没有向原告发送任何短信提示，其安全保障措施存在漏洞；被告没有针对无卡支付存在的交易风险及通知方式向原告尽到提示义务；被告没有告知原告由银联代银行审查的情况，原告无法意识到银联短信与银行的关系，更无法意识到回复银联验证码行为的意义。被告不同意原告的前述主张，称第三方支付在进行消费的时候都只输入第三方支付软件的密码，无须输入在银行预留的密码，接收验证码的手机都是在银行预留的号码；绑定银行卡的行为等于授权第三方软件有权根据其指令直接进行划款，被告进行了验证，手机号码确实是原告预留在银行的，被告根据付款指令进行操作，没有任何过错。

诉讼中，被告提交了其银行系统个人客户综合信息查询页面截屏打印件，其上显示，涉案银行卡于 2019 年 7 月 15 日进行了无卡支付签约。经法院询问，被告确认该无卡支付签约系通过银联云闪付 APP 客户端开通。

原告认为被告未能妥善保管原告交付的货币资金，应承担赔偿责任。故原告诉至法院，要求：1. 判令被告赔偿原告损失 49834.82 元；2. 诉讼费由被告承担。

【案件焦点】

被告作为发卡行是否适当履行了保障储户账户内资金安全的义务。

【法院裁判要旨】

北京市海淀区人民法院经审理认为：原告在被告处申请开立相关银行账户，被告为原告开立相关账户，双方成立合法有效的储蓄合同关系，该合同关系为双方真实意思表示，亦未违反相关法律法规的强制性规定，应属有效。

当事人对自己提出的主张，有责任提供证据。关于原告所称被告在涉案交易中存在过错，导致原告储蓄存款损失的主张，该院认为，银行的安全保障注意义务亦不能超出合理限度。本案中，原告确认在涉案交易发生前，原告根据其收到的声称为微信安全中心的短信提示，点击短信中记载的链接，输入了其姓名、身份证号以及银行卡号、银行预留手机号码，并在收到中国银联发送的验证码后，在明知其上显示的系绑定银行卡操作的验证码的情况下，将该验证码输入至前述链接中。因此，根据本案现有证据和当事人陈述，能够确认是原告的前述行为直接导致了其重要个人信息，尤其是验证码的泄露，且其所泄露的个人信息足以使中国银联与被告核实并确认银行卡绑定申请、签约的相关信息，并将涉案银行卡绑定至银联云闪付 APP，进而导致涉案交易的发生。故应认定本案所涉交易的发生系原告自身行为所致。在此情况下，原告仍要求被告能够准确识别涉案交易为异常，明显超出安全保障注意义务的合理范围。综上所述，原告因其自身原因导致损失后，要求被告承担赔偿责任的主张，缺乏法律基础，故该院不予支持。

北京市海淀区人民法院依照《中华人民共和国民事诉讼法》第六十四条第一款之规定，作出如下判决：

驳回闫丽某的全部诉讼请求。

【法官后语】

保障储户资金安全、不被盗用是银行卡开户行作为储蓄合同当事人的义务。银行卡盗刷案件审理的争议焦点往往集中在银行是否适当履行了保障储户资金安全义务。

在无卡交易的场景下，银行无须审查银行卡的真伪，只需审查银行卡号与密码、验证码是否一致。本案中，原告被他人诱导，在他人给出的链接上输入了姓名、银行卡号、身份证号、银行预留手机号，在其银行预留手机号收到验证码后，在该链接上输入了验证码，致使其银行卡成功绑定云闪付APP并进行了无卡支付签约，进而导致其银行卡内资金被盗。在此情况下，应当认定银行已经尽到了安全保障义务，不应对原告的银行账户内资金损失承担赔偿责任。

在无卡交易中，审查开户行是否尽到安全保障义务主要应从以下三个方面进行综合判断：

1. 交易是否通过正常交易渠道进行。例如，在我们审理的另一无卡支付盗刷案件中，该案的涉案交易系通过手机银行进行，但原告用其手机登录手机银行后，其上并不显示涉案交易发生时有手机银行登录记录。被告未对该事实提出合理解释并提交相关证据。在此情况下，可以认定涉案交易并非通过正常交易渠道进行，被告未尽到安全保障义务。

2. 银行是否履行了适当的提示、通知义务。《中国银监会、中国人民银行关于加强商业银行与第三方支付机构合作业务管理的通知》（银监发〔2014〕10号）第十条规定："商业银行应就大额支付、可疑支付及时通知客户。对开通短信或其他方式即时通知功能的客户，应就每一笔支付交易即时通知客户。通知信息中包含但不限于第三方支付机构名称、交易金额、交易时间等”；第十四条规定：“商业银行应将与第三方支付机构的合作业务纳入全行业务运营风险监测系统的监控范围，对其中的商户和客户在本行的账户资金活动情况进行实时监控，达到风险标准的应组织核查。特别是对其中大额、异常的资金收付应做到逐笔监测、认真核查、及时预警、及时控制”；第十五条规定：“商业银行应对客户通过第三方支付机构进行的交易建立自动化的交易监控机制和风险监控模型，及时发现和处置异常行为、套现或欺诈事件”。据此，在储户使用第三方支付机构进行交易，尤其在进行大额、可疑交易时，商业银行的相应通知、审慎义务等为其保障储户账户内资金安全义务的重要内容。

3. 原告在相关交易中是否存在过错。例如，本案中，原告自行将其银行卡号、预留手机号、验证码输入至其收到的他人发送的链接中，对相关交易的发生存在过错，且该过错直接导致了涉案交易的发生。

编写人：北京市海淀区人民法院　刘雨

3

伪卡交易情形下持卡人过错的认定及责任负担

——高雪某诉甲银行股份有限公司北京羊坊店支行借记卡案

【案件基本信息】

1. 裁判书字号

北京市第一中级人民法院（2020）京01民终5251号民事判决书

2. 案由：借记卡纠纷

3. 当事人

原告（上诉人）：高雪某

被告（被上诉人）：甲银行股份有限公司北京羊坊店支行（以下简称甲银行羊坊店支行）

【基本案情】

2008 年 9 月 9 日，高雪某在甲银行羊坊店支行填写个人卡开户申请表开立个人银行结算账户并申领××借记卡一张，卡片主体颜色为绿色。该申请表载明，申请人在签署栏签字则表示其同意遵守《甲银行××借记卡章程》及《甲银行个人银行结算账户管理协议》的相关规定。经查，《甲银行××借记卡章程》载明，××借记卡按照发行对象分为单位卡和个人卡。个人卡账户的资金以其持有的现金存入或以其工资性款项，属于个人合法的劳务报酬、投资回报等收入转账存入。持卡人应妥善保管××借记卡及密码并及时更换××借记卡密码，防止泄露；凡密码相符的××借记卡交易均视为持卡人本人或本人授权的合法交易。

2018 年 2 月 8 日 12：09 至 12：10 之间，上述借记卡共发生三笔消费交易，金额分别为 99800 元、99800 元、32907 元，总金额为 232507 元；交易对方分别为×联公司、金×商贸、×联公司；交易方式均为 POS 机刷卡。经询，双方当事人均认可上述交易均发生在北京，亦认可交易完成的通常条件为使用真实卡片并输入正确密码。

庭审中，高雪某称上述交易系伪卡盗刷交易，交易发生时真卡在其本人身边，其本人与其配偶郭某某及其他家人正在乙餐厅用餐，收到资金变动提醒短信后，其立即进行了电话挂失，因在旅行途中，其与家人沿途开车到甲银行麻章支行办理解挂手续，打印对账单，次日与郭某某乘飞机返回羊坊店派出所报案。经询，甲银行羊坊店支行明确表示在甲银行全国任一网点均可办理借记卡解除口头挂失业务，但需要持卡人本人凭借银行卡原件、客户有效身份证件及正确的银行卡密码办理。经核实，2018 年 2 月 8 日 11：47，高雪某在位于广东省阳江市的乙餐厅消费 33 元；同日 14：54，高雪某在甲银行麻章支行就本案诉争银行卡办理了解除口头挂失业务并打印了个人明细对账单；次日，高雪某就上述资金变动情况向羊坊店派出所报案，羊坊店派出所向高雪某出具受案回执及立案告知书，告知对高雪某银行卡被盗刷案立案侦查。

诉讼中，为核实本案相关事实，本院依职权向公安机关调取高雪某被信用卡诈骗案相关刑事卷宗材料，包括受案回执、立案决定书、讯问笔录、询问笔录、工作说明等内容，高雪某及甲银行羊坊店支行对本院调查取证结果均无异议。经核实，高雪某于2018年2月9日14时向羊坊店派出所报案称，其于2018年2月8日12时左右发现其名下上述银行卡内232507元资金被盗刷。2018年8月22日，羊坊店派出所传唤犯罪嫌疑人陈某某到案。关于本案盗刷情况，陈某某供述称，2017年年底，陈某某办理卡友公司提供的POS机终端一台，该终端使用的商户名称为“金×商贸”。2018年2月8日，一名男子持一张深红色银行卡及相应密码，要求陈某某为其套现，陈某某通过POS机刷卡三次，套现金额为230000余元，其收取该男子5700余元手续费后，将余款220000余元交给该男子。刑事案件办理过程中，公安机关要求陈某某对郭某某的照片进行辨认，经辨认，陈某某无法从照片组中辨认出郭某某，故公安机关无法认定找陈某某套现的男子为郭某某。经本院与公安机关核实，高雪某未在刑事案件中得到赔偿。

2018年7月20日，卡友公司服务商亿景公司向甲银行羊坊店支行出具调查报告一份，该调查报告载明，上述诉争交易的交易对方均为金×商贸，从该POS机交易明细涉及的银行卡类型、交易特点，判断该POS机不是用于盗刷银行卡的作案工具，是持卡人进行的恶意拒付。甲银行羊坊店支行据此认为本案可能存在恶意串通的道德风险。对此，高雪某不予认可。

关于诉争银行卡的使用情况，诉讼中，高雪某称其系朗音公司财务人员，因公司资金需要通过该卡进行周转，故其在资金变动异常后修改密码继续使用本案诉争银行卡。高雪某同时认可该卡用于朗音公司员工报销费用的发放，由于报销费用数额不大，通常都是从公司基本户转到该卡中，再由高雪某转账给相应员工。

诉讼中，高雪某称其因本案诉争银行卡盗刷，与郭某某共同返回北京报案，产生交通费用7490元，该费用应由甲银行羊坊店支行承担，并提供相应航空运输电子客票行程单予以佐证。对此，甲银行羊坊店支行不予认可，认为高雪某该项诉讼主张缺乏合同依据。

另查，本案诉争交易总金额为 232507 元，但高雪某明确表示其仅主张 232500 元及相应利息损失。经询，双方均认可涉案交易发生时卡内资金处于活期存款状态。

【案件焦点】

1. 诉争交易是否构成伪卡交易；2. 持卡人对伪卡交易的发生是否存在过错。

【法院裁判要旨】

北京市海淀区人民法院经审理认为：高雪某向甲银行羊坊店支行申领借记卡并使用，双方之间成立银行卡服务合同关系，该合同关系系双方当事人的真实意思表示，亦不违反法律、行政法律的强制性规定，应属合法有效。甲银行羊坊店支行作为发卡行负有保障高雪某银行卡内资金安全的义务。本案中，诉争交易完成的条件为使用真实卡片并输入正确密码。依据本院向公安机关调取的高雪某被信用卡诈骗案的刑事卷宗材料及本院查明的其他事实。首先，争议交易系一名男子持一张深红色银行卡及相应密码通过 POS 机刷卡完成，而本案诉争银行卡为绿色，据此可以认定争议交易并非通过真实卡片完成；其次，争议交易发生在 2018 年 2 月 8 日 12：09 至 12：10 之间，交易地点为北京，而交易发生当日 14：54，高雪某在位于广东省的甲银行麻章支行就诉争银行卡办理了解除口头挂失业务并打印了个人明细对账单，甲银行羊坊店支行亦认可办理该业务需要持卡人本人凭借银行卡原件、客户有效身份证件及正确的银行卡密码，从空间和时间距离的常识判断，高雪某不可能在不满三小时的情况下实现北京及广东之间的往返，因此，高雪某关于交易发生期间真卡在其本人身边、其未到过交易地点的诉讼主张，具有合理性；最后，亿景公司并非公安机关或司法鉴定机构，其出具的调查报告并不具有权威性，不足以说明高雪某或其配偶郭某某参与了诉争交易的实施过程，公安机关亦明确表示无法认定刷卡人系郭某某，甲银行羊坊店支行关于本案可能存在恶意串通的道德风险的辩称理由，不足以采信。基于上述理由，本院对于高雪某关于本案争议交易系伪造银行卡交易行为、并非高雪某本人授权交易的诉讼主张予以采信，甲银行羊坊店支行关于依据现有证据无法认定本案系伪卡盗刷行为的相关辩称理由，缺乏有效证据支撑，法院不予采信。在诉争交易构成伪卡交易的情形下，不应因卡号及密码相符即视为高雪某本人交易。甲银行羊坊店支行在交易发生时未能识别出伪卡，存在未尽到安全保障义务的违约行为，应当承担相应的违约责任，赔付给高雪某造成的相应损失。

至于甲银行羊坊店支行应承担的违约责任的比例，法院认为，依据《商业银行法》及《银行卡业务管理办法》等法律规范的规定，在个人向商业银行申领借记卡而形成的银行卡服务合同法律关系中，发卡行的主要义务即为“保障存款人的合法权益不受任何单位和个人的侵犯”的安全保障义务，具体而言，发卡行应当采取适当措施升级和修复银行卡本身存在的安全隐患，保障其支付系统能够及时准确地识别银行卡真伪从而对通过伪卡实施的交易合理拒付，对于持卡人账户资金变动尤其是异常资金变动及时予以提醒等。而持卡人的主要义务则包括保证账户内资金为其个人合法收入，相应卡片由其本人使用，并应做到妥善保管卡片和密码。具体到本案中，诉争银行卡系磁条卡，客观上存在信息易被复制的安全隐患，甲银行羊坊店支行未采取适当措施及时升级和修复，同时在诉争交易发生时亦未及时准确识别出伪卡，明显违反了上述安全保障义务。高雪某作为持卡人，对于银行卡的保管和使用未能尽到合理的安全注意义务，在明知所持银行卡为个人卡的情况下，仍然利用该卡为朗音公司资金周转提供渠道、并通过该卡完成公司员工报销资金的发放，该行为不仅违反了有关银行卡使用的行政管理制度，亦加大了银行卡信息及密码泄露的风险，故其对此次银行卡被他人盗刷亦有过错。当事人双方都违反合同的，应当各自承担相应的责任。本案中，总体而言，甲银行羊坊店支行作为银行卡业务的推出方，理应承担比持卡人更为谨慎的防范盗刷义务，甲银行羊坊店支行的上述违约行为，是造成高雪某资金被盗刷的主要原因，应负主要过错责任。法院综合衡量双方履约过程中的过错程度，酌定甲银行羊坊店支行就高雪某的资金损失承担

80%的赔偿责任，高雪某本人承担 20%的责任，因此，法院对高雪某要求甲银行羊坊店支行赔偿盗刷损失 186000 元及相应利息损失的诉讼请求，予以支持，超出部分应由其自行承担，法院不予支持。至于利息的具体计算标准，由于双方均认可涉案交易发生时卡内资金处于活期存款状态，因此，高雪某要求按照中国人民银行贷款基准利率标准计算利息的诉讼请求，缺乏合同及法律依据，本院依法予以调整。

高雪某要求甲银行羊坊店支行赔偿交通费损失 7490 元的诉讼请求，法院认为，高雪某与甲银行羊坊店支行在申领本案诉争银行卡时并未就该部分损失的负担进行明确约定，且该损失显然已经超出甲银行羊坊店支行在与高雪某订立银行卡服务合同时应当预见到的因违反合同可能造成的损失范围，故高雪某的该项诉讼请求，法院不予支持。

甲银行羊坊店支行关于本案应当移交公安机关的相关辩称理由，法院认为，本案系银行卡纠纷，高雪某与甲银行羊坊店支行之间系银行卡服务合同关系，与刑事案件分属不同的法律关系。涉案银行卡纠纷本身不涉及犯罪，也没有证据证明高雪某是相应刑事案件的共同犯罪人，高雪某亦未通过刑事案件实际受偿，因此，刑事案件是否立案及是否侦破并不影响甲银行羊坊店支行民事责任的承担，故甲银行羊坊店支行的该项辩称理由，法院亦不予采信。

综上，北京市海淀区人民法院依据《中华人民共和国商业银行法》第六条，《中华人民共和国合同法》第一百一十三条、第一百二十条、第一百二十一条[①]，《最高人民法院关于在审理经济纠纷案件中涉及经济犯罪嫌疑若干问题的规定》第十条，《中华人民共和国民事诉讼法》第六十四条第一款，《最高人民法院关于适用〈中华人民共和国民事诉讼法〉的解释》第九十条之规定，判决：

一、甲银行股份有限公司北京羊坊店支行于本判决生效之日起十日内赔偿高雪某存款损失 186000 元及相应利息损失（利息以 186000 元为基数，按

---

① 分别对应《中华人民共和国民法典》第五百八十四条、第五百九十二条、第五百九十三条。

照中国人民银行活期存款利率标准，自2019年2月9日起计算至实际给付之日止）；

二、驳回高雪某的其他诉讼请求。

高雪某不服一审判决，提起上诉。北京市第一中级人民法院同意一审法院裁判意见，依据《中华人民共和国民事诉讼法》第一百七十条第一款第一项之规定，判决：

驳回上诉，维持原判。

【法官后语】

发卡行和持卡人因借记卡的申领和使用而成立银行卡服务合同关系。在该法律关系中，发卡行的主要义务为“保障存款人的合法权益不受任何单位和个人的侵犯”的安全保障义务，具体而言，发卡行应当采取适当措施升级和修复银行卡本身存在的安全隐患，保障其支付系统能够及时准确地识别银行卡真伪从而对通过伪卡实施的交易合理拒付，对于持卡人账户资金变动尤其是异常资金变动及时予以提醒等。而持卡人的主要义务则包括保证账户内资金为其个人合法收入，相应卡片由其本人使用，并应做到妥善保管卡片和密码。

因伪卡交易引发的银行卡纠纷案件中，如果能够认定伪卡交易的事实存在，作为发卡行在交易发生时未能识别出伪卡，存在未尽到安全保障义务的违约行为，持卡人有权请求发卡行依照借记卡合同的约定，向其支付本金和利息。

对于具体违约责任的负担问题，通常情况下遵循违约责任的一般归责原则，但如发卡行举证证明持卡人对借记卡伪卡盗刷具有过错，则可主张在持卡人的过错范围内减轻或者免除发卡行责任。通常情况下，判断持卡人是否存在过错，主要应结合持卡人是否妥善保管银行卡卡片、卡片信息、密码等方面进行综合持卡人对于银行卡的保管和使用是否尽到合理的安全注意义务。在司法实践中，持卡人擅自出借、出租银行卡给他人使用，随意将银行卡密码告知他人，对于普通社会人能够判断的钓鱼网站未能识别致使卡片信息被盗取等情况，均属于持卡人未尽到安全注意义务的行为，需要承担相应的过错责任。本案中，持卡人在明知所持银行卡为个人卡的情况下，仍然利用该卡为其所在公司的资金周转提供渠道、并通过该卡完成公司员工报销资金的发放，该行为属于《人民币银行结算账户管理办法》规定的出租、出借银行结算账户的行为，一方面扰乱了行政监管部门对单位银行结算账户的统一监管，另一方面也加大了个人银行卡信息及密码泄露的风险。据此，法院依法认定其对于银行卡的保管和使用未能尽到合理的安全注意义务，对伪卡交易的发生亦有过错。但总体而言，发卡行作为银行卡业务的推出方，理应承担比持卡人更为谨慎的防范盗刷义务，发卡行未尽到安全保障义务是持卡人资金被盗刷的主要原因，应负主要过错责任。因此，法院综合衡量双方履约过程中的过错程度，酌定发卡行承担80%的赔偿责任，持卡人承担20%的责任。本案的裁判思路，与最高人民法院2021年《最高人民法院关于审理银行卡民事纠纷案件若干问题的规定》第七条，亦具有一致性。

《银行卡业务管理办法》第二十八条第三款规定："银行卡及其账户只限发卡银行批准的持卡人本人使用，不得出租和转借。"但在现实生活中，出于人情交往和牟取利益的初衷，持卡人出租、出借甚至出售银行结算账户的行为并不鲜见。如果出租、出借银行卡的行为一旦被司法机关认定，持卡人除了在伪卡交易发生时无法依据银行卡服务合同的约定全额获得赔偿，还有可能承担多种法律责任，情节严重时会涉嫌犯罪。

首先，根据《人民币银行结算账户管理办法》《中国人民银行关于加强支付结算管理防范电信网络新型违法犯罪有关事项的通知》的相关规定，非经营性存款人有出租、出借银行结算账户行为的，将面临处以警告并处以1000元罚款的行政处罚后果；银行机构经设区的市级及以上公安机关认定的出租、出借、出售、购买银行账户（含银行卡）的单位和个人，5年内暂停其银行账户非柜面业务，并不得为其新开立账户。此外，持卡人的违规行为会被记入个人征信记录并向社会公布，对个人贷款、求职就业等方面都会产生严重的负面影响。其次，根据《最高人民法院关于适用〈中华人民共和国民事诉讼法〉的解释》及《最高人民法院关于出借银行账户的当事人是否承担民事责任问题的批复》的规定，出租、出借的银行卡发生债务纠纷时，出借单位和借用人将成为共同被告，对于出借行为查明属实的情况下，人民法院除应当依法收缴出借账户的非法所得并可以按照有关规定处以罚款外，还应区别不同情况追究出借人相应的民事责任。最后，出租、出借、出售的银行卡如果被犯罪分子用来从事诈骗、逃税、逃避债务、套取现金、非法集资、经济诈骗、赌球、洗钱等非法活动，根据《中华人民共和国刑法》第一百七十七条及第一百九十一条的规定，作为持卡人无论是否知情，都有可能构成刑事犯罪，面临承担刑事责任的问题。

编写人：北京市海淀区人民法院　陈聪慧

4

伪卡盗刷损失按当事人过错程度确定承担比例

——阮家某诉甲银行股份有限公司珠海人民西路支行借记卡案

【案件基本信息】

1. 裁判书字号

广东省珠海市中级人民法院（2020）粤04民终2447号民事判决书

2. 案由：借记卡纠纷

3. 当事人

原告（上诉人）：阮家某

被告（上诉人）：甲银行股份有限公司珠海人民西路支行

【基本案情】

原告在被告处申办了一张卡号为××××××的借记卡（以下称案涉借记卡），并开通短信通知服务，绑定预留的手机号码为×××。

2019年10月17日至19日，案涉借记卡账户发生了7笔POS机刷卡交易，交易地点均在美国，消费金额共计350428.67元，其中前3笔交易发生在2019年10月17日3时19分35秒至27分23秒，交易金额共计163216.29元；后4笔交易发生在2019年10月19日8时03分33秒至25分50秒，交易金额共计187212.38元。

被告举证证明以上交易发生后其已通过系统及时向原告×××的手机号码就每笔交易分别进行了关于美元消费以及人民币变动情况的信息通知。原告当庭承认收到被告以上交易通知短信，但主张是在19日早上才看到短信，并举证证明涉案交易发生期间原告本人在国内，且17日下午从北京乘坐高铁前往上海，18日晚上从上海乘坐飞机回珠海，19日9时1分到珠海市公安局梅华派出所报案，19日13时06分持案涉借记卡在甲银行股份有限公司珠海前山支行柜台存取款，接着又到被告ATM机进行存取款。案涉借记卡账户在2019年10月17日至19日仅发生以上交易。

被告提交的《甲银行股份有限公司××借记卡章程》（2017年版）第十七条约定：发卡银行在发现持卡人的长城借记卡存在被他人冒用、盗用和伪卡交易等使用风险时，有权暂时对该卡进行止付，持卡人发现上述情况的，应立即向发卡银行核实并采取挂失等措施防止损失扩大。

原告诉称在整个被盗刷过程中，被告存在明显过错，应当承担原告损失的赔偿责任，并请求被告赔偿其案涉交易全部损失金额350428.67元及支付相应利息。被告抗辩主张本案公安机关尚未破案，无法认定案涉交易属于盗刷，并主张原告用卡不规范导致密码泄露才遭受涉案损失，且原告在收到短信通知后应当知晓其案涉借记卡账户在境外消费，并未在合理期限内对涉案的银行卡进行密码修改或挂失等，导致借记卡连续被盗刷，存在过错，而被告在履行义务的过程中不存在过错，不应当承担对原告的赔偿责任。

【案件焦点】

1. 伪卡盗刷交易的认定；2. 如何确定合同双方对伪卡盗刷的损失赔偿责任承担的比例。

【法院裁判要旨】

广东省珠海市香洲区人民法院经审理认为：涉案交易均是发生在美国的持卡交易，此期间原告本人在国内，并在最后一笔涉案交易发生后及时到珠海的派出所报案以及到柜台、ATM 机持卡进行存取款操作。据此，足以排除涉案交易是原告本人或授权他人持案涉借记卡所为的可能，可认定涉案交易属伪卡盗刷。

原、被告之间成立有效的储蓄存款合同关系，双方应全面履行合同义务。被告作为发卡行，未能对持卡人银行卡及卡内资金交易尽到审慎审核、安全保障义务，以致银行卡能被伪造、复制和作为被告代理方的联网终端未能识别伪卡而成功交易，存在明显过错。被告未能举证证明原告对交易密码泄露存在过错，应承担举证不能的法律后果。对于 10 月 17 日发生的 3 笔交易损失共 163216. 29 元，被告未能证明原告对该损失存有过错，应承担全部赔偿责任。而对于 10 月 19 日发生的 4 笔交易损失共 187212. 38 元，因该 4 笔交易的发生离前 3 笔交易的发生相隔两天多的时间，原告在此期间有充分时间注意到银行发送的多笔账户交易及资金变动信息提醒，其疏于注意且没有采取措施防止损失扩大，存在一定过错。但仅凭收到短信提醒亦不足以认定原告知道或应当知道涉案借记卡被盗刷的事实，被告以此主张该 4 笔交易损失应全部由原告承担的理由不成立。综合双方的过错责任及权衡双方利益，酌情确定原告应对 19 日的交易损失自行承担 40%的责任。

广东省珠海市香洲区人民法院判决：

一、被告甲银行股份有限公司珠海人民西路支行于本判决发生法律效力之日起十日内，向原告阮家某赔偿借记卡资金损失 275543. 72 元；

二、被告甲银行股份有限公司珠海人民西路支行于本判决发生法律效力之日起十日内，向原告阮家某偿付自 2019 年 10 月 19 日起至本息付清之日止，以本金 275543. 72 元为基数，按中国人民银行同期活期存款利率计算的利息；

三、驳回原告阮家某的其他诉讼请求。

宣判后，原、被告均提出上诉。广东省珠海市中级人民法院经审理判决：驳回上诉，维持原判。

【法官后语】

金融产品在当今社会中扮演着越来越重要的角色，借记卡作为金融产品的重要载体，其为金融消费者的生活提供了便利的同时，也衍生出各种法律纠纷，其中伪卡盗刷尤为突出。伪卡盗刷损失的赔偿责任如何确定问题既是关乎广大金融消费者切身利益的问题，也是法治社会建设中亟待解决的问题。

就伪卡盗刷交易所涉当事人双方权利义务而言，从法律层面来说，根据《中华人民共和国商业银行法》第六条的规定，银行负有保障持卡人卡内资金安全的法定义务；从合同相对性来说，银行负有保障持卡人卡内资金安全的合同义务。同样，持卡人对借记卡亦负有妥善保管义务。伪卡盗刷交易的发生，即说明银行所发放的借记卡能被伪造、复制，并且伪卡能被识别、使用，银行未能对持卡人卡内资金履行好安全保障义务，必然存在过错。根据公平原则，也要审查持卡人对造成伪卡盗刷的事实是否存在过错。按证据规则的规定，证明持卡人对借记卡是否使用不当或有泄露密码的行为的举证责任应由银行来承担。若银行未能举证证明，则应认定持卡人在借记卡使用和密码泄露方面不存在过错。故本案对前三笔交易的损失判由银行来承担。但本案存在二次损失问题，在现有证据未能证明持卡人没有采取措施是主观故意所致的情况下，仍应甄别处理，本案通过查明的事实来分析双方的过错程度和权衡双方的权益，最后判决扩大部分的损失由银行承担 60%的责任，持卡人承担 40%的责任。本案的裁判理念与此后颁布实施的《中华人民共和国民法典》第五百九十一条关于减损义务的规定和第五百九十二条关于双方违约和违约过失相抵规则的规定以及最高人民法院于 2021 年 5 月 24 日发布的《最高人民法院关于审理银行卡民事纠纷案件若干问题的规定》第七条关于发生伪卡盗刷交易的损失和扩大的损失如何赔偿的规定并无冲突，是对以上规定的灵活应用。

根据类案检索结果，类似案件很多法官会直接将涉案全部损失判由银行承担赔偿责任，或是将扩大部分的损失全部判由持卡人自行承担。这也许是基于审判惯例或同案同判的考虑，但正如莱布尼茨所说，世上没有两片完全相同的树叶，也不可能存在完全相同的两个案件。作为裁判者，在坚持依法办案、遵循统一裁判尺度的同时，也要正视案件的特性，并将民事活动原则和立法精神融会贯通来处理案件，这才是公正司法的应有之义。具体到伪卡盗刷类案件所涉交易损失赔偿问题，总体裁判规则应按当事人过错程度确定损失赔偿承担责任。审理思路为，首先，确定银行当然存在过错；其次，审查银行能否举证证明持卡人在借记卡使用和密码保护方面存在过错；再次，审查涉案交易是否存在扩大部分的损失，如有，则需进一步分析双方当事人对扩大的损失部分是否存在过错；最后，再根据双方过错大小和权衡双方利益以确定损失赔偿如何分配。

希望通过本案例，能为伪卡盗刷交易的损失问题明确审理方向和裁判思路，能为银行在借记卡安全技术的提升及持卡人在借记卡的使用过程中如何更好履行各自义务以防范伪卡盗刷交易的发生和出现伪卡盗刷交易时该如何维权提供指引，以共建更加公平稳定的法治金融秩序。

编写人：广东省珠海市香洲区人民法院　庞彩霞

（二）信用卡纠纷

5

信用卡违约金未经协商不予支持

——甲信用社诉林育某信用卡案

【案件基本信息】

1. 裁判书字号

福建省泉州市中级人民法院（2020）闽05民终560号民事判决书

2. 案由：信用卡纠纷

3. 当事人

原告（上诉人）：甲信用社

被告（被上诉人）：林育某

【基本案情】

林育某于2013年2月16日向甲信用社申请办理×万通贷记卡，额度30000元，双方签订《×万通贷记卡申请表》（附《×万通贷记卡（个人卡）领用合约》），约定：滞纳金按最低还款额未还部分的5%收取，最低5元等。甲信用社经审核后发放×万通贷记卡（卡号622802002218××××）给林育某，信用额度为20000元，还款方式为全额还款。2016年11月10日，甲信用社联合社以网上公告形式对《×万通IC贷记卡收费标准》等收费标准中的项目“滞纳金”自2017年1月1日起调整为“违约金”。林育某使用该卡进行交易，未按约定还款，至2019年9月20日，林育某结欠甲信用社信用卡透支本金19487.72元及利息2258.12元。甲信用社主张，林育某填写的《信用卡申请表》约定“各项收费如有变动，以最新规定为准”；《×万通普惠金融卡章程》约定：“信用社联合社根据业务发展需要，有权依据有关规定对本章程进行修订，在相关营业场所公告，持卡人未提出疑义的，视同接受，无需另行通知。”甲信用社于2016年11月11日通过信用合作联社官网进行公告，公告内容明确把信用卡中的“滞纳金”调整为“违约金”，“违约金”收取为最低还款额未偿还部分的5%。变更公告及修改后的章程对包括林育某在内的持卡人具有法律效力，根据变更公告及修改后的章程约定，自2017年1月1日起，持卡人不再向发卡人支付滞纳金，但需支付违约金。

【案件焦点】

甲信用社有关信用卡违约金的主张能否得到支持。

【法院裁判要旨】

福建省惠安县人民法院经审理认为：甲信用社与林育某之间签订的《×万

通贷记卡申请表》（附《×万通贷记卡（个人卡）领用合约》），主体合格，意思表示真实，并未违反法律法规的强制性规定，应认定有效。林育某未能依约偿还使用信用卡透支所欠的款项，已构成违约，应承担相应的民事责任。甲信用社请求林育某偿还信用卡透支本金19487.72元及相应的利息，符合法律规定和双方约定，应予支持。甲信用社主张其已经通过公告方式通知林育某将滞纳金变更为违约金，其与林育某签订信用卡合同时已提示“收费变动以最新规定为准”，且章程中明确约定章程的修订以公告的形式通知，持卡人如无异议视为接受。根据《中国人民银行关于信用卡业务有关事项的通知》第三条的规定：“取消信用卡滞纳金，对于持卡人违约逾期未还款的行为，发卡机构应与持卡人通过协议约定是否收取违约金，以及相关收取方式和标准……”甲信用社仅是通过公告的形式告知将滞纳金变更为违约金，并没有就信用卡违约金是否收取以及收取违约金具体标准与林育某进行协商，违反了前述规定。甲信用社主张依据合同约定可以采用公告的方式将滞纳金变更为违约金，并有权要求林育某支付信用卡违约金，缺乏法律依据，不予支持。一审判决：

一、林育某应在判决生效之日起五日内偿还甲信用社信用卡透支本金19487.72元及利息（计至2019年9月20日的利息为2258.12元，自2019年9月21日起至还清款项之日止按《×万通贷记卡（个人卡）领用合约》的约定计付）；

二、驳回甲信用社的其他诉讼请求。

甲信用社不服一审判决，提出上诉。

福建省泉州市中级人民法院经审理判决：

驳回上诉，维持原判。

【法官后语】

2016年4月15日，中国人民银行发布《中国人民银行关于信用卡业务有关事项的通知》，该通知第三条规定，取消信用卡滞纳金，对于持卡人违约逾期未还款的行为，发卡机构应与持卡人通过协议约定是否收取违约金，以及相关收取方式和标准……该通知于2017年1月1日起施行。实践中，部分发卡机构对于之前信用卡合同约定的滞纳金，并没有根据前述通知的规定，与持卡人就违约金是否收取以及收取的方式、标准进行协商，而是通过发卡机构的网站或其他方式进行公告的形式，直接将滞纳金变更为违约金，并在信用卡相关合同中约定发卡机构有权根据业务发展或监管的需要，单方变更收费项目和标准等。本案便是典型的情况，该种情况下，金融机构有关信用卡违约金的主张不应得到支持：

首先，从法律性质来看，“滞纳金”改为“违约金”是对信用卡合同的变更，根据《中华人民共和国合同法》第七十七条（《中华人民共和国合同法》于2021年1月1日失效，该条文内容体现在《中华人民共和国民法典》第五百四十三条），合同变更应经过合同当事人协商一致。甲信用社就信用卡收费项目、标准变更发布公告是单方法律行为，并没有与信用卡持卡人协商一致，与前述法律规定相悖，也与《中国人民银行关于信用卡业务有关事项的通知》所规定的“协议约定”不符；

其次，从信用卡合约条款性质及效力来看，信用卡合约是为了重复使用而预先拟定，并在订立合同时未与持卡人协商的格式合同，根据《中华人民共和国合同法》第四十条（该条文内容对应《中华人民共和国民法典》第四百九十七条）的规定，本案有关“各项收费如有变动，以最新规定为准”“福建省农村信用社联合社根据业务发展需要，有权依据有关规定对本章程进行修订，在相关营业场所公告，持卡人未提出疑义的，视同接受，无需另行通知”的约定，赋予甲信用社对信用卡合同进行单方变更的权利，剥夺了持卡人就合同变更进行协商的权利，该格式条款无效。信用卡合约作为格式条款，根据《最高人民法院关于审理银行卡民事纠纷案件若干问题的规定》第二条，发卡行未就违约金条款进行提示或说明，该条款对持卡人不应有约束力。

最后，从《中国人民银行关于信用卡业务有关事项的通知》的用意来看，“滞纳金”带有行政管理的色彩，而信用卡合同属于民事法律关系，发卡机构和持卡人系平等法律主体，因此将“滞纳金”改为“违约金”可以去行政化，以体现信用卡合同平等、协商的属性。如果发卡机构可以仅凭一个公告就对信用卡合同内容进行变更，就与前述用意背道而驰。

综上，发卡机构和持卡人是平等的民事主体，双方就信用卡违约金的金额、标准的确定应经双方平等协商确定，金融机构作为信用卡合约中的强势一方，更应尊重平等自愿的民法基本原则和当事人合同自由，充分保护弱势一方持卡人的缔约权利，才能构建平等有序的信用卡金融法律体系。

编写人：福建省泉州市中级人民法院　陈琼

6

植物人的诉权保障

——甲银行股份有限公司柳州立新支行诉牛某信用卡案

【案件基本信息】

1. 裁判书字号

广西壮族自治区柳州市城中区人民法院（2020）桂0202民初2918号民事判决书

2. 案由：信用卡纠纷

3. 当事人

原告：甲银行股份有限公司柳州立新支行

被告：牛某

【基本案情】

被告牛某于2018年1月2日在原告处开立金×贷记卡账户，该客户从2018年2月25日开始透支消费，但透支款项到期后，部分未按期归还。原告称，截至2020年3月31日，被告拖欠信用卡透支人民币本金12294.62元、利息1877.12元、逾期还款违约金782.31元，共计14954.05元。

另查明，2007年12月24日，牛某与肖某登记结婚，案发至今处于婚姻存续期间。2019年4月13日，被告牛某突发意识障碍进入医院治疗，诊断为：1. 脑干出血破入脑室；2. 梗阻性脑积水；3. 肺部感染；4. 呼吸衰竭；5. 休克；6. 高血压3级很高危。被告代理人称牛某至今一直昏迷不醒。原告提供的交易明细显示被告从2018年2月25日启用金×信用卡至突发疾病日期间均未产生利息、违约金，2019年5月10日开始产生逾期还款违约金。

被告法定代理人辩称，被告的病情是突发情况，之前的还款是正常的，未出现拖欠情况。因为意外才会逾期，请求免除被告的利息和违约金。

【案件焦点】

利息及违约金是否可以减免。

【法院裁判要旨】

广西壮族自治区柳州市城中区人民法院经审理认为：被告使用金×信用卡后未能按时偿还，原告要求被告偿还信用卡透支本金12294.62元合法有据，予以支持。关于利息和违约金问题，根据《中华人民共和国合同法》第一百一十七条①的规定："因不可抗力不能履行合同的，根据不可抗力的影响，部分或者全部免除责任，但法律另有规定的除外。当事人迟延履行后发生不可抗力的，不能免除责任。本法所称不可抗力，是指不能预见、不能避免并不能克服的客观情况。"本案中，被告突发疾病休克属于不可抗力，其发病前未迟延履行合同义务，休克后未按时偿还透支款项产生利息、违约金，原告因此受到资金占用的利息损失。双方对损失发生均无过错，基于公平原则，酌情免除被告部分责任，被告应自逾期还款之日即2019年5月10日起按照年利率6%支付资金占用期间的利息至实际清偿之日止。

广西壮族自治区柳州市城中区人民法院依照《中华人民共和国合同法》第一百一十七条、第一百九十六条②之规定，作出判决如下：

被告牛某向原告甲银行股份有限公司柳州立新支行偿还原告信用卡透支本

---

① 对应《中华人民共和国民法典》第五百九十条。

② 对应《中华人民共和国民法典》第六百六十七条。

金 12294.62 元及利息（利息按照年利率 6%，从 2019 年 5 月 10 日计至实际清偿之日止）。

【法官后语】

本案审理中主要面临两大难题：一是程序方面，当事人一方为植物人如何开展诉讼活动；二是实体方面，有何法律依据减免违约责任。

本案被告牛某的父亲收到应诉材料后提交医院病历大病审批表，称被告牛某突发意识障碍后一直昏迷不醒，已成植物人无法参加庭审，其近亲属亦不愿参与诉讼，双方当事人均未向法院申请认定牛某为无民事行为能力人，案件一度陷入僵局。立法中没有明确具体的规定，司法实践中也较少见，争议较大，使得案件的处理较有难度。

一、植物人是否系无民事行为能力人

如何顺利开展诉讼活动？笔者认为应首先审查牛某的病情，在法律上对其行为能力定性，再考虑是否确定监护人开展诉讼。关于植物人的民事行为能力问题，是否先经过特别程序确定其民事行为能力及监护人，还是按照现有法律直接确定监护人？关于无民事行为能力人，根据《中华人民共和国民法典》第二十条、第二十一条的规定，一类是不满八周岁的未成年人，另一类为不能辨认自己行为的成年人。法律仅规定了无民事行为能力人的特征，未明确列举哪类人，对于特别程序案外的无民事行为能力当事人案件如何进行诉讼的程序亦无明确规定。对于未经法院认定为无民事行为能力人的成年人，一种观点持形式审查标准，认为民事行为能力状态没有经过法院的司法裁判确认，则不能认定自然人在履行合同等行为时欠缺民事行为能力，且民事行为能力的认定不具有溯及力；另一种观点支持进行个案审查，认为可以在未经过司法特别程序认定的情况下对当事人缔结合同时的民事行为能力进行个案判断，主张行为人无民事行为能力的当事人应当负担证明责任。审判实践中会存在类同本案的情形，合同一方当事人是植物人，其近亲属或其他利害关系人等均不愿向法院申请认定当事人无民事行为能力，法院亦不能依职权主动提起特别程序诉讼进行认定。如一味要求先必经特别程序，案件将一直中止陷入僵局，与高效、便民解决纠纷的原则相违背，即便当事人亲属最后同意先提起特别程序，也会造成当事人的诉累。同时，在未成年人侵权案件中，父母作为未成年人子女的法定监护人，可直接追加其父母为法定代理人，此种做法在司法实践中是普遍的。因此，笔者赞同第二种观点，不经特别程序，采用个案审查，可以及时有效地保护当事人的合法权益，保障案件诉讼活动顺利开展。人民法院可以根据公民年龄、所患疾病，是否具有正常人从事民事交往活动所必需的智商和心理状态等特征进行判断其是否属无民事行为能力。具体来说，人民法院首先应当根据司法鉴定来认定该公民是否不能辨认自己的行为或者不能完全辨认自己的行为。如果没有医学鉴定，也可以参照医院的诊断证明书来认定。在不具备鉴定诊断的情况下，可以参照经验法则认定。本案双方当事人未申请司法鉴定，牛某家属向本院提交医院病历大病审批表，双方对该证据均无异议。同时，参照公众认知，持续性植物状态即“植物人”一般是指患者由于脑机能受损，无任何意识活动，缺乏知觉、思维、情感以及无目的运动的症状。无民事行为能力人的本质特征在于“不能辨认自己的行为”。被告牛某的持续植物状态符合我国无民事行为能力人的本质特征与立法本意，因此，接下来应考虑确定监护人参加诉讼来保障牛某的权利。

二、如何确定法定代理人

《中华人民共和国民法典》施行前，《中华人民共和国民法总则》第二十八条规定：“无民事行为能力或者限制民事行为能力的成年人，由下列有监护能力的人按顺序担任监护人：（一）配偶；（二）父母、子女；（三）其他近亲属；（四）其他愿意担任监护人的个人或者组织，但是须经被监护人住所地的居民委员会、村民委员会或者民政部门同意。”《中华人民共和国民法典》第二十八条沿用了《中华人民共和国民法总则》第二十八条之规定。该条款在《中华人民共和国民法通则》规定的基础上，增加了具有监护资格的人“按顺序”担任监护人，为本案确定监护人作出了有效指引。《中华人民共和国民法典》第一千零五十九条规定：“夫妻有相互扶养的义务……”夫妻共同生活，具有相互的扶养义务，对共同的财产享有支配权，具有良好的感情基础，由配偶担任监护人有利于保护被监护人的人身、财产及其他合法权益。《中华人民共和国民法典》第二十三条规定："无民事行为能力人、限制民事行为能力人的监护人是其法定代理人。"该条款明确了无民事行为能力人的监护人为其法定代理人。回归本案，前述认定了被告为无民事行为能力人，找到其监护人即可顺利开展诉讼。本院通过被告父亲了解到其婚姻家庭情况，后通知被告配偶应诉，但其配偶起初态度比较抗拒，不愿面对法庭。通过多次沟通，最终被告配偶答应作为法定代理人参与本案诉讼，并出庭为被告进行了辩护。

三、是否属于不可抗力

对于法定代理人提出的因意外逾期还款，请求免除被告的利息和违约金的抗辩，其所称的意外在法律上如何定性，抗辩是否成立？

从《中华人民共和国合同法》以及《中华人民共和国民法总则》，再到《中华人民共和国民法典》，上述法律均没有区分不可抗力和意外事件，只将不可抗力作为法定事由加以规定，未规定意外事件。合同法中，不可抗力是规定在违约责任一章中唯一的法定免责事由。《中华人民共和国合同法》第一百一十七条规定："因不可抗力不能履行合同的，根据不可抗力的影响，部分或者全部免除责任，但法律另有规定的除外。当事人迟延履行后发生不可抗力的，不能免除责任。本法所称不可抗力，是指不能预见、不能避免并不能克服的客观情况。"《中华人民共和国民法典》第五百九十条规定："当事人一方因不可抗力不能履行合同的，根据不可抗力的影响，部分或者全部免除责任，但是法律另有规定的除外。因不可抗力不能履行合同的，应当及时通知对方，以减轻可能给对方造成的损失，并应当在合理期限内提供证明。当事人迟延履行后发生不可抗力的，不免除其违约责任。"《最高人民法院关于适用〈中华人民共和国担保法〉若干问题的解释》[①] 第一百二十二条规定："因不可抗力、意外事件致使主合同不能履行的，不适用定金罚则。因合同关系以外第三人的过错，致使主合同不能履行的，适用定金罚则。受定金处罚的一方当事人，可以依法向

---

① 《最高人民法院关于适用〈中华人民共和国担保法〉若干问题的解释》于 2021 年 1 月 1 日废止。

第三人追偿。”可见，司法解释将意外事件也作为定金责任的免责事由。部分意外事件如果符合法律规定的不可抗力的标准也应适用有关不可抗力的规定，一方面是考虑到现实情况，另一方面亦不违背法条的规定。本案被告突发意识障碍入院治疗，一直昏迷不醒，对于突发无意识的植物状态是其本人及家属不能预见、难以避免并不能克服的客观情况，因此，被告的病情可以适用法律关于不可抗力的规定。

四、是否适用公平原则

当事人对于不可抗力所导致的损害在主观上是不能预见、不能避免并不能克服的，由于主观上不存在过错，无过错即无责任。因不可抗力违约，违约人虽可免除违约责任，但并不能免除不可抗力的风险责任。当事人订立合同，是为了互利共赢实现各自的期待利益，只有通过共同履行合同，双方才可能实际拥有这种利益。因此，当事人双方在履行合同过程中应视为一个整体，共同追求利益。在该过程中因不可抗力而遭受的损失应视为共同损失，共同风险责任自然应由双方当事人共同承担。《中华人民共和国民法总则》第六条规定：“民事主体从事民事活动，应当遵循公平原则，合理确定各方的权利和义务。”《中华人民共和国民法典》亦同样对公平原则进行了规定。公平原则作为我国民法的一项基本原则，其作用就是在当事人之间合理地分配权利、义务，实现双方关系上的利益均衡。当事人对损害的发生都无过错、又不能适用无过错责任要求赔偿，但如果不赔偿损失又显失公平的情况下，根据当事人的经济状况及其他实际情况，适当减免责任。

本案中，被告突发疾病进入植物人状态属于不可抗力，其发病前未迟延履行合同义务，休克后未按时还款，导致原告受到资金占用期间利息损失。按照双方的合同约定，逾期利息自银行记账日起按照透支本金的每日万分之五计算，即年利率18.25%；被告在到期还款日前未能偿还最低还款额的，除须支付欠款利息外，还需支付当期违约金，违约金按照最低还款额的5%计算。如按合同约定承担违约责任，势必加重被告牛某的经济负担。出于人道主义关怀，综合考虑被告病情、履行合同及双方无过错等情况，基于公平原则，本院免除了被告全部违约金，并降低利息利率标准，酌情按照年利率6%支付资金占用期间的利息。案件宣判后，双方均服从判决，未提起上诉。

本案根据病历及公众认知程度等情况，未经法律特别程序，采用个案审查方式，将植物人视为无民事行为能力人，让有监护能力的人按顺序担任监护人，并积极要求监护人作为法定代理人参与庭审活动，及时有效地维护了当事人的合法权益，保障案件诉讼活动顺利开展。同时，基于对植物人的人道主义关怀，准确适用不可抗力及公平原则，有效减轻植物人家庭经济负担，全面平衡了违约方与损失方的利益，取得良好社会效果，本案具有一定的新颖性、创新性，具有借鉴意义。

编写人：广西壮族自治区柳州市城中区人民法院　许兰珍

二、储蓄存款合同纠纷

7

储蓄存款合同诉讼的“举证责任倒置”原则

——黄翠某、余丽某诉甲银行股份有限公司钟祥支行储蓄存款合同案

【案件基本信息】

1. 裁判书字号

湖北省荆门市中级人民法院（2020）鄂08民终531号民事判决书

2. 案由：储蓄存款合同纠纷

3. 当事人

原告（上诉人）：黄翠某、余丽某

被告（被上诉人）：甲银行股份有限公司钟祥支行（以下简称甲银行钟祥支行）

【基本案情】

2008年4月12日，黄翠某以其女余丽某的名义在甲银行钟祥支行下属分支机构中南分理处开设了户名为余丽某，账号为180902070102049××××的活期储蓄存款存折账户并当即存入5459.44元。开户同日，黄翠某即购买了保险型理财产品，并由银行工作人员向其出具了《红双喜C款两全保险（分红型）》

保险单，后黄翠某依约于2009年4月27日存款5000元、2010年3月2日存款5000元、2011年4月26日存款5029.24元及2012年4月30日存款5000元，甲银行钟祥支行经授权于2008年4月12日、2009年4月28日及2010年4月1日分别代扣划保险费5000元，合计代扣15000元，在此期间黄翠某仅于2011年4月26日支取495元，截至2015年6月21日存折账户内尚存本息10140.28元。

2015年8月14日，黄翠某持余丽某的居民身份证到甲银行钟祥支行下属分支机构东街支行代为办理支取及转存业务，将余丽某名下账户为180902070102049××××的活期储蓄存款存折内的10000元取出后（交易序号为00011），转存到户名为余丽某，账号为180902060202827××××的定期存单内（交易序号为00012），约定存期为一年，并另支取存折存款140元（交易序号为00013），上述业务凭证均由黄翠某代余丽某在客户签名处签字确认。

2017年7月13日，余丽某同黄翠某到甲银行钟祥支行下属分支机构东街支行，将其名下账号为180902060202827××××的定期存单内的10000元支取并再次办理转存，存期为二年。

2017年10月23日，黄翠某、余丽某以甲银行钟祥支行工作人员私自将银保存折内的10000元办理转存交予黄翠某，而黄翠某另持有欲办理转存的10000元存单交予甲银行钟祥支行后至今下落不明，致使黄翠某、余丽某财产受损为由诉至本院，要求甲银行钟祥支行支付存款本金10000元及利息，2018年2月8日，黄翠某、余丽某自愿申请撤回起诉，本院于同日作出（2017）鄂0881民初2683号民事裁定书，裁定准许黄翠某、余丽某撤回起诉。现黄翠某、余丽某以同一事由再次诉至法院。

【案件焦点】

甲银行钟祥支行是否存在隐匿黄翠某存单的情况，如存在是否应当承担赔偿责任。

【法院裁判要旨】

湖北省钟祥市人民法院经审理认为：本案涉及的是存款人与银行等金融机

构因储蓄存款而发生的纠纷，储户在因存款行为和银行确立了储蓄存款合同关系后，即处于弱势状态，储户对银行的操作程序并不知晓，银行作为金融机构有相应的规章制度约束，并有专门人员负责操作、监管，应对其开具的存单、存折等凭证负责，纠纷发生时，其对是否有过错有举证的便利及条件，为了维护储户的合法权益，根据公平合理原则，对于储蓄存款合同纠纷的诉讼应当适用“举证责任倒置”原则。

本案中，黄翠某主张其持有的一张户名为其本人或其子余青某，金额为10000元的定期存单于2015年8月12日到期，黄翠某便于2015年8月14日到甲银行钟祥支行下属分支机构东街支行办理转存业务，甲银行钟祥支行柜台工作人员接收该存单后，在未经黄翠某同意及授权的情况下，私自将余丽某名下，账户为180902070102049××××的存折内的10000元支取出来并办理转存后将定期存单交予黄翠某，而黄翠某原持有的欲办理转存的存单被隐匿，至今下落不明。

针对上述诉称，甲银行钟祥支行向本院提交了以下证据：2015年8月14日，交易序号为00010、00011、00012、00013及00014的业务凭证，02350号柜员（即黄翠某办理业务的网点及柜台）结算类当日交易明细结算清单，湖北东湖司法鉴定所鄂东鉴〔2018〕文鉴字第001号司法鉴定意见书，账户为180902060202827××××的定期存单，账户为180902070102049××××的存折开户至今的交易明细，用以证实黄翠某于2015年8月14日在甲银行钟祥支行下属分支机构东街支行代余丽某办理了三笔业务，即从余丽某账户为180902070102049××××的活期储蓄存款存折内分别支取10000元及140元，并将支取的上述10000元款项转存到户名为余丽某，账号为180902060202827××××的定期存单内，整个过程不存在银行工作人员冒充黄翠某签署“余丽某”字样，私自办理支取手续的情况。另外，经原、被告申请，由法院调取了黄翠某、余丽某及余青某自2008年1月1日至2017年12月31日，定期存单开户、存取款交易及销户流水记录。显示黄翠某及余青某名下，未有于2015年8月12日到期的金额为10000元的定期存单记录。

在储蓄存款合同法律关系中，存单、存折是证明存款人与金融机构之间存在存款合同关系的重要证据，其性质属于合同凭证，用以证明存款人与金融机构之间的合同关系及约定，系当事人权利义务的依据及来源，亦是储户向金融机构主张权利的前提要素。本案主要争议焦点为被告是否隐匿了由原告持有的金额为10000元的储蓄存单，衍生需要确定的问题即为是否存在诉争的储蓄凭证，甲银行钟祥支行已就该争议焦点穷尽了举证义务，证实并不存在原告诉称的被隐匿的存单，而原告在未有其他物证予以佐证的情况下，仅凭口述及存折存取记录即主张诉称事实未达到高度盖然性证明标准，由此原告应承担不利后果，故其要求甲银行钟祥支行支付存款本金10000元并支付利息的诉讼请求，因缺乏事实及法律依据，法院依法不予支持。

综上，湖北省钟祥市人民法院依据《中华人民共和国民事诉讼法》第六十四条及《最高人民法院关于适用〈中华人民共和国民事诉讼法〉的解释》第九十条之规定，判决：

驳回黄翠某、余丽某的诉讼请求。

原告黄翠某不服湖北省钟祥市人民法院作出的该裁判结果，遂提起上诉。湖北省荆门市中级人民法院经审理同意一审法院裁判意见，并作出维持原判的判决。

【法官后语】

随着我国经济、文化的高速发展，很多新型纠纷逐渐产生，特别是一些专有领域的纠纷越来越多地和普通群众的生活密切相关起来，其中储蓄存款合同纠纷尤为突出，近年来储蓄存款被盗取、骗取的新闻层出不穷，由此引发了很多纠纷，储蓄存款合同纠纷的主体具有特定性，作为储户一方，需为年满十六周岁且办理有居民身份证件的自然人，而作为收取存款的一方必须是经过审核批准有权开展储蓄业务的金融机构。储蓄合同的格式化、标准化也是储蓄存款合同纠纷区别于其他合同类纠纷的显著特征，储蓄合同内容非常简单，仅涉及存款的币种、金额、期限、利率及存期等，除存款利率范围由中国人民银行确定外，作为储蓄合同主要表现形式的存单、存折等凭证条款均由储蓄机构先行拟定，储户难以与储蓄机构协商确定合同条款，两者地位悬殊。储户就其储蓄存折上载有的全部金额，向金融机构主张权利，而金融机构主张储户并未向金融机构提交存折上所记载的款项，在前述情形下，储户和金融机构各自应当承担怎样的证明责任，证明标准如何把握以及如何平衡金融机构与储户的利益均是司法实践中的难点。

就本案审理而言，双方主要争议焦点在于是否存在诉争储蓄凭证，考虑到储户在因存款行为和银行确立了储蓄存款合同关系后，即处于弱势状态，储户对银行的操作程序并不知晓，银行作为金融机构有相应的规章制度约束，并有专门人员负责操作、监管，应对其开具的存单、存折等凭证负责，纠纷发生时，其对是否有过错有举证的便利条件，特别是在储户遗失储蓄凭证的情况下，此时若仍适用“谁主张，谁举证”的一般举证规则，无疑使储户难以维权。故为了维护储户的合法权益，根据公平合理原则，本案适用“举证责任倒置”原则，要求银行对是否存在诉争的储蓄凭证进行举证。

编写人：湖北省钟祥市人民法院　陈若月

8

储蓄存款人有妥善保管身份证、存单和相应密码以确保存款安全的义务

——金某萍诉某银行咸丰支行储蓄存款合同案

【案件基本信息】

1. 裁判书字号

湖北省恩施土家族苗族自治州咸丰县人民法院（2020）鄂2826民初1640号民事判决书

2. 案由：储蓄存款合同纠纷

3. 当事人

原告：金某萍

被告：某银行咸丰支行

【基本案情】

2020年5月2日，金某萍在某银行咸丰支行办理了20万元的3年+1天的“多××”储蓄存款。2020年5月13日，金某萍的儿媳王某英持金某萍的身份证、银行存折及银行卡到某银行咸丰支行凭密码将金某萍的20万元定期存款转入金某萍的银行卡账户后进行了支取。金某萍于2020年7月27日发现其存款被王某英取走后向公安机关报案，经公安机关侦查讯问，王某英承认是金某萍在平时生活中向王某英告知了其微信密码和银行存款密码，王某英于2020年5月13日盗取金某萍的身份证、银行存折及银行卡到某银行咸丰支行将金某萍的20万元“多××”储蓄存款转到金某萍的湖北银行银行卡账户，然后通过自动取款机取款及微信支付等方式进行了支取。

【案件焦点】

金某萍的存款被盗取的损失应由谁承担责任。

【法院裁判要旨】

湖北省恩施土家族苗族自治州咸丰县人民法院经审理认为：金某萍在某银行咸丰支行开立账户办理“多××”储蓄存款，双方之间形成的储蓄存款合同合法有效。双方均应依约行使权利、履行义务。金某萍作为储蓄存款合同一方当事人有妥善保管身份证、存折和在该存折上设置不为他人所知的密码以确保存款安全的义务。金某萍在平时生活中将其存折密码告知其儿媳王某英，并将身份证、银行存折、银行卡放置在一起，王某英作为金某萍的家庭成员，取得金某萍的身份证、银行存折、银行卡到某银行咸丰支行以代理人身份凭密码办理了相关业务，金某萍未尽到妥善保管其身份证、存折及密码的义务。某银行咸丰支行的工作人员在王某英持有其本人身份证及金某萍的身份证和银行存折，并知晓密码的情况下，办理了金某萍定期存款转活期的业务，某银行咸丰支行办理相关业务并不违反相关规定。金某萍要求某银行咸丰支行返还定期存款 20 万元的诉讼请求，无法律依据，本院不予支持。

湖北省恩施土家族苗族自治州依照《最高人民法院关于适用〈中华人民共和国民事诉讼法〉的解释》第九十条之规定，作出如下判决：

驳回金某萍的诉讼请求。

一审宣判后，双方当事人未上诉，现判决已发生法律效力。

【法官后语】

金某萍作为存款人在某银行咸丰支行开立账户办理“多××”储蓄存款，双方即形成储蓄存款合同关系。该储蓄存款合同是双方当事人真实意思的表示，其内容不违反国家法律和行政法规强制性规定，合同有效。双方当事人应当依照约定全面履行各自义务。保护储蓄存款安全不但是一种约定义务，也是双方的法定义务，双方均应依约行使权利、履行义务。商业银行办理个人储蓄存款业务，应当遵循存款自愿、取款自由、存款有息、为存款人保密的原则，保障存款人的合法权益不受任何单位和个人的侵犯。储户作为银行存折（存单）及密码的唯一持有人，应当妥善保管银行存折（存单），按照约定对银行存折（存单）信息保密，不使银行存折（存单）脱离控制而被他人获取；在使用银行存折（存单）过程中应采取妥当措施避免银行卡密码泄露。银行存折（存单）及密码共同使用才能取款、消费。

金某萍作为储蓄存款合同一方当事人有妥善保管身份证、银行存折（存单）和在该银行存折（存单）上设置不为他人所知的密码以确保存款安全的义务。私人密码具有私有性、唯一性、秘密性的特点。取款密码由储户自行设置，银行存折（存单）也由储户保管，密码和银行存折（存单）是取款必备的要素，否则无法在银行完成取款业务。本案中，金某萍在平时生活中将其存折密码告知其儿媳，并将身份证、银行存折、银行卡放置在一起，王某英作为金某萍的儿媳，取得了金某萍的身份证和银行存折。王某英在支取金某萍的存款时，出示了金某萍的身份证和银行存折及王某英本人的身份证件，王某英以金某萍的受委托人身份在某银行咸丰支行对存款进行提前支取，某银行咸丰支行依据相关法律法规的规定、按照取款自由的原则，应王某英的要求，对相应存款进行了提前支取的操作，某银行咸丰支行没有过错，故某银行咸丰支行对金某萍的存款被王某英支取造成的损失不应承担责任。金某萍未能妥善保管自己的身份证和银行存折，并且将其自己设置的银行存折密码告诉给王某英，导致王某英取得金某萍的身份证和银行存折后，凭密码对金某萍的存款进行了支取，故金某萍应对其存款被盗取的损失自行承担责任。

编写人：湖北省恩施土家族苗族自治州咸丰县人民法院　朱登武

三、金融借款合同纠纷

9

质权人对应收账款质押权的行权困境

——甲农商行诉乙公司等金融借款合同案

【案件基本信息】

1. 裁判书字号

吉林省永吉县人民法院（2020）吉0221民初1151号民事判决书

2. 案由：金融借款合同纠纷

3. 当事人

原告：甲农商行

被告：乙公司、陈长某、某市教育局

【基本案情】

2016年乙公司与某市教育局签订《某市中小学生桶装饮用水采购合同书》，约定某市教育局为其所属学校学生向乙公司采购桶装饮用矿泉水，合同期限自2016年2月1日起至2017年7月31日止，合同总价款3600000元。2016年6月2日，乙公司向甲农商行申请以应收账款作为质押，贷款2200000元。2016年6月13日，甲农商行与乙公司签订《应收账款质押协议》。2016年6月15日，乙公司向某市教育局出具《应收账款回款路径确认书》，告知某市教育局其公司向甲农商行申请以应收账款质押贷款，并提请某市教育局批准双方的结算账户更改为乙公司在甲农商行开户账户。同日，某市教育局为乙公司出具《应收账款回款路径确认书回执》，为甲农商行出具《应收账款回款路径承诺书》，同意将乙公司提出的账户作为销售货款结算的唯一指定账户。2016年6月16日，甲农商行与乙公司签订《流动资金借款合同》《应收账款质押合同》各一份。借款合同约定，乙公司向甲农商行借款2150000元，借款期限自2016年6月16日起至2017年6月15日止。质押合同约定：乙公司以应收账款为其在甲农商行的借款提供质押担保，出质标的为乙公司与某市教育局签署的采购合同中的应收账款3600000元；债务人未按时足额偿还全部或部分贷款本金利息时，债权人有权依法拍卖、变卖应收账款，并以所得价款优先受偿。同日，陈长某与甲农商行签订《个人保证合同》并约定，陈长某为乙公司在甲农商行的借款提供连带责任保证担保。2016年6月20日，甲农商行向乙公司发放贷款2150000元。2016年9月25日，甲农商行在中国人民银行征信中心办理了动产权属统一登记。2017年10月21日，甲农商行向乙公司、陈长某催收贷款，陈长某在逾期贷款催收通知书回执上加盖公司公章及法人名章。截至2020年4月1日，乙公司尚欠甲农商行贷款本金1750000元，利息673051.03元。另查明，乙公司与某市教育局2016年至2019年的矿泉水货款已经全部结清。

【案件焦点】

1. 甲农商行诉请的借款利息是否符合法律规定；2. 某市教育局应否承担还款责任；3. 陈长某应否承担连带保证责任。

【法院裁判要旨】

吉林省永吉县人民法院经审理认为：本案关键在于确定甲农商行与乙公司借款合同的效力及责任承担问题、陈长某的保证责任是否已过保证诉讼时效，以及甲农商行与乙公司签订的《应收账款质押协议》的履行情况、合同效力、合同项下权利义务关系以及责任承担，某市教育局应否向甲农商行承担还款责任。乙公司与某市教育局之间的应收账款质押，质押权是否成立，甲农商行是否能就该笔应收账款实现自身的抵押权等问题，均具有至关重要的影响。

就本案已知证据及本院调查了解的情况分析，首先，签订借款合同成立并生效，双方当事人应按照合同约定全面履行义务。其次，陈长某为乙公司的借款提供连带责任保证。甲农商行在法定的诉讼时效期间内向保证人陈长某要求承担保证责任，符合法律规定。最后，应收账款质押合同办理了应收账款质押登记，甲农商行的质权自登记时设立。乙公司作为出质人，在其与甲农商行签订质押合同后，仅以甲农商行提交的回款账户无法办理税收登记为由，擅自与某市教育局更改货款回款账户，且未征得甲农商行的同意，乙公司的行为违反了质押合同约定，其应承担违约责任。某市教育局为甲农商行出具的《应收账款回款路径承诺书》系其承诺将甲农商行提供的账户作为回款账户，但承诺书上并无乙公司不履行还款责任时其承担相应还款责任的内容，甲农商行亦未提交某市教育局应承担还款责任的其他证据，故甲农商行要求某市教育局承担清偿借款本息责任的诉讼请求，缺乏事实及法律依据，不应予以支持。依照相关法律规定，作出如下判决：

一、乙公司于本判决生效后立即偿还甲农商行贷款本金 1750000 元、利息 673051.03 元，本息合计 2423051.03 元（利息计算至 2020 年 4 月 1 日，以后罚息按照月利率 10.875‰，计算至贷款清偿之日止）；

二、陈长某对本判决第一项向甲农商行承担连带保证责任；

三、驳回甲农商行的其他诉讼请求。

【法官后语】

应收账款质押操作简便，有利于市场主体之间资金盘活。根据《应收账款质押登记办法》第二条、第十条以及《中华人民共和国民法典》第四百四十五条的相关规定，应收账款质押登记具有设立质权的作用。依法定程序设立的应收账款质权，具有质权登记的公示效力，应及于出质人的债务人。但是，质押合同及债权人据此享有的质权能否约束或对抗出质人的债务人，还需要具体情况具体分析。

如前所述，应收账款债务人并非质押关系中的当事人，但债务人的履约行为却是质权实现的重要保障。在实践中，根据应收账款质押制度的运行机理，应收账款质押是用应收账款债务人之信用去弥补出质人信用之不足，故质权人给予信贷融资是基于债务人的清偿能力及清偿行为。所以，对质权人来说，关注质权对债务人产生哪些效力及如何实现某种意义上更甚于对出质人的效力。同时，应收账款质押天然的弱担保性，必然要求对应收账款现金流的控制，其终极体现即为应收账款债务人的按约还款。是故，质权对应收账款债务人的效力是实现应收账款质押制度中保障质权人安全的重要内容，承载着该制度安全价值的实现，也是该制度能否在现实经济生活中发挥其作用、实现其预期目标的关键性要素。

因法律缺乏对应收账款债务人的清偿行为限制的明确规定，将给质权人带来一定的法律风险。应收账款质押后，应收账款债务人的清偿行为是否受到限制？

有人认为从合同相对性的角度，质权人仅对出质人的处分权有限制，出质人在擅自处分后，对质权人承担违约责任，应收账款债务人与质权人之间，一无合同约定，二无法律规定，债务人并无责任。

但法律虽然没有明确规定，但应收账款出质后，产生了对应收账款债务人清偿行为的限制。理由如下：从权利本身性质出发，应收账款质押具有担保物权和债权的双重属性。动产质押是依靠对动产的占有来实现其优先受偿权的，质权人对质物的控制从而保障优先受偿权是质权的核心内容，是故，出质后产生对应收账款债务人清偿行为的约束为权利本身的应有之义。同时，按照合同法理论，债权人可以转让其债权，质权人能够确保对已收取金钱部分取得优先权。然而，从债权角度分析，如果应收账款收取后直接用于归还质权人主债务的约定出现在出质人、质权人与次债务人的三方协议中，该条款相当于“封闭汇款协议”，次债务人的还款直接汇至指定账户，用于归还出质人债务，次债务人未按此偿还的，直接向质权人承担违约责任；如果出现在出质人和质权人的双方约定中，则构成涉他合同，次债务人未还款至指定账户的，不向质权人承担违约责任，相应违约责任由出质人承担。

第三方债务人虽然不与银行直接接触，但债务人的行为仍可以造成商业银行的风险。在实践过程中，第三方债务人恶意逃脱废债，导致作为质押标的的应收账款无法得到偿还，给银行带来了极大的信贷风险。如果应收账款的债务人经营状况不佳或是信用状况不良，产生违约的道德风险，同样使质押的还款来源堵塞，商业银行无法正常得收账款意味着合同义务也随之终止，商业银行等金融机构也会因此无法实现债权。

编写人：吉林省永吉县人民法院　武爽

10

金融借款中配偶方表达知悉同意借款事实不构成共同借款意思表示

——甲银行温州分行诉李某、陈某金融借款合同案

【案件基本信息】

1. 裁判书字号

浙江省温州市中级人民法院（2020）浙 03 民终 2149 号民事判决书

2. 案由：金融借款合同纠纷

3. 当事人

原告（上诉人）：甲银行温州分行

被告（被上诉人）：李某、陈某

【基本案情】

2013 年 12 月 11 日，李某向广发温州分行申请信用贷款，并提交了广发温州分行提供的《×意人卡（×意红）申请表》，约定：申请人为李某，贷款用途为生产经营，自主支付范围为采购数码产品等，企业名称为某数码产品经营部，性质为独资企业；授信额度 15 万元，循环额度有效期限自 2013 年 12 月 17 日

起至2018年12月17日止，单笔贷款期限为36个月，采用等额本息还款；借款利率以固定月利率1.5%计息，逾期按约定利率加收30%计息，未按期偿付借款利息，按逾期利息利率计收复利。

李某和陈某于2009年9月27日登记结婚。涉案申请表第六项载明："本人确认，本人已经仔细阅读本申请书的所有条款。银行的有关人士已经提醒本人在签署本文件前可以要求银行的有关人士对任何条款作充分说明和解释，并对本人就有关条款提出的问题和信息进行了充分的说明和解释。本人同意甲银行不论是否与本人就上述业务达成协议都有权保留相关材料。本人现已充分了解本文件所有条款的含义。因而经过谨慎考虑，本人同意接受所有条款并遵守所有承诺及声明。本人若违反上述条款及声明，愿意按照法律法规规定、个人信用贷款合同的约定承担相应责任。"上述条款下方借款人签名栏有李某本人签字，借款人配偶签名栏签有陈某名字。

合同签订后，截至2019年8月23日，李某尚欠甲银行温州分行借款本金39817.22元（其中已到期本金36303.69元，未到期本金3513.53元）、利息3774.48元、逾期利息4887.64元、期内利息复利446.31元。

【案件焦点】

李某以个人名义向银行借款，陈某作为配偶在借款合同的借款人配偶签名栏签字，明确已知悉并同意借款事宜，是否构成共同借款的意思表示。

【法院裁判要旨】

浙江省温州市鹿城区人民法院经审理认为：甲银行温州分行选择宣告贷款提前到期，属行使合同解除权，其要求计收未到期本金逾期利息的请求缺乏合同依据，且在此情形下，支付逾期利息存在双重救济适当性的考量。因此，对甲银行温州分行关于未到期本金逾期利息的诉请不予支持。陈某未在借款合同中作为借款人签字，其在配偶栏签字并不足以证明上述借款系李某、陈某共同意思表示，且甲银行温州分行也无证据证明上述借款系家庭日常生活需要所负的债务，现甲银行温州分行主张系夫妻共同债务，不予支持。遂判决：

一、李某于判决生效之日起十日内偿付甲银行温州分行借款本金 39817.22 元、利息及逾期利息、复利（截至 2019 年 8 月 23 日利息 3774.48 元、逾期利息 4887.64 元、期内利息复利 446.31 元，自 2019 年 8 月 24 日起利息以未到期本金 3513.53 元为基数按年利率 18%计算，逾期利息以到期本金 36303.69 元为基数按年利率 23.4%计算，复利以未还利息为基数按年利率 23.4%计算，均计算至实际履行完毕之日止）；

二、驳回甲银行温州分行的其他诉讼请求。

甲银行温州分行不服原判提起上诉。浙江省温州市中级人民法院经审理认为：关于涉案债务是否属于李某、陈某共同债务的问题，本案款项系以李某个人名义所借，虽借款申请表第六项借款人配偶签名处签有陈某名字，但该签名是否系陈某本人所签，各方尚存争议；即使签字为真，签名栏上方所载内容仅表明配偶方知晓并同意李某借款事实，并无表达共同借款的意思表示。甲银行作为正规金融机构，债权安全防控能力较强，涉案借款合同系甲银行提供的贷款格式合同，在合同中没有要求配偶作为共同借款人签字，往往是出于交易效率、贷款利率等因素考虑所作的有意选择。综上，本案借款应认定为李某的个人债务。关于涉案借款的利息认定问题，甲银行温州分行既行使宣告合同提前到期权，使借款人丧失合同期限利益，又要求对未到期本金计收逾期利息，存在双重救济的失衡。故对未到期本金不支持按逾期利率计算利息。遂判决：

驳回上诉，维持原判。

【法官后语】

自《最高人民法院关于审理涉及夫妻债务纠纷案件适用法律有关问题的解释》（法释〔2018〕2 号）[①] 出台以来，共同举债意思表示成为认定夫妻共债的基本准则。若缺乏夫妻在债权凭证上共同签字或配偶方事后追认等明确表达共

① 根据《最高人民法院关于废止部分司法解释及相关规范性文件的决定》，该司法解释已于 2021 年 1 月 1 日起失效。

同举债意思表示的事实依据，能否根据配偶方知悉同意举债事实，以推定配偶方存在共同举债的意愿，是司法实践中经常碰到的难点。

笔者认为，夫妻共同债务的最终责任形式为连带责任，因此债务人配偶共同负债的意思表示必须清晰、明确，使法律状态完全明白无误。在事实不清的情况下，应以认定个人举债为原则，共同举债为例外。通过发挥裁判导向作用，引导民事商事主体主动规范交易行为、加强风险防范、避免日后纠纷。故债务人配偶知道、了解甚至同意债务人的负债，均不足以构成自愿共同负担债务的意思。实践中还经常出现债务人使用配偶名下账户收付款项的情形，夫妻之间人身关系的特殊性及财产关系的混同性，使得夫妻双方易获得彼此的账户信息，配偶对转账之事知悉同意，不能据此即认定配偶具备举债合意，仍要审查债务有无超过家庭日常生活所需、是否用于夫妻共同生活等因素综合判断是否构成夫妻共债。

值得注意的是，本案的债权人系银行，金融借款中配偶方仅表达知悉同意举债一方借款事实的，更不应认定构成共同借款意思表示。从双方交易地位来看，银行作为正规金融机构，债权安全防控能力较强，在交易中亦处于优势地位，完全可以也有条件在交易时即要求相对人配偶作出共同负债的意思表示，以避免日后产生纠纷时的举证风险。银行自行提供的格式合同仅要求夫妻另一方以借款人配偶身份签字以明确其知晓并同意借款人借款事实，而未要求配偶作为共同借款人身份签字，往往是银行对配偶方不共同举债已有预期，出于产品特性、贷款利率、交易效率、管理成本等多因素考虑所作的有意选择。针对小额金融产品，债务人个人的征信能够保障债权安全的，并无必要追加配偶为共同债务人，以防范资金链风险过度扩散造成的社会危害。

编写人：浙江省温州市中级人民法院　胡淑丽

11

银行贷款“宣布借款提前到期”法律性质分析

——甲银行诉李锦某金融借款合同案

【案件基本信息】

1. 裁判书字号

湖南省攸县人民法院（2021）湘0223民初3368号民事判决书

2. 案由：金融借款合同纠纷

3. 当事人

原告：甲银行

被告：李锦某

【基本案情】

2020年7月23日，原告甲银行与被告李锦某签订了《直接贷专用最高额借款合同》，约定原告有权审核并确定被告的贷款额度，被告可在额度有效期内申请贷款。2020年7月25日至2020年11月29日，被告二次向原告申请发放贷款，原告如约向被告发放了二笔贷款本金共计68500元，并约定其中第一笔、第二笔借款利率分别为年利率14%、16.4%，逾期利率分别为年利率21%、23.99976%。且合同明确约定，如出现对债权实现产生不利影响的情形，原告有权宣布贷款全部提前到期。被告李锦某偿还借款本金16535.63元、利息2140.17元后，未按约偿还借款本息。2021年3月19日，原告依约向被告发出了宣布借款全部提前到期的通知。截至2021年3月23日，被告尚欠原告借款本金51964.37元、利息1715.66元（含借期利息1715.66元、逾期利息0元），原告催收未果，诉至攸县法院，请求判令被告立即偿还原告贷款本金51964.37

元、借期利息 1715.66 元（暂算至 2021 年 3 月 23 日，此后按年利率 21%计算至清偿日止）。

【案件焦点】

原告甲银行在被告李锦某未按期偿还贷款本息的情况下，于 2021 年 3 月 19 日向被告发出宣布借款全部提前到期的通知，该通知属于原告依约行使合同解除权的法律后果还是一种独立的违约责任形式。

【法院裁判要旨】

湖南省攸县人民法院经审理认为：原告甲银行与被告李锦某签订的《直接贷专用最高额借款合同》，系当事人的真实意思表示，内容亦不违反法律等强制性规定，合同依法成立并生效，各方均应依约履行。合同签订后，甲银行如约向被告发放了贷款，已履行了资金出借义务。被告李锦某未按约偿还借款本息，根据最高额借款合同的约定，原告有权提前收回贷款，被告应当依约承担清偿全部借款本息的违约责任，故原告要求被告偿还借款本金 51964.37 元及利息 1715.66 元（暂算至 2021 年 3 月 23 日，之后按年利率 21%计算至清偿日止）的诉讼请求，法院依法予以支持。法院依照《中华人民共和国民法典》第五百零九条第一款、第五百七十七条、第六百七十四条、第六百七十五条、第六百七十六条和《最高人民法院关于适用〈中华人民共和国民法典〉时间效力的若干规定》第二十条之规定，判决：限被告李锦某在判决生效之日起五日内偿还原告甲银行借款本金 51964.37 元及利息 1715.66 元（暂算至 2021 年 3 月 23 日，之后按年利率 21%计算至清偿日止）。

【法官后语】

随着《商业银行互联网贷款管理暂行办法》的颁布，越来越多的商业银行开始涉及互联网贷款业务，考虑到互联网贷款的快捷性、方便性、短期性等特点，其贷款业务的还款方式亦从传统金融贷款的到期偿还本息的方式转变为等额本息还款方式，多数商业银行的互联网贷款合同条款中均有银行在借款人未按约偿还按揭款的情形下有权宣布借款提前到期的约定。而“宣布借款提前到期”条款的法律性质的确定是该类案件纠纷解决的基础和前提，其法律性质的认定在我国的审判实务界一直存在争议。传统观点认为，“宣布借款提前到期”通知是借款人发生违约行为时银行行使合同解除权的法律后果。银行宣布借款提前到期是其依法行使的约定解除权，借款人归还未到期借款是其承担合同解除责任的后续义务。另一种观点则认为，在银行借款合同中，金钱债务的提前履行符合其金钱给付的特性，不同于其他因合同不履行而产生的金钱赔偿责任。提前收回贷款相对于其他合同的违约责任承担方式有其独特性，是一种“独有的违约责任形式”。提前收回贷款意味着借款人期限利益的丧失，而期限利益的丧失对于借款人来说是一种较为严厉的惩罚形式，银行无须通过解除合同即可采用这种双方约定的违约责任形式保障其合同权益。

本案中，原、被告签订的《直接贷专用最高额借款合同》仅为授信合同，原、被告之间有关借款合同基本内容的借款金额、利率、期限等条款均体现在原告向被告发放每笔贷款的借款借据中。同时，借款人违约未偿还按揭款时，仍有剩余分期按揭款并未到期。按照传统观点，在本案借款合同解除前，银行仅能诉请借款人偿还到期按揭款，银行必须通过解除合同才能诉请借款人清偿全部贷款本息。如采第二种观点，银行的“宣布借款提前到期”通知则是我国《民法典》第五百七十七条所规定的独特的约定违约责任承担方式，银行在给予适当宽限期并已向借款人发送“宣布借款提前到期”通知后，可以直接诉请要求借款人偿还全部贷款本息。

本案法官认为，提前收回贷款是一种借款人以丧失期限利益为代价的违约责任，属于一种依据合同约定违约借款人应当承担的违约责任方式，故，银行如在起诉前已向借款人发出了“宣布借款提前到期”通知，在起诉要求提前收回贷款本息时无须同时要求解除借款合同。首先，从债务清偿的法律效果来看，合同解除和银行提前收回贷款的法律效果是相同的，银行无须通过解除授信合同即可实现请求借款人提前清偿全部债务的诉讼目的。其次，从合同履行的社会效果来看，在授信合同未解除的情况下，违约借款人清偿贷款后如符合银行方所要求的贷款条件的，银行仍有权继续向借款人发放贷款，而偶然陷入困境但通过正常经营可以恢复偿付能力的借款人亦有权再次从银行方获取贷款以实现其资金周转的合法权益，从而在缔约自由、借款人利益与金融秩序保障之间取得最佳平衡。

编写人：湖南省攸县人民法院　胡曦

12

贷款机构未披露实际利率不得据此收取利息

——田某、周某诉甲信托公司金融借款合同案

【案件基本信息】

1. 裁判书字号

上海金融法院（2020）沪74民终1034号民事判决书

2. 案由：金融借款合同纠纷

3. 当事人

原告（上诉人）：田某、周某

被告（被上诉人）：甲信托公司

【基本案情】

2017年9月22日，田某、周某和甲信托公司签订《贷款合同》，约定贷款本金6000000元，期限8年，贷款利率具体以《还款计划表》为准，平均年利率11.88%，还款方式为分次还款。合同附件《还款计划表》载明，还款期数为96期，每期还款均包含本息，每年12期还款金额一致，每12个月递减一次还款金额。

2017年9月26日，田某、周某先向甲信托公司汇款141000元作为第一期

还款，甲信托公司于2017年9月27日向田某、周某转账支付6000000元。田某、周某按《还款计划表》逐月还款至2018年11月27日，后申请提前还款获准，遂于2018年12月17日向甲信托公司支付5515522.81元（其中本金5505522.81元、违约金10000元），结清全部贷款。之后，田某、周某认为甲信托公司未披露实际利率，告知其平均年利率为11.88%，但实际执行利率却高达20%多，且实际放款前已经收取了第一期还款，该款项应从贷款本金中扣除。据此，请求判令甲信托公司返还多收取的利息并赔偿相应损失。甲信托公司辩称，合同约定贷款利率以《还款计划表》为准，该表系以借款本金6000000元×平均年利率11.88%×借款期限8年算得应还总利息，加上本金后分摊至每月作成。借款人签字确认按《还款计划表》还款即视为认可。另外，由于在贷款实际发放前确实收取了第一期还款141000元，故愿意补偿田某、周某200000元。

案件审理中，甲信托公司为说明《贷款合同》每期还款金额如何确定，提交了另一版本《还款计划表》，除载明每期应还款金额、剩余本金外，还载明每期应还款中的利息金额、本金金额、当年利率，此外在表格尾部还载明贷款本金6000000元，利息合计5702400元，本息合计11702400元，总利率为95.04%，年利率平均值为11.88%。经核算，前述各年利率系以当年应付息总和除以初始贷款本金额6000000元算得，而11.88%系前述各年利率的算术平均值。

【案件焦点】

1. 贷款人应否明确披露实际利率；2. 如何履行披露义务；3. 未履行披露义务的法律后果为何。

【法院裁判要旨】

上海市普陀区人民法院经审理认为：《还款计划表》列明每一期还款的本息合计金额和剩余本金，亦由借款人签字确认，故不存在隐瞒利率的事实，判决驳回田某、周某的诉讼请求，准予甲信托公司补偿田某、周某200000元。宣判后，田某、周某提出上诉。

上海金融法院经审理认为：贷款机构负有明确披露贷款实际利率的义务，若以格式条款约定利率，还应采取合理方式提请借款人注意，并按照借款人的要求予以说明。若因贷款机关未明确披露导致借款人没有注意或理解借款合同的实际利率，则应视为双方未就“按照该实际利率计算利息”达成合意，贷款机构无权据此计收利息。此时，合同利率的确定应当依据合同解释原则，结合相关条款、行为的性质和目的、习惯以及诚信原则，采用一般理性人标准。贷款机构发放贷款前已经收取的还款应当从实际本金中扣除。

本案中，《还款计划表》仅载明每期还款本息额和剩余本金额，既未载明实际利率，也未载明利息总额或其计算方式。一般人若不具备会计或金融专业知识，难以通过短时阅读而自行发现实际利率与合同首部载明利率存在差别，亦难以自行验算该实际利率。因此《还款计划表》不足以揭示借款合同的实际利率。借款合同首部载明平均年利率11.88%，同时载明还款方式为分次还款。上述条款应当作为确定利息计算方式的主要依据，采用一般理性人的标准进行解释。借款人主张以11.88%为利率，以剩余本金为基数计算利息，符合一般理性人的通常理解，也符合交易习惯和诚信原则，应予支持。实际放款前已经收取的还款应当从贷款本金中扣除。以此计算，甲信托公司多收取的利息合计844578.54元应予返还，同时还应向借款人赔偿相应利息损失。

上海金融法院因此改判甲信托公司向田某、周某返还多收取的利息844578.54元，并赔偿自提前还款日次日起至实际归还之日止按照中国人民银行公布的同期人民币存款利率计算的利息。

【法官后语】

利率是指一定时期内利息额与本金的比率。当本金和借款期限确定后，利率的高低直接决定利息的多少，从而反映借款人资金成本的高低。但实践中，由于利率标注和本息支付方式不同，标注利率相同的借款合同实际用资成本迥异，导致了名义利率与实际利率的差异。

贷款产品的提供者应当向借款人明确披露实际利率。首先，利率是借款合同的核心要素，关系到借款人在合同项下的根本利益。在将竞争机制引入贷款业务，贷款利率市场化的大背景下，如果将贷款视为商品，那么利率就是其价格，贷款人有义务如实披露利率，为其提供的贷款商品“明码标价”。其次，只有实际利率方能如实反映借款人的用资成本。利息是货币在一定时期内的使用费，因此贷款人只有实际将货币交由借款人使用方能获得利息，借款人只有实际获得货币才需支付利息。在本金因分次归还而逐渐减少的情况下，使用以初始本金为基数计算的利率必然低于实际利率，并不能反映借款人的实际用资成本。最后，明确披露实际利率是确保借款合同平等缔约，保护金融消费者权益的必然要求。实际利率是普通金融消费者所理解的利率，但利息计算具有专业性，不同的本息支付方式又增加了计算的复杂程度，缺乏会计或金融专业知识的普通民众难以具备计算实际利率的能力。实践中，一些贷款产品的提供者利用其与借款人在专业知识上的不对称，通过只展示较低的日利率或月利率，掩盖较高的年利率；只展示较低的名义利率，或每期支付的利息或费用，掩盖较高的实际利率；以服务费等名目收取砍头息等方式，给金融消费者带来“利率幻觉”。

借贷业务具有规模大、数量多的特点，实践中几乎所有的金融借款合同均为格式合同，大多数面向金融消费者的借款合同均采用利率格式条款。《中华人民共和国民法典》（以下简称《民法典》）第四百九十六条将格式条款提示说明的范围扩大到与对方有重大利害关系的条款。故以格式条款约定利率的，贷款人应采取合理方式提请借款人注意，并按照借款人的要求予以说明。该条还规定，提供格式条款的一方未履行提示或者说明义务，致使对方没有注意或者理解与其有重大利害关系的条款的，对方可以主张该条款不成为合同的内容。据此，若因贷款人对利率格式条款未予披露和明确说明的原因，致使借款人没有注意或者理解借款合同的实际利率，应当认为双方未就“按照该实际利率计算利息”达成合意，贷款人无权据此收取利息。需要注意的是，虽然本案发生在《民法典》出台之前，但根据《最高人民法院关于适用〈中华人民共和国民法典〉时间效力的若干规定》第九条的规定：“民法典施行前订立的合同，提供格式条款一方未履行提示或者说明义务，涉及格式条款效力认定的，适用民法典第四百九十六条的规定。”故《民法典》第四百九十六条对于其施行前订立的合同具有溯及适用效力。

中国人民银行公告〔2021〕第3号要求所有从事贷款业务的机构以明显的方式向借款人展示年化利率，明确年化利率应以对借款人收取的所有贷款成本与其实际占用的贷款本金的比例计算，并折算成年化形式。特别提到采用分期偿还本金方式的，应以每期还款后剩余本金计算实际占用的贷款本金。

编写人：上海金融法院　沈竹莺

13

对金融机构采用通道形式发放贷款行为的效力认定

——鹤壁某银行股份有限公司诉河南某科技发展有限公司金融借款合同案

【案件基本信息】

1. 裁判书字号

河南省高级人民法院（2019）豫民终801号民事判决书

2. 案由：金融借款合同纠纷

3. 当事人

原告（被上诉人）：鹤壁某银行股份有限公司（以下简称鹤壁某银行）

被告（上诉人）：河南某科技发展有限公司（以下简称某科技公司）

【基本案情】

河南某实业有限公司（以下简称某实业公司）系鹤壁某银行的股东，某科技公司系某实业公司的关联公司。经某实业公司、某科技公司与鹤壁某银行协商，鹤壁某银行同意向某科技公司发放贷款1.35亿元。由于某科技公司的注册资本只有1000万元，鹤壁某银行一次性向某科技公司发放高达1.35亿元的贷款不符合监管政策要求，经双方协商一致，采用通道形式发放贷款。

2017 年 12 月，鹤壁某银行与安徽某银行股份有限公司（以下简称安徽某银行）签订《理财产品协议书》，约定鹤壁某银行认购安徽某银行 1.35 亿元的理财产品。鹤壁某银行指定安徽某银行与山西某银行股份有限公司（以下简称山西某银行）签订相关协议，并承诺完全承担相关协议签署导致的投资后果和风险。鹤壁某银行向山西某银行出具《承诺函》，承诺投资某科技公司资金信托项目。

2017 年 12 月 15 日，某信托股份有限公司（以下简称某信托公司）与某科技公司签订《信托贷款合同》，约定某信托公司向某科技公司发放贷款 1.35 亿元。同年 12 月 19 日，山西某银行与某信托公司签订《资金信托合同》，约定山西某银行委托某信托公司向某科技公司发放贷款 1.35 亿元。

2017 年 12 月 19 日，鹤壁某银行向安徽某银行转款 1.35 亿元，安徽某银行转款给山西某银行，山西某银行转款给某信托公司，某信托公司扣除 1%（即 135 万元）的信托业保障基金后，将下余的 1.3365 亿元转给某科技公司。

某科技公司收到该笔款项之后，当天转回某信托公司 122880000 元，用于偿还某科技公司的另一关联公司即某控股有限公司的旧贷；转回某信托公司 10058450.8 元，由某信托公司用于扣收利息。

由于某科技公司未依照《信托贷款合同》的约定还本付息，鹤壁某银行提起本案诉讼，请求判令某科技公司偿还贷款本息。

【案件焦点】

1. 鹤壁某银行和某科技公司之间成立何种法律关系；2. 该法律关系是否有效。

【法院裁判要旨】

河南省鹤壁市中级人民法院经审理认为：某信托公司与某科技公司系资金借贷双方，某信托公司将其对某科技公司的债权转让给鹤壁某银行，鹤壁某银行受让债权后有权以其自身名义提起本案诉讼，某科技公司应向鹤壁某银行偿还借款本金及利息。一审法院判决某科技公司向鹤壁某银行偿还 129379474.6 元及逾期利息。

某科技公司不服，提起上诉。

河南省高级人民法院经审理认为：本案的争议焦点是鹤壁某银行与某科技公司之间成立何种法律关系，以及该法律关系是否有效。《中华人民共和国民法总则》[①] 第一百四十六条规定："行为人与相对人以虚假的意思表示实施的民事法律行为无效。以虚假的意思表示隐藏的民事法律行为的效力，依照有关法律规定处理。"本案中，鹤壁某银行和某科技公司协商，由鹤壁某银行向某科技公司提供贷款，主要用于偿还某控股有限公司的旧贷。鹤壁某银行提供资金后，资金通过陕西某银行、安徽某银行、某信托公司流向某科技公司。陕西某银行、安徽某银行和某信托公司均为提供通道的金融机构，真实的权利义务发生在鹤壁某银行与某科技公司之间。案涉各通道方不承担相关风险，鹤壁某银行享有权利、承担风险。通道业务系各方主体以虚假的意思表示实施的法律行为，各方主体的真实意思是鹤壁某银行向某科技公司提供贷款，故鹤壁某银行与某科技公司之间成立金融借款合同关系。鹤壁某银行向某科技公司提供贷款的行为系以虚假的意思表示隐藏的民事法律行为，该民事法律行为并无无效的事由，故应认定为有效。

河南省高级人民法院判决：

一、撤销一审判决；

二、某科技公司于判决生效之日起十五日内向鹤壁某银行偿还 123591549.2 元，并支付利息（自 2017 年 12 月 19 日起至 2018 年 9 月 6 日止的利息按照日利率即年利率 7%/360 天的标准计算，某科技公司于 2018 年 4 月 26 日的还款 121 万元从中予以扣除；自 2018 年 9 月 7 日起至款项还清之日止的利息以未偿还本金为基数按照日利率即年利率 14%/360 天的标准计算）；

三、驳回鹤壁某银行的其他诉讼请求。

① 对应《中华人民共和国民法典》第一百四十六条。

【法官后语】

本案最大的争议焦点是鹤壁某银行与某科技公司之间的金融借款合同关系是否有效。审理中存在两种意见：一种认为鹤壁某银行与某科技公司之间的金融借款合同关系无效；另一种意见认为有效。

关于第一种意见，认为金融借款合同关系无效。主要理由为：鹤壁某银行为了达到向不符合贷款条件的某科技公司发放贷款的目的，主导安排了复杂的交易模式，采用理财、信托通道形式向某科技公司发放贷款，掩盖了风险，规避了资金投向，鹤壁某银行的行为违法、违规。人民法院应当对鹤壁某银行行为的效力作出否定性评价，以警示金融机构，维护金融安全。

关于第二种意见，认为金融借款合同关系有效。主要理由为：最高人民法院《全国法院民商事审判工作会议纪要》第九十三条规定："……《中国人民银行、中国银行保险监督管理委员会、中国证券监督管理委员会、国家外汇管理局关于规范金融机构资产管理业务的指导意见》第22条在规定'金融机构不得为其他金融机构的资产管理产品提供规避投资范围、杠杆约束等监管要求的通道服务'的同时，也在第29条明确按照'新老划断'原则，将过渡期设置为截止2020年底，确保平稳过渡。在过渡期内，对通道业务中存在的利用信托通道掩盖风险，规避资金投向、资产分类、拨备计提和资本占用等监管规定，或者通过信托通道将表内资产虚假出表等信托业务，如果不存在其他无效事由，一方以信贷目的违法违规为由请求确认无效的，人民法院不予支持……"根据该规定，陕西某银行、安徽某银行、某信托公司为鹤壁某银行提供资金通道的行为违反了监管政策，本应依法以通道业务违反公共秩序为由认定鹤壁某银行与某科技公司之间的金融借款合同关系无效，但国家出于防范和化解金融风险的考虑，为了避免在防范和处置风险的过程中发生进一步的操作风险，保持金融体系的稳定，规定了期限截至2020年年底的过渡期（过渡期目前已经延长至2021年年底）。本案系在过渡期内产生的通道业务，且不存在其他合同无效事由，故不宜认定鹤壁某银行与某科技公司之间的金融借款合同关系无效。

编写人：河南省高级人民法院　黄爱玲

14

金融借款合同中约定贷款人违约责任过重处理分析

——甲银行股份有限公司佛山分行诉曾维某、陈嘉某金融借款合同案

【案件基本信息】

1. 裁判书字号

广东省佛山市顺德区人民法院（2020）粤0606民初16135号民事判决书

2. 案由：金融借款合同纠纷

3. 当事人

原告：甲银行股份有限公司佛山分行（以下简称甲银行）

被告：曾维某、陈嘉某

【基本案情】

1. 曾维某向甲银行提供结婚证复印件一份，曾维某、陈嘉某于2006年11月10日登记结婚。2017年6月2日，曾维某作为借款人，甲银行作为贷款人，双方签订了《个人信用贷款合同》原件一份，合同约定曾维某贷款金额61000元，贷款用途为旅游，贷款期限36个月，执行固定月利率1.53%，采取等额还款法进行还款；如任何一期未及时足额归还借款本息即视为逾期，从逾期之日起，对逾期金额按照合同约定的利率加50%计收罚息，对不能按期支付的利息按逾期罚息利率计算复利；如曾维某违约，甲银行有权要求曾维某提前归还已发放的全部贷款本金并结清利息，并承担甲银行实现债权所需费用，包括但不限于律师费、诉讼费等。2. 甲银行于2017年6月2日按约放款61000元，出具《个人贷款出账凭证》原件一份，并约定贷款期限36个月，自2017年6月2日起至2020年6月2日止，贷款月利率1.53%，还款方式为等额还款法，贷款用

途为旅游。3. 曾维某没有按时履行偿还贷款本金及利息的义务，甲银行主张曾维某截至2020年2月24日，尚欠借款本金19365.1元、利息（含罚息）2273.67元、复利152.53元。4. 甲银行与广东安某律师事务所签订《委托诉讼/仲裁协议》原件一份，约定甲银行委托广东安某律师事务所代理本案诉讼，律师费8000元，未开具律师费发票。

甲银行遂诉诸法院，请求判令：1. 判令被告曾维某向原告偿还全部借款本息21791.3元［其中借款本金19365.1元、利息（含罚息）2273.67元、复利152.53元，利息（合罚息）、复利暂计至2020年2月24日］，以及自2020年2月25日起至全部本息实际清偿日止的利息（以尚欠借款本金为基数，按合同约定利率上浮50%为罚息利率计收罚息，对不能按时支付利息，按罚息利率计收复利）；2. 判令被告曾维某赔偿原告为实现债权而损失的本次一审律师费8000元；3. 判令被告陈嘉某对上述债务承担连带责任；4. 因本案所产生的全部费用（包括案件受理费、财产保全费、公告费等）由两被告承担。

【案件焦点】

1. 原告甲银行的各项诉请是否有合同依据；2. 原告甲银行主张的罚息、复利是否应该酌情予以调整，如应调整，调整标准为何；3. 原告甲银行主张的律师费是否应该予以调整。

【法院裁判要旨】

广东省佛山市顺德区人民法院经审理认为：

1. 金融借款合同中，对于违约责任的约定十分明确。由于贷款人融资风险较高，本案中商业银行与贷款人约定的贷款利率较高，达月利率1.53%，折合年利率18.36%，结合合同约定违约责任为从逾期之日起，对逾期金额按照合同约定的利率加50%计收罚息，对不能按期支付的利息按逾期罚息利率计算复利，罚息利率计得为年利率27.54%，罚息、复利利率显著过高加重贷款人的还款责任，虽然原告主张的违约责任有合同依据，但诉请被告承担显著过重的违约责任法院应依职权予以调整。因此本案中本院以原告诉请显著背离原告实际损失，酌情予以调整为以尚欠贷款本金为基数，利息、罚息、复利合计按年利率24%计算，超出部分的利息不予支持。

2. 对于贷款利率的上限调整，根据《最高人民法院关于新民间借贷司法解释适用范围问题的批复》第一条的规定："关于适用范围问题。经征求金融监管部门意见，由地方金融监管部门监管的小额贷款公司、融资担保公司、区域性股权市场、典当行、融资租赁公司、商业保理公司、地方资产管理公司等七类地方金融组织，属于经金融监管部门批准设立的金融机构，其因从事相关金融业务引发的纠纷，不适用新民间借贷司法解释。"举重以明轻，最高院的意见认为金融机构的利率不应受民间借贷司法解释的调整，因此应按照年利率24%设定上限，不应按照全国银行间同业拆借中心公布的贷款市场报价利率的四倍设定上限。

3. 对于部分律师费过高且未能证明已实际给付，根据查明实际情况为虚高，亦应予以调整。对于原告诉请律师费，由于被告拒不按期归还贷款已构成违约，且《个人信用贷款合同》明确约定原告实现债权的费用由被告承担，被告基于其违约行为能够合理预期律师费的产生，因此原告虽未开具律师费发票但该笔律师费的支出为必然需要支付的费用，本院酌情予以支持律师费3000元。一方面原告主张律师费过高且没有付款依据，另一方面应根据原告委派律师到庭参与诉讼的实际情况酌情予以支持律师费。

法院认为，原告甲银行与被告曾维某签订的《个人信用贷款合同》合法有效，被告曾维某应按照合同的约定履行还款付息义务。由于被告曾维某拒不按照合同约定还款付息，合同期限自被告曾维某逾期之日虽未届满，但原告有权要求被告曾维某提前归还已发放的全部贷款本金并结清利息，原告诉请被告曾维某清偿贷款本金19365.1元、利息（含罚息）2273.67元、复利152.53元（暂计至2020年2月24日），有事实与法律依据，法院予以支持；自2020年2月25日起至清偿之日止，由于利息、罚息、复利总计超过年利率24%，显著背离原告实际损失，本院酌情予以调整为以尚欠贷款本金19365.1元为基数，利息、罚息、复利合计按年利率24%计算，超出部分不予支持。对于原告诉请律师费，由于被告曾维某拒不按期归还贷款已构成违约，且《个人信用贷款合同》明确约定原告实现债权的费用由被告曾维某承担，被告曾维某基于其违约行为能够合理预期律师费的产生，因此原告虽未开具律师费发票但该笔律师费的支出为必然需要支付的费用，酌情予以支持律师费3000元。对于被告陈嘉某的责任，原告虽能提供两被告的结婚证复印件但未能提供两被告的婚姻关系证明予以佐证上述借款发生于两被告婚姻关系存续期间，亦未能举证证明上述借款用于两被告夫妻共同生活，应承担举证不利的法律后果，对于原告诉请被告陈嘉某对被告曾维某的债务承担连带清偿责任，没有事实与法律依据，不予支持。

综上，原告的诉请有事实与法律依据的部分，法院予以支持。依照《中华人民共和国合同法》第一百零七条、第二百零六条、第二百零七条①，《中华人民共和国民事诉讼法》第六十四条第一款、第一百四十四条规定，判决如下：

一、被告曾维某应于本判决发生法律效力之日起七日内向原告甲银行股份有限公司佛山分行清偿贷款本金19365.1元、利息（含罚息）2273.67元、复利152.53元（利息、罚息、复利暂计至2020年2月24日，自2020年2月25日起以贷款本金19365.1元为基数，利息、罚息、复利合计按照年利率24%计至被告曾维某清偿之日止）；

二、被告曾维某应于本判决发生法律效力之日起七日内向原告甲银行股份有限公司佛山分行支付律师费3000元；

三、驳回原告甲银行股份有限公司佛山分行的其他诉讼请求。

原、被告均未上诉，本案已发生法律效力。

【法官后语】

1. 对于金融借款合同尚欠本金，由于为银行电脑系统自动计算得出，一般原、被告无争议。

2. 对于利息及罚息、复利，本案中原、被告约定执行固定月利率1.53%，采

① 对应《中华人民共和国民法典》第五百七十七条、第六百七十五条、第六百七十六条。

取等额还款法进行还款；如任何一期未及时足额归还借款本息即视为逾期，从逾期之日起，对逾期金额按照合同约定的利率加50%计收罚息，对不能按期支付的利息按逾期罚息利率计算复利。在目前的利率政策来看，利息按照固定月利率1.53%为年利率18.36%，已略超全国银行间同业拆借中心公布的贷款市场报价利率的四倍暂计年利率15.4%，因此现状为部分商业银行的部分借期贷款利率高于民间借贷贷款利率的上限。如贷款人逾期还款，根据违约责任的约定逾期利率上浮50%计算罚息，以不能按时归还的利息为基数按照罚息利率计算复利，因此罚息利率已达27.54%，虽无法律强制性规定金融借款合同利率利息的上限，但审理中一般酌情参照原民间借贷司法解释规定的24%设定利率上限，即逾期利息、罚息、复利、手续费、违约金等各项名义的违约责任（不包括律师费）合计按照年利率24%计算，超出部分不予支持，银行亦对该类判法通常无异议。另外，经请示中院，明确金融借款合同不是民间借贷，不予调整借款利息、罚息、复利等按全国银行间同业拆借中心公布的贷款市场报价利率的四倍为上限计算，即新的民间借贷司法解释生效后，不参照处理。另根据《最高人民法院关于新民间借贷司法解释适用范围问题的批复》第一条的规定："关于适用范围问题。经征求金融监管部门意见，由地方金融监管部门监管的小额贷款公司、融资担保公司、区域性股权市场、典当行、融资租赁公司、商业保理公司、地方资产管理公司等七类地方金融组织，属于经金融监管部门批准设立的金融机构，其因从事相关金融业务引发的纠纷，不适用新民间借贷司法解释。"举重以明轻，最高人民法院的意见认为金融机构的利率不应受民间借贷司法解释的调整，因此应按照年利率24%设定上限，不应按照全国银行间同业拆借中心公布的贷款市场报价利率的四倍设定上限。可见中院意见为基于最高人民法院的批复进行理解，具有权威性。

3. 对于律师费，本案中银行能够出具与律师事务所签订的民事委托代理合同予以佐证律师费金额为8000元，但不能开具发票，不能形成完整证据链予以佐证律师费金额并已实际给付律师费。根据合同分析，由于贷款合同约定了律师费由违约方承担，贷款人基于其拒不还款的违约行为能够合理预期律师费的产生。根据实务分析，银行委托律师代理诉讼，能够促进诉讼程序的流转，律师费为进行诉讼维护银行方权益的必要费用，应予以支持律师费；但根据部分案件银行方举证，银行聘请律师进行诉讼会进行招投标，因此常规大批量金融借款合同的律师代理费按件收取，律师代理费为 300 元/件至 500 元/件不等，另外执行完毕后会按照标的收取部分风险代理费用，所以一般银行实际给付律师费金额较低，按件收取的费用远低于广东省律师费指导标准，如银行未能举证已开具律师费发票、已转账给付律师费，应按照实际情况予以酌情降低，否则会加重贷款人的还款责任，并给予银行方非正当的利益。

编写人：广东省佛山市顺德区人民法院　辜原

15

银行能否对借款人轻微的违约行为主张解除合同

——甲银行股份有限公司清远分行诉刘素某、唐炜某金融借款合同案

【案件基本信息】

1. 裁判书字号

广东省清远市中级人民法院（2020）粤 18 民终 2809 号民事判决书

2. 案由：金融借款合同纠纷

3. 当事人

原告（上诉人）：甲银行股份有限公司清远分行

被告（被上诉人）：刘素某、唐炜某

【基本案情】

2014 年 7 月 8 日，甲银行股份有限公司清远分行作为贷款人，与刘素某、唐炜某作为借款人签订《个人二手住房贷款合同》，约定：刘素某、唐炜某所

购买的清远市新城三号区某大厦C座×梯××号房屋为借款人家庭成员名下实际拥有的第一套房产，借款人以该房屋作为抵押，向贷款人申请贷款37万元，贷款用途为支付该房屋购房款，贷款期限20年，贷款利率在贷款基准利率基础上上浮20%，若借款人未按约定期限还款，就逾期部分，从逾期之日起在贷款利率水平上加收50%计收罚息，直至清偿本息为止。合同还约定，若借款人未按期归还贷款本息，甲银行股份有限公司清远分行可终止或解除合同，并宣布刘素某、唐炜某尚未偿还的贷款本息全部到期。

合同签订后，甲银行股份有限公司清远分行依约向刘素某、唐炜某发放了贷款，但刘素某、唐炜某从2019年2月起未能按时归还贷款本息，并连续逾期3期，甲银行股份有限公司清远分行遂诉至法院，要求解除与刘素某、唐炜某签订的《个人二手住房贷款合同》，提前收回全部贷款本息，并要求对刘素某、唐炜某提供抵押的清远市新城三号区某大厦C座×梯××号房屋就折价或拍卖、变卖的价款享有优先受偿权。刘素某、唐炜某在甲银行股份有限公司清远分行起诉后，已还清了所有的逾期贷款本息及罚息。

【案件焦点】

1. 刘素某、唐炜某是否已承担了违约责任；2.《个人二手住房贷款合同》应否解除并由甲银行股份有限公司清远分行提前收回贷款本息。

【法院裁判要旨】

广东省清远市清城区人民法院经审理认为：甲银行股份有限公司清远分行与刘素某、唐炜某签订的《个人二手住房贷款合同》合法有效。刘素某、唐炜某虽有连续逾期偿还贷款本息的情形，但事后已全部偿还了相应的逾期贷款，表明了刘素某、唐炜某有还本付息的意愿且已积极采取补救措施，甲银行股份有限公司清远分行亦在刘素某、唐炜某账户中扣除了相应的逾期罚息，即刘素某、唐炜某已为其逾期还款的违约行为承担了相应的违约责任。无证据显示刘素某、唐炜某存在丧失还款能力或有恶意不履行还款义务的状况，且清远市新城三号区某大厦C座×梯××号房屋属于刘素某、唐炜某重大生活资料，甲银行股份有限公司清远分行的权利应有适当的谦抑，在不影响甲银行股份有限公司清远分行合同目的实现及刘素某、唐炜某已承担违约责任的情形下，广东省清远市清城区人民法院依法判决驳回甲银行股份有限公司清远分行主张解除《个人二手住房贷款合同》及提前收回贷款本息的诉讼请求。

甲银行股份有限公司清远分行不服一审判决，提出上诉。广东省清远市中级人民法院经审理认为：虽然甲银行股份有限公司清远分行因刘素某、唐炜某逾期还贷而提起本案诉讼，请求解除《个人二手住房贷款合同》并提前收回贷款本息，但诉讼过程中，刘素某、唐炜某已经还清了《个人二手住房贷款合同》的到期贷款本息及罚息，对自己的违约行为采取了积极的补救措施，甲银行股份有限公司清远分行在一审、二审中亦对此予以确认，故在刘素某、唐炜某已经承担其逾期还款违约责任即支付罚息的情况下，一审法院判决驳回甲银行股份有限公司清远分行解除《个人二手住房贷款合同》并提前收回贷款本息的诉讼请求并无不当。

广东省清远市中级人民法院依照《中华人民共和国民事诉讼法》第一百七十条第一款第一项的规定，作出如下判决：

驳回上诉，维持原判。

【法官后语】

以房屋作抵押向银行贷款购买房屋已成为现阶段一种流行的购房方式，解决了购房人需要在短时间内筹集大量资金的困难，银行亦可以此收取利息，有利于促进实体经济的发展。按揭贷款期限往往少则几年，多则三十年，借款人在贷款后的经济状况并非一成不变，由于疾病、短时资金周转困难等因素，可能会出现逾期还贷情况，而银行提供的贷款合同条款往往非常严苛，如在约定的合同解除条件成就时，银行不管借款人事后还清逾期贷款及支付罚息的行为，坚决要求解除合同并提前收回全部贷款，未免过于苛刻。

最高人民法院在2019年发布的《全国法院民商事审判工作会议纪要》第四十七条规定："合同约定的解除条件成就时，守约方以此为由请求解除合同的，人民法院应当审查违约方的违约程度是否显著轻微，是否影响守约方合同目的实现，根据诚实信用原则，确定合同应否解除。违约方的违约程度显著轻微，不影响守约方合同目的实现，守约方请求解除合同的，人民法院不予支持；反之，则依法予以支持。”

本案中，刘素某、唐炜某向甲银行股份有限公司清远分行申请的贷款期限长达二十年，贷款所购买的清远市新城三号区某大厦C座×梯××号房屋是其家庭成员名下实际拥有的第一套房产，如银行一味追求解除合同，将使刘素某、唐炜某家庭陷入困境。银行进行按揭贷款是以收取利息为目的，通常贷款合同已约定房屋作为抵押物，银行完全具有收回贷款本息的保障，而且刘素某、唐炜某在违约后已积极采取补救措施并承担违约责任，虽然其违约行为符合合同约定的解除条件，但违约程度显著轻微，未影响甲银行股份有限公司清远分行合同目的的实现，不能一概认定为合同必然解除。

法律虽赋予守约方解除合同的权利，但守约方应全盘考虑订立合同的初衷和目的，如违约行为显著轻微并不影响合同目的的实现，守约方应谨慎考虑行使合同解除权，以共同维护经济秩序的良好发展。法院在审理该类案件时应全盘考虑，精准把握立法原意和司法政策，努力实现法律效果和社会效果的统一。

编写人：广东省清远市清城区人民法院　胡容容

四、票据纠纷

（一）票据付款请求权纠纷

16

汇票丢失后前手拒绝出具说明证明背书的连续性，持票人应尽其所能提供证据证明其为合法持票人

——甲机械厂诉乙银行宜兴支行票据付款请求权案

【案件基本信息】

1. 裁判书字号

江苏省宜兴市人民法院（2019）苏 0282 民初 13020 号民事判决书

2. 案由：票据付款请求权纠纷

3. 当事人

原告：甲机械厂

被告：乙银行宜兴支行

【基本案情】

2019 年 1 月 23 日，出票人博莱特公司出具银行承兑汇票一张，金额 10 万元，汇票到期日为 2019 年 7 月 23 日，收款人海某公司，付款行为乙银行宜兴

支行。根据粘单记载，汇票背书转让顺序依次为：海某公司、中某公司、上海某龙公司、宁波某龙公司。2019年6月6日，该汇票在前手邮寄给甲机械厂过程中丢失。

同年6月18日、6月20日，上海某龙公司、中某公司、宁波某龙公司出具证明各一份，载明中某公司将持有的案涉汇票背书转让给上海某龙公司，上海某龙公司将持有的案涉汇票背书转让给宁波某龙公司，宁波某龙公司于2019年6月5日将持有的案涉汇票背书转让给甲机械厂。

同年6月24日，甲机械厂向乙银行宜兴支行申请挂失止付。同年7月26日，甲机械厂向乙银行宜兴支行提出付款请求。

同年8月28日，甲机械厂向法院申请对案涉汇票公示催告，本院以“申请人因不能提供合法取得票据的证明不符合公示催告条件”为由驳回申请。

庭审中，乙银行宜兴支行确认出票人已付款，票据款项尚未兑付。

诉讼中，甲机械厂向法院提交了10万元担保金。

【案件焦点】

汇票在邮寄过程中丢失，在前手拒绝出具背书转让证明证明票据背书的连续性时，现有证据是否足以认定甲机械厂为合法持票人。

【法院裁判要旨】

江苏省宜兴市人民法院经审理认为：以背书转让的汇票，背书应当连续，持票人以背书的连续，证明其汇票权利。失票人向人民法院提起诉讼的，除向人民法院说明曾经持有票据及丧失票据的情形外，还应当提供担保；担保的数额相当于票据载明的金额。同时认为，对负有举证证明责任的当事人提供的证据，人民法院经审查并结合相关事实，确信待证事实的存在具有高度可能性的，应当认定该事实存在。本案中，甲机械厂已尽其所能提供合法持票的证据，即便因海某公司拒绝出具背书转让证明无法证明票据背书的连续性，但其直接前手宁波某龙公司已提供证明，加之其提供的票据复印件、其他前手的背书转让证明等证据已形成证据链条，对于证明其为合法持票人，已经达到了高度盖然性的证明标准，足以认定甲机械厂为失票人，乙银行宜兴支行为票据付款人。现甲机械厂已按照法律规定履行了提示付款义务，涉案票据款项并未兑付，且甲机械厂自愿向法院提交了10万元担保金，加大了对甲机械厂的制约，由其取得票据利益，并无损害第三人利益的风险，故法院对甲机械厂的诉讼请求予以支持。但是，诉讼费用应当由甲机械厂自行负担。

江苏省宜兴市人民法院依照《中华人民共和国票据法》第三十一条、第五十三条，《最高人民法院关于审理票据纠纷案件若干问题的规定》第三十八条[①]，《最高人民法院关于适用〈中华人民共和国民事诉讼法〉的解释》第一百零八条，《最高人民法院关于民事诉讼证据的若干规定》第六十三条、第七十三条之规定，作出如下判决：

乙银行宜兴支行于本判决发生法律效力之日起十日内支付甲机械厂票据金额10万元。

【法官后语】

商业承兑汇票是企业交易过程中重要的支付方式，因其具有手续方便、融资成本低、能够满足公司快速变现的需求等优点，备受企业青睐。因交易需要，现实生活中商业承兑汇票会采用邮寄的方式进行背书，那么汇票就有可能在邮寄过程中丢失。此时，如果前手都愿意出具汇票转让说明来证明背书的连续性，那么合法持票人的身份毫无疑问得以证明。但是，如果前手不愿意出具说明，持票人如何通过证明背书的连续性进而证明其合法持票人的身份？

《中华人民共和国票据法》规定，以背书转让的汇票，背书应当连续，持票人以背书的连续，证明其汇票权利。失票人向人民法院提起诉讼的，除向人民法院说明曾经持有票据及丧失票据的情形外，还应当提供担保；担保的数额相当于票据载明的金额。就本案而言，甲机械厂的汇票在前手邮寄给其时丢失，如果各前手愿意出具背书转让证明以证明背书的连续性，即可以认定甲机械厂为合法持票人。但是第一背书人拒绝出具背书转让证明，为此，甲

① 对应现行《最高人民法院关于审理票据纠纷案件若干问题的规定》第三十七条。

机械厂尽其所能提供与汇票相关的一切证据，包括汇票的复印件，除第一背书人以外其他背书人的背书转让证明等证据，已形成完整的证据链，对于证明其为合法持票人，已经达到了高度盖然性的证明标准，可以据此认定其失票人的身份。

因此，企业在使用商业承兑汇票过程中，能直接送去的应尽量采用当面交接的方式，如果实在因路程遥远、不方便等情况必须采用邮寄的方式，也应选择相对安全的快递公司，邮寄时一定要包装好，并且及时跟进投递情况，以避免汇票在邮寄过程中丢失。如果汇票还是在邮寄过程中丢失，应及时联系前手出具背书转让说明，如果前手拒绝出具，也应尽可能搜集、固定证明自身为合法持票人的相关证据，以此避免因汇票丢失造成损失。

编写人：江苏省宜兴市人民法院　陆妍

17

因质押合同持有票据，能否行使票据付款请求权

——富某公司诉中南某公司票据付款请求权案

【案件基本信息】

1. 裁判书字号

江苏省江阴市人民法院（2019）苏 0281 民初 15208 号民事判决书

2. 案由：票据付款请求权纠纷

3. 当事人

原告：富某公司

被告：中南某公司

第三人：某昌公司

【基本案情】

票据号为2313302216738201801231××××××××的电子商业承兑汇票，出票日期为2018年1月23日，汇票到期日2018年7月21日，票据状态提示付款已拒付，票据金额1500万元，付款人名称中南某公司、收款人名称中某公司，中某公司将案涉票据背书给富某公司，背书日期2018年1月26日。富某公司提示付款拒绝签收，拒付理由商业承兑汇票承兑人账户余额不足，拒付日期2019年10月18日。

另查明：2018年1月9日，富某公司、中某公司签订编号借款合同一份，主要约定中某公司向富某公司借款1500万元，借款期限自2018年1月23日起至2018年7月21日止。同日，富某公司、中某公司签订质押合同一份，主要约定：中某公司为上述借款合同提供财产质押，质押为上述案涉汇票。同日，中某公司出具汇票背书转让确认函，确认根据上述质押合同中某公司已将案涉汇票质押给富某公司，为保障富某公司的权益以及便于还款操作，确认将上述案涉汇票直接背书转让给富某公司。

2018年1月23日，富某公司向中某公司发放贷款1500万元。因中某公司到期未足额还款，富某公司诉至深圳市福田区人民法院，福田区人民法院于2019年4月23日作出（2018）粤0304民初32023号民事判决书判决：中某公司偿还上述借款合同项下贷款本金1410万元及相应利息、财产保全担保费13500元，陈少某、中南某工公司承担连带清偿责任。

原告富某公司向本院提出诉讼请求：1. 判令中南某公司履行汇票支付义务，向富某公司支付1500万元及自2018年7月21日起至清偿日止按照中国人民银行规定的当期贷款基准利率计算的利息；2. 本案诉讼费、保全费由中南某公司承担。

被告中南某公司辩称：1. 富某公司取得票据并未给付对价，中南某公司签发票据是为中某公司向富某公司的贷款作担保，富某公司不能依法取得票据权利。2. 富某公司系恶意诉讼，富某公司的债权已在（2018）粤0304民初32023号民事判决书中确认，如本案支持富某公司的诉请，富某公司将获得不正当收益。

第三人中某公司认为中某公司因真实贸易取得票据，但富某公司与中某公司无真实往来，根据票据法的相关规定，富某公司不享有案涉票据的票据权利。

【案件焦点】

票据未记载质押字样，持票人因质押合同取得票据，且已通过诉讼方式实现主债权，能否另行行使票据付款请求权。

【法院裁判要旨】

江苏省江阴市人民法院经审理认为：本案审理过程中，富某公司明确其诉讼请求的法律依据为《中华人民共和国票据法》第二十六条、第五十四条，即以上述条款为依据，据此主张对涉案票据享有付款请求权，该项诉请缺乏相应的事实和法律依据，理由如下：第一，依据票据法相关规定，票据的转让和取得，应当遵循诚实信用的原则，具有真实的交易关系和债权债务关系，票据的取得必须给付对价。本案中，中某公司向富某公司借款，并签订质押合同将案涉票据背书转让给富某公司，而未依据票据法规定在票据上记载有关质押信息，富某公司现以最后持票人身份直接主张付款请求权与各方真实交易关系相悖。第二，因中某公司借款到期未还，富某公司已经诉至深圳市福田区人民法院，相应债权由法院生效文书确认，并进入执行阶段，富某公司无权另行以背书持票人身份单独行使票据付款请求权。第三，如富某公司的票据付款请求权主张成立，将直接导致富某公司形成不依附于借款合同的独立债权，进而使得富某公司同时享有对中某公司借款债权和对中南某公司的票据付款请求权，两项权利并存将产生富某公司出借款项后得到双重受偿的可能，损害相关主体合法权益和票据管理秩序。综上，富某公司提出的诉讼请求与现有票据法规定的票据付款请求权的相关规定不符，法院依法不予支持。

据此，江苏省江阴市人民法院依照《中华人民共和国票据法》第十条、《中华人民共和国民事诉讼法》第六十四条第一款之规定，法院判决如下：

驳回深圳市富某公司的全部诉讼请求。

【法官后语】

票据付款请求权是持票人享有的第一顺序权利，是指持票人向票据主债务人或其他付款义务人请求按票据上所记载的金额付款的权利，是依附于依法取得的票据本身而存在的权利。因票据具有无因性、文义性、流通性的特征，为了促进票据的流通顺畅同时保障交易主体的合法权益、维护社会经济秩序，票据法对票据活动进行了相应的规范。根据票据法的相关规定，票据的签发、取得和转让，应当遵循诚实信用的原则，具有真实的交易关系和债权债务关系，票据的取得必须给付对价，存在直接债权债务关系的票据当事人之间可以进行基础性关系抗辩。

本案的特殊之处在于富某公司不是基于真实的交易关系取得票据，而是因为与中某公司的借款关系，基于质押合同背书取得票据，又没有依据票据法规定记载相应的质押信息。中某公司逾期还款后，富某公司另案诉讼并申请执行，但均未涉及案涉票据。本案审理过程中，各方对票据的流转过程亦无异议，认可并未就案涉票据的转让给付相应对价。据此，富某公司以最后背书持票人身份直接主张付款请求权与各方真实交易关系相悖，故法院未认定其据此享有票据付款请求权。从情理而言，如果支持本案富某公司的诉请，则有可能造成富某公司得到双重受偿，这也是法院考虑驳回富某公司诉请的一个重要理由。当然，富某公司是否享有其他权利及救济途径非本案审理范围，富某公司可另行主张。

一般情况下的票据付款请求权的行使仅需通过形式审查，即由票据持有人提供真实有效的票据原件并对其合法取得票据加以证明后，付款义务人就应当支付相应的票据款。本案中，出票人提出了合理的抗辩，直接票据债务人亦确认不存在真实基础关系，法院将对票据付款请求权的审查标准提高到了实质审查程度，这是由于案涉票据的特殊情况导致，也是对票据法诚实信用原则的运用。因此还是需要提醒市场交易主体，票据的流转应当遵循票据法的相关规定，票据质押应记载质押字样，背书转让也应依法依规进行。

编写人：江苏省江阴市人民法院　陈艳红　谢冰谷

（二）票据追索权纠纷

18

票据追索权“被拒绝付款”要件认定

——浙江某立公司诉武汉新楚某公司等票据案

【案件基本信息】

1. 裁判书字号

湖北省武汉市中级人民法院（2020）鄂01民终2054号民事判决书

2. 案由：票据纠纷

3. 当事人

原告（上诉人）：浙江某立公司

被告（被上诉人）：武汉新楚某公司、武汉鑫枨某公司、某臻贸易公司、武钢耐某公司

【基本案情】

2017年11月2日，某塔盛华公司作为出票人签发电子银行承兑汇票一张，票据号码为：130×××；出票日期：2017年11月2日；汇票到期日为2018年11月2日；收票人：北京某塔公司；票据金额：人民币壹佰万元整；承兑人：某塔财务公司；出票人承诺：本汇票请予以承兑，到期无条件付款；承兑人承兑：本汇票已经承兑，到期无条件付款；承兑日期：2017年11月2日；该电子银行承兑汇票可再转让。

后北京某塔公司将该汇票背书给某臻贸易公司，某臻贸易公司将该汇票背

书给武汉鑫枨某公司，武汉鑫枨某公司将该汇票背书给武汉新楚某公司，武汉新楚某公司将该汇票背书给武钢耐某公司，武钢耐某公司将该汇票背书给浙江某立公司，其后浙江某立公司将该汇票背书给其他公司，最后又由案外人某公司将该汇票背书给浙江某立公司。

2018年10月30日，浙江某立公司通过电子商业汇票系统向某塔财务公司提示付款，截至2019年5月17日，案涉电子银行承兑汇票票据状态显示：提示付款待签收。2019年4月25日，浙江某立公司向承兑人某塔财务公司发出《通知》，要求某塔财务公司限时付清款项及法律规定应承担的利息，2019年4月28日，该快递显示为他人签收。

另查明，2018年11月至2019年1月，某塔石化集团有限公司两次发出公告，主要载明：某塔财务发生票据未能如期兑付事件……某塔财务董事长孙培某等人涉嫌刑事犯罪被公安机关采取强制措施。某塔财务董事会和经营管理层将依法履行职责，在地方政府和监管部门的监督指导下，积极稳妥解决某塔财务到期票据兑付问题。

【案件焦点】

持票人在法定期限内提示付款后，付款人既不付款，亦未作出拒付应答或者出具拒付证明，使票据长期处于“提示付款待签收”状态，此时持票人行使追索权的条件是否成就。

【法院裁判要旨】

湖北省武汉市洪山区人民法院经审理认为：浙江某立公司行使追索权时，应当提供拒绝证明；不能取得拒绝证明的，应取得其他有关证明。浙江某立公司未能向一审法院提供拒绝证明、退票理由书或者其他合法证明，丧失对其前手的追索权。

湖北省武汉市洪山区人民法院根据《中华人民共和国票据法》第六十二条、第六十三条、第六十五条，《最高人民法院关于审理票据纠纷案件若干问题的规定》第七十一条[①]之规定，作出判决：驳回浙江某立公司的诉讼请求。

浙江某立公司不服一审判决，提出上诉。湖北省武汉市中级人民法院经审理认为：自2018年10月30日浙江某立公司就案涉票据向某塔财务公司提示付款直至目前，案涉承兑汇票票据状态一直为提示付款待签收，浙江某立公司仍未收到相关款项。该事实证明案涉票据到期未能承兑已系客观事实，且足以说明某塔财务公司存在拒绝付款行为，导致案涉承兑汇票票据到期无法承兑。本案依据上述事实，适用《中华人民共和国票据法》第六十一条和第六十三条的规定，与立法本意并不相悖，符合法律规定。故上诉人浙江某立公司行使追索权的条件应视为已成就为宜，其有权行使追索权。

湖北省武汉市中级人民法院依照《中华人民共和国民事诉讼法》第一百七十条第一款第二项的规定，作出如下判决：

一、撤销湖北省武汉市（2019）鄂0111民初4933号民事判决；

二、武汉新楚某公司、武汉鑫枨某公司、某臻贸易公司、武钢耐某公司于本判决生效之日起十日内向浙江某立公司连带支付票据款项100万元；

三、武汉新楚某公司、武汉鑫枨某公司、某臻贸易公司、武钢耐某公司于本判决生效之日起十日内向浙江某立公司连带支付利息，利息以100万元为基数，自2018年11月2日起按照中国人民银行同期一年期流动资金贷款利率的标准计算至款项付清之日止。

【法官后语】

随着市场经济的快速发展，票据被愈加广泛地应用于各种商业活动之中，电子商业汇票也实现了跨越式发展。与此同时，票据纠纷类案件也衍生出不少新情况、新问题。尤其在票据追索权纠纷案中，对于“被拒绝付款”标准的认定中，出现同案不同判的情况。

本案中，一审、二审法院对“被拒绝付款”标准的认识不同，对持票人能否行使追索权出现不同的认定结果。一审法院认为，浙江某立公司未能向一审

---

① 对应现行《最高人民法院关于审理票据纠纷案件若干问题的规定》第七十条，下同。

法院提供拒绝证明、退票理由书或者其他合法证明，丧失对其前手的追索权。二审法院则认为，案涉票据到期未能承兑已系客观事实，且足以说明某塔财务公司存在拒绝付款行为，导致案涉承兑汇票票据到期无法承兑，浙江某立公司行使追索权的条件已成就。对于“被拒绝付款”的标准认定，仍应回归到票据追索权行使的要件中来。

《中华人民共和国票据法》（以下简称《票据法》）第六十一条第一款规定：“汇票到期被拒绝付款的，持票人可以对背书人、出票人以及汇票的其他债务人行使追索权。”《票据法》第六十二条第一款规定：“持票人行使追索权时，应当提供被拒绝承兑或者被拒绝付款的有关证明。”《票据法》第六十三条规定：“持票人因承兑人或者付款人死亡、逃匿或者其他原因，不能取得拒绝证明的，可以依法取得其他有关证明。”根据《最高人民法院关于审理票据纠纷案件若干问题的规定》（以下简称《票据纠纷司法解释》）第七十条的规定，“其他有关证明”是指：（一）人民法院出具的宣告承兑人、付款人失踪或者死亡的证明、法律文书；（二）公安机关出具的承兑人、付款人逃匿或者下落不明的证明；（三）医院或者有关单位出具的承兑人、付款人死亡的证明；（四）公证机构出具的具有拒绝证明效力的文书。根据上述法律及司法解释的规定，到期日票据追索权的行使需同时满足实质要件和形式要件，实质要件即票据被拒绝付款，形式要件即持票人应提供被拒绝承兑或拒绝付款的证明。“被拒绝付款”应当作广义上的理解，既包括付款人或承兑人“积极”的拒付，也包括付款人或承兑人“消极”的拒付，即“视为拒付”的情形。《票据纠纷司法解释》第七十条通过列举的方式明确了四种“视为拒付”的情形，而实践中尤其是在电子商业汇票迅速发展的情势下，出现了一些拒绝付款的新类型，也应当纳入“视为拒付”的情形中来。本案中，浙江某立公司于2018年10月30日即通过电子商业汇票系统向某塔财务公司提示付款，直至法院作出裁判时（2020年），案涉承兑汇票票据状态仍然一直为“提示付款待签收”，浙江某立公司仍未收到相关款项。该事实足以证明案涉票据到期未能承兑已系客观事实，且足以说明某塔财务公司存在拒绝付款行为，导致案涉承兑汇票到期无法承兑。若仅根据《票据纠纷司法解释》第七十条的规定，判定持票人无法提供“被拒绝付款”的其他相关证明，显然不利于持票人票据权利的实现。因此，本案所涉情形符合“视为拒付”的情形，应当认定行使追索权的条件已成就，持票人有权行使票据的追索权。

编写人：湖北省武汉市洪山区人民法院　李惠

19

状态显示为“提示付款代签收”的电子票据的追索期限应从法院认定票据义务人的行为构成拒付时起算

——沃美某公司诉华某公司、精某公司票据追索权案

【案件基本信息】

1. 裁判书字号

江苏省无锡市中级人民法院（2020）苏02民终4069号民事判决书

2. 案由：票据追索权纠纷

3. 当事人

原告（被上诉人）：沃美某公司

被告（上诉人）：华某公司

被告：精某公司

【基本案情】

票据号为1308871095201201805081××××××××的电子银行承兑汇票，票据金额为50万元，出票日期为2018年5月8日，到期日为2018年11月8日，出票人为某塔能源公司，承兑人为某塔财务公司，收款人为某塔集团公司。票面信息显示沃美某公司为最后持票人，票据状态为：提示付款待签收；承兑信息

为：出票人承诺：本汇票请予以承兑，到期无条件付款；承兑人承兑：本汇票已经承兑，到期无条件付款。

背书情况：2018 年 5 月 8 日，该票据由某塔集团公司背书给科贝某公司；5 月 14 日，科贝某公司背书给骏某公司；同日，骏某公司背书给柏某公司；同日柏某公司背书给新疆华某公司；5 月 25 日，新疆华某公司背书给华某公司；6 月 8 日，华某公司背书给精某公司；7 月 27 日，精某公司背书给沃美某公司。

票据到期后，沃美某公司于 2018 年 11 月 9 日提示付款。

2019 年 5 月 6 日、10 月 27 日，沃美某公司分别向精某公司出具两份函件，主要内容为：沃美某公司因与精某公司的买卖合同关系，精某公司于 2018 年 7 月 27 日付给沃美某公司电子承兑一张。沃美某公司财务于 2018 年 11 月 9 日进行托收，但至今未能收到款项，只提示付款待签收状态，请精某公司协助处理该笔款项的托收付款，如果因此造成该笔租金不能付款到位，请精某公司负责支付该笔款项。

另，2018 年 7 月 10 日，某塔财务公司发出公告一份，主要内容为：1. 凡持有某塔财务公司 10 万元（含）以下已到期尚未兑付票据客户，于本周内全部兑付。2. 凡持有某塔财务公司 10 万元至 50 万元（含）已到期尚未兑付票据客户，于 7 月 16 日至 20 日全部兑付。3. 其余投资机构将于本月 23 日至 8 月 20 日，进行统筹、沟通、协调、兑付完毕。在此期间已经到期及即将到期尚未兑付的票据，于下周一另行公告。

审理中，沃美某公司为证明其与精某公司存在买卖合同关系还提交了其向精某公司开具的增值税专用发票复印件。

【案件焦点】

电子票据的状态为“提示付款待签收”，票据义务人的行为是否构成拒绝付款；如果构成，票据追索期限应从何时开始计算。

【法院裁判要旨】

江苏省江阴市人民法院经审理认为：沃美某公司通过背书方式取得电子

银行承兑汇票，票据背书连续，沃美某公司系诉争票据的合法持有人，依法享有票据权利。《中华人民共和国票据法》第六十一条规定，汇票到期被拒绝付款的，持票人可以对背书人、出票人以及汇票的其他债务人行使追索权。根据《电子商业汇票业务管理办法》的规定，持票人在提示付款期内被拒付的，可向所有前手拒付追索。本案中，沃美某公司在提示付款期内提示付款，但至沃美某公司向本院提起诉讼，案涉票据的状态仍为“提示付款待签收”，案涉票据的承兑人某塔财务公司既未拒绝付款亦未支付票据款，其已以实际行为拒绝付款，故沃美某公司作为票据权利人，依法享有追索权。沃美某公司有权向精某公司、华某公司行使追索权。关于华某公司提出的沃美某公司于2020年1月7日起诉已超过票据追索期限的抗辩意见，如前所述案涉票据的状态为“提示付款待签收”，其追索期应自本院认定承兑人某塔财务公司的行为构成拒绝付款开始起算，且沃美某公司在2019年5月6日、10月27日已将案涉票据的相关情况函告精某公司，故华某公司的抗辩意见，无事实和法律依据，依法不予采信。

综上，沃美某公司要求精某公司、华某公司支付票据款50万元及利息（自2018年11月9日起至2019年8月19日止按中国人民银行同期同档贷款基准利率计算，自2019年8月20日起至实际给付之日止按同期全国银行间同业拆借中心公布的贷款市场报价利率计算）的诉讼请求，于法有据，依法予以支持。

江苏省江阴市人民法院依照《中华人民共和国票据法》第五十三条、第五十四条、第六十一条、第六十六条、第七十条，《最高人民法院关于审理票据纠纷案件若干问题的规定》第二十二条①之规定，作出如下判决：

精某公司、华某公司应于本判决发生法律效力之日起10日内向沃美某公司支付票据款50万元及利息（以50万元为基数自2018年11月9日起至2019年8月19日止按中国人民银行同期同档贷款基准利率计算，自2019年8月20日起至实际给付之日止按同期全国银行间同业拆借中心公布的贷款市场报价利率计算）。

---

① 对应现行《最高人民法院关于审理票据纠纷案件若干问题的规定》第二十一条，下同。

华某公司不服一审判决，提出上诉。江苏省无锡市中级人民法院经审理认为：《中华人民共和国票据法》第六十二条规定，持票人行使追索权时，应当提供被拒绝承兑或者被拒绝付款的有关证明。第六十五条进一步规定，持票人不能出示拒绝证明、退票理由书或者未按照规定期限提供其他合法证明的，丧失对其前手的追索权。在承兑人对提示付款不予回应，对拒付证明的出具也置之不理的情况下，持票人未取得拒付证明，将难以行使追索权。在此情况下，如从实质拒绝付款之日起算追索时效将架空持票人对前手的追索权。沃美某公司向案涉票据的承兑人某塔财务公司提示付款后，案涉票据的状态一直为“提示付款待签收”，该情形并不属于拒绝付款的情形。承兑人某塔财务公司发布的《公告》，形式上并不具有“拒付理由书”的法律效力，内容上也未体现拒绝付款的明确意思表示。而法律并未明确可以视为承兑人拒绝付款的情形，在案涉票据的状态一直为“提示付款待签收”的情形下，是否视为承兑人拒绝付款，应由法院审查后作出认定。故一审认定本案票据追索期限从法院认定承兑人某塔财务公司的行为构成拒付时起算，并无不当。

综上，华某公司的上诉请求无事实和法律依据，依法不予支持。一审判决认定事实清楚，适用法律正确，应予以维持。依据《中华人民共和国民事诉讼法》第一百七十条第一款第一项的规定，江苏省无锡市中级人民法院作出如下判决：

驳回上诉，维持原判。

【法官后语】

票据追索权是指票据到期不获付款、期前不获承兑或有其他法定原因时，持票人在依法履行了保全手续以后，向其前手请求偿还票据金额、利息及其他法定款项的一种票据权利。票据法规定，汇票到期被拒绝付款的，持票人可以对背书人、出票人以及汇票的其他债务人行使追索权；持票人行使追索权时，应当提供被拒绝承兑或者被拒绝付款的有关证明。

本案所涉票据为电子银行承兑汇票，是电子商业汇票的一种，其出票、承兑、背书、保证、提示付款和追索等业务，必须通过电子商业汇票系统办理，由票据当事人签发电子指令，相对方应及时签收或者驳回。案涉票据状态一直是“提示付款待签收”，这种状态能否认定为拒绝付款，在司法实践中存在两种观点：一种观点认为电子银行承兑汇票长期处于待处理的状态，应当视为拒绝付款；另一种观点认为该种状态不符合票据法上的拒付证明，持票人不享有对前手的追索权。笔者赞同第一种观点，理由如下：根据《中华人民共和国票据法》第六十二条的规定，“持票人提示承兑或者提示付款被拒绝的，承兑人或者付款人必须出具拒绝证明，或者出具退票理由书。未出具拒绝证明或者退票理由书的，应当承担由此产生的民事责任”。从该条规定可以看出在持票人提示承兑或提示付款被拒绝的情况下，承兑人或付款人负有出具拒绝证明的义务。同时《电子商业汇票业务管理办法》第六十条规定，“持票人在提示付款期内提示付款的，承兑人应在收到提示付款请求的当日至迟次日（遇法定休假日、大额支付系统非营业日、电子商业汇票系统非营业日顺延）付款或拒绝付款”，也就是说电子商业汇票的承兑人应及时签收付款或拒绝付款，如因为承兑人未有拒付行为而让持票人承担不利法律后果，不仅会助长承兑人的不法行为，对持票人不公；也会对票据的支付功能和流通秩序造成极大的破坏，不符合《中华人民共和国票据法》的立法精神和目的。由此可见，《中华人民共和国票据法》第六十一条规定的拒绝付款不仅包括付款人明确表示的拒绝付款行为，还应包括付款人行为上消极不履行付款的义务情形。

我国票据追索权的形式包括实质要件和形式要件两个方面。实质要件包括两个方面：其一，汇票持票人须为合法的持票人，其二，要有法律规定的可以引起追索权行使的客观原因的存在。而形式要件包括提示和作成拒绝证明。《中华人民共和国票据法》规定，持票人对前手的追索权，自被拒绝承兑或者被拒绝付款之日起六个月不行使而消灭。持票人提示承兑或提示付款，而未获承兑或未获付款时，是行使追索权的实质要件，在取得一定的形式要件后，追索权人就可以真正地行使追索权了，其时效期间就应该在这个时间开始起算。本案案涉票据的状态一直为“提示付款待签收”，在法律并未明确可以视为承兑人拒绝付款的情形下，如上文所述，该状态是否视为承兑人拒绝付款，应由法院审查后作出认定，只有在法院认定的情况下，持票人才能取得追索权的形式要件之一作成拒绝证明，故案涉票据的追索时效自法院认定承兑人某塔财务公司的行为构成拒绝付款时开始起算。另在承兑人对提示付款不予回应，对拒付证明的出具也置之不理，持票人未取得拒付证明，难以行使追索权的情况下，如从实质拒绝付款之日起算追索时效将架空持票人对前手的追索权，不利于对持票人合法权益的保护，也与票据法关于票据追索时效的立法初衷相违背。

编写人：江苏省江阴市人民法院　戈栋　刘晓成　谢冰谷

20

出票日期应为支票的必要记载事项，出票后授权补记出票日期的支票无效

——泓某公司诉慧科某公司、李金某票据追索权案

【案件基本信息】

1. 裁判书字号

北京市第一中级人民法院（2020）京01民终1718号民事判决书

2. 案由：票据追索权纠纷

3. 当事人

原告（被上诉人）：泓某公司

被告（上诉人）：慧科某公司

被告：李金某

【基本案情】

慧科某公司为李金某个人独资的一人有限责任公司。

泓某公司因与案外人隆某中心的合同关系于2019年8月1日取得慧科某公司作为出票人的转账支票（支票上有慧科某公司财务专用章及法定代表人李金某印章、金额为30万元）一张，泓某公司取得该支票时该支票出票日期、收款人均为空白，泓某公司在出票日期处填写2019年8月1日，在收款人处填上泓某公司名称。

隆某中心陈述其基于与慧科某公司的买卖合同关系于2017年左右从李金某处取得案涉支票，支票上有慧科某公司财务专用章及法定代表人李金某印章、金额为30万元，出票日期、收款人均为空白。2019年8月1日，隆某中心将该支票转让给泓某公司。

2019年8月6日，泓某公司持案涉支票要求付款行甲银行门头沟支行营业部付款时被拒付，退票理由为久悬账户。

另，庭审中，慧科某公司、李金某未能提交二人财产独立的证据。

【案件焦点】

涉案票据是否为有效票据。

【法院裁判要旨】

北京市门头沟区人民法院经审理认为：本案争议的焦点有二，一是案涉票据是否有效；二是如慧科某公司应承担票据责任，李金某应否承担连带责任。

关于争议焦点一，根据诉辩双方意见，具体包括出票行为是否有效、是否存在背书不连续的情况、票据是否失效。

关于出票。《中华人民共和国票据法》第八十四条规定："支票必须记载下列事项：（一）表明'支票'的字样；（二）无条件支付的委托；（三）确定的金额；（四）付款人名称；（五）出票日期；（六）出票人签章。支票上未记载前款规定事项之一的，支票无效。"第八十六条第一款规定："支票上未记载收款人名称的，经出票人授权，可以补记。"票据为要式证券，将票据法所规定的必须记载事项记载完整的票据，即为有效票据。本案中，慧科某公司认可案涉票据系该公司开具且该公司并无票据丢失记录，根据查明的事实，慧科某公司将出票日期和收款人空白的支票交给案外人隆某中心，支票又未载明不得转让，应视为慧科某公司授权隆某中心或隆某中心的后手填写空白事项。本案中，案涉支票符合《中华人民共和国票据法》第八十四条有关支票必须记载事项的规定，故为有效票据。对于慧科某公司提交的证据，该院不予确认，对于该公司以案涉支票出票日期非该公司填写为由主张案涉支票非该公司出票的答辩意见，法院不予采纳。

关于背书。《中华人民共和国票据法》第三十条规定："汇票以背书转让或者以背书将一定的汇票权利授予他人行使时，必须记载被背书人名称。"第三十一条规定："以背书转让的汇票，背书应当连续。持票人以背书的连续，证明其汇票权利；非经背书转让，而以其他合法方式取得汇票的，依法举证，证明其汇票权利。前款所称背书连续，是指在票据转让中，转让汇票的背书人与受让汇票的被背书人在汇票上的签章依次前后衔接。"第九十三条规定："支票的背书、付款行为和追索权的行使，除本章规定外，适用本法第二章有关汇票的规定。支票的出票行为，除本章规定外，适用本法第二十四条、第二十六条关于汇票的规定。"票据既可以通过背书方式转让，也可以通过其他方式转让。本案中，隆某中心在取得票据后并未通过背书方式转让，故对于慧科某公司关于案涉票据背书不连续的答辩意见，法院不予采纳。

关于票据时效。《中华人民共和国票据法》第九十一条规定："支票的持票人应当自出票日起十日内提示付款；异地使用的支票，其提示付款的期限由中国人民银行另行规定。超过提示付款期限的，付款人可以不予付款；付款人不予付款的，出票人仍应当对持票人承担票据责任。"第九十三条规定："支票的背书、付款行为和追索权的行使，除本章规定外，适用本法第二章有关汇票的规定。支票的出票行为，除本章规定外，适用本法第二十四条、第二十六条关于汇票的规定。"第六十一条规定："汇票到期被拒绝付款的，持票人可以对背书人、出票人以及汇票的其他债务人行使追索权。汇票到期日前，有下列情形之一的，持票人也可以行使追索权：（一）汇票被拒绝承兑的；（二）承兑人或者付款人死亡、逃匿的；（三）承兑人或者付款人被依法宣告破产的或者因违法被责令终止业务活动的。”本案中，案涉支票载明的出票日期为2019年8月1日，泓某公司在出票日起十日内要求付款行付款被拒绝，泓某公司享有对出票人慧科某公司的追索权。

《中华人民共和国票据法》第十七条规定：“票据权利在下列期限内不行使而消灭：（一）持票人对票据的出票人和承兑人的权利，自票据到期日起二年。见票即付的汇票、本票，自出票日起二年；（二）持票人对支票出票人的权利，自出票日起六个月；（三）持票人对前手的追索权，自被拒绝承兑或者被拒绝付款之日起六个月；（四）持票人对前手的再追索权，自清偿日或者被提起诉讼之日起三个月。票据的出票日、到期日由票据当事人依法确定。”本案中，关于出票日如前所述，应视为慧科某公司授权持票人填写，故应以支票上载明的日期即2019年8月1日为出票日，泓某公司并未丧失票据权利。

《中华人民共和国票据法》第七十条第一款规定：“持票人行使追索权，可以请求被追索人支付下列金额和费用：（一）被拒绝付款的汇票金额；（二）汇票金额自到期日或者提示付款日起至清偿日止，按照中国人民银行规定的利率计算的利息；（三）取得有关拒绝证明和发出通知书的费用。”故对于泓某公司要求慧科某公司支付票面金额30万元并自该公司被拒付之日起按年息6%支付利息的诉讼请求，法院予以支持。

关于争议焦点二，李金某应否对慧科某公司的上述票据责任承担连带责任。《中华人民共和国公司法》第六十三条规定“一人有限责任公司的股东不能证明公司财产独立于股东自己的财产的，应当对公司债务承担连带责任”。本案中，因慧科某公司为李金某个人独资的一人有限责任公司，慧科某公司、李金某未提交证据证明慧科某公司财产独立于李金某个人财产，故对于泓某公司要求李金某与慧科某公司承担连带责任的诉讼请求，法院予以支持。

北京市门头沟区人民法院依据《中华人民共和国票据法》第十七条、第三十条、第三十一条、第六十一条、第七十条第一款、第八十四条、第八十六条

第一款、第九十一条、第九十三条,《中华人民共和国公司法》第六十三条之规定,判决:

一、慧科某公司于判决生效之日起七日内向泓某公司支付30万元及逾期利息(以30万元为本金,按照年息6%的标准,自2019年8月6日起至实际付清之日止);

二、李金某对慧科某公司的上述债务承担连带责任。

慧科某公司不服,提出上诉。北京市第一中级人民法院经审理认为:本案争议的焦点问题是涉案票据是否为有效票据。对此,法院认为,票据行为是法定要式行为,票据的制作格式和记载事项须严格遵守法律规定的形式才能产生票据法上的效力,否则票据效力会受到影响。根据《中华人民共和国票据法》第二十二条、第七十五条、第八十四条的规定可知,不论是汇票、本票还是支票,出票日期均为必要记载事项之一。缺少必要记载事项的,票据无效。对于支票而言,《中华人民共和国票据法》亦仅规定"金额""收款人名称"可以由出票人授权补记,但却并未对"出票日期"作此例外规定。本案中,泓某公司确认其取得涉案支票时该支票出票日期、收款人均为空白,其自行填写出票日期和收款人,故结合《中华人民共和国票据法》的相关规定,因"出票日期"并非出票人可授权、可补记事项,出票人出票时未填写出票日期的,应当认定票据无效,因此,法院认为,涉案支票为无效票据,泓某公司对慧科某公司不享有票据权利,其提出的诉讼请求因无法律依据,法院不予支持。

北京市第一中级人民法院综上认为,一审判决认定事实清楚,但适用法律错误,处理结果亦不正确,予以改判。依照《中华人民共和国票据法》第二十二条、第七十五条、第八十四条,《中华人民共和国民事诉讼法》第一百七十条第一款第二项之规定,判决如下:

一、撤销北京市门头沟区人民法院(2019)京0109民初6938号民事判决;

二、驳回泓某公司的全部诉讼请求。

【法官后语】

在众多中小企业涉诉的票据纠纷案件中,由于当事人缺乏规范交易的意识,不严格依票据法开展票据行为。同时，银行对出票日期等是否为出票人在交付票据时填写进行审查难以落实。就支票的功能而言，除支付功能外还有流通功能，填写完整出票日期的支票，使背书转让受到支票有效期的限制，故当事人往往也愿意收取出票日期留白的支票。现实中，支票的出票和转让并不规范，支票出票时出票日期留白的现象较为普遍，出票日期往往在请求银行付款前予以补记。对于授权补记出票日期的支票效力如何认定系本案核心争议焦点。

一、空白票据及其效力

票据的留白现象，实际上就是票据法理论上的空白票据问题。所谓空白票据，又称为空白授权票据，是指票据行为人仅在票据上签名，而将票据上其他应记载事项，全部或一部分授权给他人完成的票据。

关于空白票据的性质，学理上存在争论。有观点认为空白票据为无效票据，主要理由是空白票据欠缺绝对应记载事项；有观点认为空白票据为有效票据，主要理由是可在出票后授权补记。空白票据的存在实际上系票据实务过程中的利用技巧，如果承认空白票据为无效票据，则忽略了授权记载的事实；如果承认空白票据为有效票据，则忽略了票据的要式性。尽管空白票据的留白部分有的是故意为之，且依照规定可授权补记，依法补记完成后，票据即为有效票据。因此，空白票据的效力取决于是否补记以及补记是否合法。

二、出票日期留白票据无效的学理解析

第一，即期票据的付款到期日即为出票日。由于在我国支票是即期票据，出票后见票即付，故其付款到期日就是出票日，而付款到期日直接决定了可要求票据付款人履行票据债务的时间，亦系出票之意思表示的重要内容，明确出票日期对于明确出票之意思表示乃至成立出票之法律行为都有着极为重要的意义，故应在出票时填写完整；同时，由于我国的支票的主要功能在于支付，其系一种支付凭证，而非信用凭证，这就要求出票人在债务到期时其账户内具有足够资金，故出票人出票时填写出票日期有助于使出票人明确偿债日期，从而提醒其确保该时段账户资金充足，从而减少付款争议发生，使多数市场主体愿意以支票结清债务。

第二，出票日期决定着各类期间的起算点。比如，持票人对票据的出票人和承兑人的权利，自票据到期日起两年，见票即付的汇票、本票，自出票日起两年；持票人对支票出票人的权利，自出票日起六个月；见票后定期付款的汇票，持票人应当自出票日起一个月内向付款人提示承兑；见票即付的汇票，自出票日起一个月内向付款人提示付款；支票的持票人应当自出票日起十日内提示付款。

第三，出票日期系基础债务履行期限的约束起点。在当事人交付出票日期留白的支票的情况下，虽然该支票属于未完成支票，并不能随即发生完全的票据上的权利义务关系，但从当事人的意思表示判断，其开具支票的目的在于清偿基础法律关系中其所应付的债务，故一旦当事人自愿交付出票日期留白的支票，如无其他相反证据，其确认付款的意思仍然存在。不同于交付完全票据中当事人填写确定的支票出票日期且该日期晚于约定的基础债务到期日的情况，由于支票出票日期留白，此时的确认付款因没有确定的时间节点而系一种概括性的确认，即出票人确认持票人可在所填写的出票日期后的支票有效期内进行提示付款，其将依此进行付款以清偿基础债务，只要填写的出票日期不会导致其丧失基础债务的履行期限利益即可。再就支票收受方而言，除非有相反证据，其收受行为也应被界定为对于出票人上述意思的认可。故，通过出票日期留白的支票的交付与收受，关于清偿基础债务的二次合意在当事人间就发生了，并成为当事人间清偿基础债务的约束。随后，随着留白的出票日期被填写完毕，支票被提示付款，概括性的付款承诺也将具体化，即只要是持票人在出票日期后的支票有效期内提示付款的，该提示付款日即为基础债务到期日。

故而，出票日期不同于其他票据可记载事项或无意义记载事项，对确定票据权利时效期间具有重要的法律意义，对票据权利人的权利影响深远。不属于可以授权补记的事项范围。

三、出票日期留白问题法律解析

《中华人民共和国票据法》第八十五条、第八十六条规定，支票上的金额可以由出票人授权补记，未补记前的支票，不得使用；未记载收款人名称的，经出票人授权，可以补记。《最高人民法院关于审理票据纠纷案件若干问题的规定》第四十四条指出，空白授权票据的持票人行使票据权利时未对票据必须记载事项补充完全，因付款人或者代理付款人拒绝接收该票据而提起诉讼的，人民法院不予支持。上述均为我国关于票据留白问题的规定。而对于支票出票日期空白是否可由持票人补记问题，《中华人民共和国票据法》没有明确，第八十四条仅规定出票日期系支票必须记载事项之一，未记载的，支票无效。依该条规定，出票日期为支票的绝对必要记载事项之一。

综上，根据票据要式性、出票日期的性质以及《中华人民共和国票据法》第二十二条、第七十五条、第八十四条的规定，不论是汇票、本票还是支票，出票日期均为必要记载事项之一。缺少必要记载事项的，票据无效。对于支票而言，虽然“支票金额”也是必要记载事项之一，但《中华人民共和国票据法》第八十五条规定了“支票金额”可以由出票人授权补记，但却并未对“出票日期”作此例外规定。结合《中华人民共和国票据法》的规定，出票人出票时未填写出票日期的，应当认定票据无效，无效票据的持票人不享有票据权利。法院二审据此改判驳回泓某公司全部诉讼请求。

编写人：北京市第一中级人民法院　陈焱

21

穿透原则在票据纠纷类案件审判中的适用与限制

——甲公司诉乙公司、丙公司票据追索权案

【案件基本信息】

1. 裁判书字号

北京市第三中级人民法院（2020）京03民辖终154号民事裁定书

2. 案由：票据追索权纠纷

3. 当事人

原告（被上诉人）：甲公司

被告：乙公司

被告（上诉人）：丙公司

【基本案情】

2018年6月27日，出票人乙公司签发5902号承兑汇票，该承兑汇票收款人为喜某公司，金额为200万元，到期日为2019年6月27日。出票当日，乙公司作为承兑人签章，承诺该汇票已经承兑，到期无条件付款。后喜某公司作为背书人将该票背书转让给丙公司，丙公司将该票背书转让给广某公司，广某公司将该票背书转让给甲公司。2019年7月8日，甲公司在电子商业汇票系统中提示付款被拒。现该承兑汇票电子商业汇票系统中票据状态记载为“拒付追索待清偿”。

2016年12月14日，广某公司作为甲方向乙方中某全联公司购买混煤，双方签订《煤炭买卖合同》，该合同对货物品种规格、质量、交货方式、货款结算及双方权利义务等进行了约定。

2018年7月26日，广某公司与中某全联公司出具《对账确认函》，双方确认：截至2018年7月25日，中某全联公司欠付广某公司预付款及借款本金4708814.54元、中某全联公司承诺但尚未支付广某公司回报收益11053242.15元、中某全联公司借陈某启款但尚未支付利息283098.76元，中某全联公司合计欠付广某公司16045155.45元，中某全联公司承诺于2018年7月29日前支付广某公司787万元，则双方清账，中某全联公司以丙公司向广某公司支付欠款，丙公司自愿为中某全联公司担保，担保期限两年，担保人承担连带责任，担保范围包括但不限于中某全联公司的债务，以及诉讼造成的律师费、诉讼费等费用等。丙公司作为担保人在该函件末处签章。

同日，丙公司出具《代为偿还货款承诺书》，上载：依据《对账确认函》，中某全联公司承诺于2018年7月29日支付广某公司787万元，则双方账务结清，现由于中某全联公司无力偿还欠款，丙公司作为中某全联公司的控股子公司，自愿为中某全联公司偿还欠款，并且提供担保，担保期限两年，担保人承担连带责任，担保范围包括但不限于中某全联公司的债务，以及诉讼造成的律师费、诉讼费等费用；丙公司已于2018年6月28日向广某公司背书转让乙公司出票的商业承兑汇票一张（涉案5902号承兑汇票）、票据金额200万元；贴现后金额296万元已偿还广某公司，剩余491万元，丙公司于2018年7月25日至29日向广某公司背书转让商业承兑汇票，丙公司同意背书转让给庄某公司的商业承兑汇票按年化26%的利息予以贴现，贴现后的款项偿还中某全联公司欠付广某公司的货款，丙公司承诺不会对庄某公司的商业承兑汇票进行挂失支付等。承诺书下部手书文字“同意商业承兑汇票背书到庄某公司，张某华，2018年7月26日”。各方认可该文字系庄某公司负责人手书。

另查明，据甲公司提交的日期为2018年6月15日、其作为供方与需方广某公司签的《汽车买卖合同》，双方约定甲公司向广某公司出售“豪沃6*4自卸车”6辆，单价35.6万元，总金额213.6万元，结算方式为承兑汇票一次性结算，车到后需方验收后付清全部车款后方可提车等。

甲公司请求判令乙公司、丙公司连带支付5902号承兑汇票的票面金额200万元及利息。被告乙公司不同意甲公司的诉讼请求，辩称：甲公司证据不足以证明其与前手之间存在真实的贸易关系，5902号承兑汇票是甲公司通过贴现取得的，其非合法持票人，无权主张票据权利。被告丙公司辩称：甲公司无贴现的特许经营资质，其通过贴现方式以年化26%的贴现利率从前手处取得涉案汇票，不享有票据权利。

【案件焦点】

票据债务人丙公司提出的出票人与收款人之间的抗辩事由，能否对抗持票人的票据权利。

【法院裁判要旨】

北京市朝阳区人民法院经审理认为：甲公司就5902号承兑汇票提示付款时，该承兑汇票签章完整、票据法规定的必要记载事项齐全。本案争议焦点为，丙公司关于甲公司取得 5902 号承兑汇票的票据行为系属民间贴现行为的抗辩是否足以对抗甲公司作为持票人行使票据权利。

依据中国人民银行颁布的《贷款通则》，票据贴现系指贷款人以购买借款人未到期商业票据的方式发放的贷款。《商业汇票承兑、贴现与再贴现管理暂行办法》规定：本办法所称贴现系指商业汇票的持票人在汇票到期日前，为了取得资金贴付一定利息将票据权利转让给金融机构的票据行为，是金融机构向持票人融通资金的一种方式。《电子商业汇票业务管理办法》规定，贴现是指持票人在票据到期日前，将票据权利背书转让给金融机构，由其扣除一定利息后，将约定金额支付给持票人票据行为。根据前述规定，票据贴现业务为特许经营业务，可以进行票据贴现的主体为金融机构，未经许可的相关主体不能经营票据贴现业务。未经许可的主体从事票据贴现行为违反国家关于金融业务特许经营的强制性规定，危害了国家的金融管理秩序，应属无效。

本案中，丙公司出具的《代为偿还货款承诺书》明确 5902 号承兑汇票系丙公司向广某公司背书转让，同时，该票据的贴现款用于代为偿还中某全联公司欠付广某公司的货款。首先，结合各方提交证据，《代为偿还货款承诺书》中并未提及甲公司，甲公司另案起诉该承诺书中提及的其他承兑汇票被驳回起诉亦非系因贴现所致，而是涉及刑事犯罪，故丙公司仅凭其单方在承诺书中关于将 5902 号承兑汇票贴现后用于偿还广某公司货款的承诺，不足以证明广某公司将该票背书转让给甲公司就是用于获取贴现款。其次，依据我国票据法第十三条第一款的规定，票据债务人不得以自己与出票人或者与持票人的前手之间的抗辩事由，对抗持票人。尽管民间贴现行为在进行贴现的直接当事人之间无效，但根据票据法有关票据无因性的前述规定，贴现行为后的票据转让行为应当独立于在先转让票据行为的效力。票据的签发、取得和转让，应当遵循诚实信用的原则，依据真实的交易关系和债权债务关系。票据的取得，必须给付对价，即应当给付票据双方当事人认可的相对应的代价。现有证据表明甲公司系基于与广某公司的买卖合同关系、履行合同义务经背书受让 5902 号承兑汇票，应认定为该汇票的合法持票人。以背书转让的汇票，背书应当连续，持票人以背书的连续证明其汇票权利。涉案5902号承兑汇票背书连续，甲公司系该汇票的最后一手被背书人即持票人，依法享有票据权利。最后，票据具有文义性，以票据的外观记载认定票据行为效力有利于提高票据的流通效率，因此在丙公司无直接证据证明甲公司收取涉案承兑汇票系基于贴现，亦无充分证据表明甲公司与前手之间的贸易关系不真实的情况下，本着充分保护和发挥票据的支付和融通资金功能的原则，对丙公司的相关抗辩意见不予采信。

北京市朝阳区人民法院依照《中华人民共和国票据法》第十条、第十三条、第七十条之规定，判决如下：

被告乙公司、被告丙公司于本判决生效之日起十日内给付原告甲公司5902号商业承兑汇票票款200万元及利息（以200万元为基数，自2019年6月27日起至2019年8月19日止，按中国人民银行同期贷款利率计算；自2019年8月20日起至实际给付之日止，按全国银行间同业拆借中心公布的贷款市场报价利率计算）。

如果未按本判决指定的期间履行给付金钱义务，应当依照《中华人民共和国民事诉讼法》第二百五十三条之规定，加倍支付迟延履行期间的债务利息。

丙公司不服，向北京市第三中级人民法院提起上诉，北京市第三中级人民法院经审理认为：驳回上诉，维持原裁定。

【法官后语】

票据具有融通资金的功能。银行等金融机构经营贴现业务的目的就是向企业提供资金，以发挥票据的融资功能。依据中国人民银行颁布的《贷款通则》《商业汇票承兑、贴现与再贴现管理暂行办法》《电子商业汇票业务管理办法》等法规的规定，贴现需由金融机构严格按规定进行，行为主体具有限定性。票据贴现业务为特许经营业务，可以进行票据贴现的主体为金融机构，未经许可的相关主体不能经营票据贴现业务。其他非金融机构主体从事票据“民间贴现”行为违反国家关于金融业务特许经营的强制性规定，危害了国家的金融管理秩序，应属无效。为了进一步规范票据市场、保护合法持票人的权益，最高人民法院发布《全国法院民商事审判工作会议纪要》指出，票据贴现属于国家特许经营业务，合法持票人向不具有法定贴现资质的当事人进行“贴现”的，该行为应当认定无效，贴现款和票据应当相互返还。

我国票据法规定，持票人以背书的连续，证明其汇票权利。票据债务人不得以自己与出票人或者与持票人的前手之间的抗辩事由，对抗持票人。票据抗辩是法律赋予票据债务人的自我保护措施，允许其在特定条件下提出合法事由对票据权利人提出的请求予以拒绝，从而对票据权利人及票据债务人的利益进行衡平保护。本案中，票据债务人丙公司意图以己方系因非法贴现取得汇票，来对抗票据持票人（最后一手被背书人）甲公司的票据权利，将此事由作为否定己方承担票据责任的票据抗辩。但根据票据无因性原理，合法持票人向不具有贴现资质的主体进行“贴现”，其后手基于真实交易关系和债权债务关系进行背书转让，最后持票人为合法持票人。换言之，“民间贴现”行为在进行贴现的直接当事人之间无效，但贴现行为后的票据转让行为应当独立于在先转让票据行为的效力。即如果最后持票人系基于合法手段或者善意且支付了合理对价取得票据的，则应认定其是合法持票人。

本案中丙公司自称转让票据是为了以票据贴现款代其母公司偿债，但这只是其单方意图。一方面有证据证明广某公司取得汇票是基于真实的债权债务关系而不是贴现，另一方面广某公司对丙公司所述的“贴现”意图是否认同、其向后手转让票据的行为是否就是表示同意并按照丙公司的意图去换取贴现款，均无证据证实。票据的文义性、无因性是发挥票据流转功能的重要保障。作为票据连续背书记载的被背书人与持票人，甲公司已就取得票据的原因关系进行了合理解释与初步举证。如丙公司欲否定票据已记载的权利，则应就此承担举证证明的责任。但丙公司既无证明甲公司取得涉案承兑汇票系单纯贴现的直接证据，也无推翻甲公司与广某公司之间贸易关系真实性的相反证据，故其免责抗辩不能成立。

在审理票据纠纷案件时，应当正确理解票据行为无因性原则的立法目的，依法确认当事人之间的权利义务关系，以防范和化解票据融资市场风险，维护票据市场的交易安全。本案经分析论证双方证据，充分衡量连续背书所能证明的票据权利与否定原因关系的票据抗辩事由的判断标准，所得出的结果符合司法政策，肯定了票据的无因性，维护了票据的流通。对穿透原则在票据纠纷类案件审判中的适用与限制具有一定的示范性作用。

编写人：北京市朝阳区人民法院　李有光　杨成成

22

票据行为的无因性

——宋家某诉甲公司票据追索权案

【案件基本信息】

1. 裁判书字号

广西壮族自治区钦州市中级人民法院（2020）桂 07 民终 1013 号民事判决书

2. 案由：票据追索权纠纷

3. 当事人

原告（被上诉人）：宋家某

被告（上诉人）：甲公司

【基本案情】

2019 年 12 月 1 日，甲公司向案外人李小某开具涉案现金支票支付双方的货款。该涉案现金支票号码为“063127××”，出票日期为 2019 年 12 月 20 日，付款行为广西乙商业银行股份有限公司泉水支行，支票金额为 200000 元，出票人处加盖“甲公司财务专用章”及“庞某”的印章。同年 12 月 6 日，案外人李小某将该支票交付给宋家某支付两人之间的货款。2019 年 12 月 23 日，宋家某持涉案现金支票向银行提示付款，银行以支票支付密码未填为由退票。随即，宋家某要求甲公司提供支付密码，甲公司以已经与案外人李小某结清了货款，该现金支票已经作废为由，拒绝向宋家某提供支票密码。尔后，宋家某向本院提起诉讼，行使票据追索权。

【案件焦点】

甲公司是否应按照所签发支票的金额向宋家某承担付款责任。

【法院裁判要旨】

广西壮族自治区浦北县人民法院经审理认为：依据《中华人民共和国票据法》第六十八条第一款、第二款“汇票的出票人、背书人、承兑人和保证人对持票人承担连带责任。持票人可以不按照汇票债务人的先后顺序，对其中任何一人、数人或者全体行使追索权”以及该法第九十三条第一款“支票的背书、付款行为和追索权的行使，除本章规定外，适用本法第二章有关汇票的规定”的规定，宋家某作为持票人，可以自由选择追索的对象行使追索权。甲公司作为出票人，宋家某向其行使票据追索权并不违反法律规定，甲公司为本案的适格当事人。甲公司以其与案外人李小某之间的买卖货款已经结清，不存在任何基础法律关系为由提出抗辩，但该辩称与本案审理的票据追索权纠纷案件所依据的票据法律关系没有关联性，故本院不予采纳。甲公司出具收款人、用途、密码为空白的现金支票，而上述事项并非支票的必要记载事项，出票人出具收款人、用途、密码空白的支票并交付流通，即视为授予持票人补充权，允许持票人进行补记。甲公司主张该现金支票并未记载出票日期，应由其对该主张承担举证责任，但本案中，甲公司并未能提供证据予以佐证，应承担举证不能的不利后果。所以，本院认为涉案现金支票形式完备，要素齐全、真实，应为有效票据。从支票的流转而言，案外人李小某取得案涉支票是基于其与甲公司之间的买卖合同，甲公司为支付案外人李小某的货款而交付的该支票。宋家某取得该支票是基于其案外人李小某的买卖合同关系，为此，宋家某提供的送货单、微信聊天记录形成完整的证据链，足以证明宋家某从案外人李小某处取得甲公司签发的现金支票，具有真实的票据基础关系，且已支付相应对价，依法应享有票据权利。甲公司应按照所签发支票的金额向宋家某承担付款责任。

广西壮族自治区浦北县人民法院依照《中华人民共和国票据法》第二条、第三条、第十条、第十三条、第六十一条、第六十八条、第八十一条、第八十四条、第八十六条、第八十九条、第九十三条，《中华人民共和国民事诉讼法》第六十四条，《最高人民法院关于适用〈中华人民共和国民事诉讼法〉的解释》第九十条的规定，作出如下判决：

甲公司向宋家某支付200000元。

上述金钱给付义务，义务人应于本案判决生效之日起十日内履行完毕，逾期则应依照《中华人民共和国民事诉讼法》第二百五十三条之规定，加倍支付迟延履行期间的债务利息。权利人可在本判决书确定的履行期限的最后一日起二年内，向法院申请执行。

甲公司不服一审判决，提起上诉。广西壮族自治区钦州市中级人民法院经审理后判决：

驳回上诉，维持原判。

【法官后语】

追索权，是指持票人享有的当票据到期不获付款、期前不获承兑或有其他法定原因时，在采取保全权利行为之后，能够请求前手或其他票据债务人偿还票据金额、利息和有关费用的票据权利。依据《中华人民共和国票据法》第三十一条的规定，签章合法、背书连续的汇票持票人享有票据法规定的票据权利，包括付款请求权和追索权。票据债务人如拒绝履行票据记载的债务，应当审查其抗辩是否符合《中华人民共和国票据法》第十二条“以欺诈、偷盗或者胁迫等手段取得票据的，或者明知有前列情形，出于恶意取得票据的，不得享有票据权利。持票人因重大过失取得不符合本法规定的票据的，也不得享有票据权利”之情形。《最高人民法院关于审理票据纠纷案件若干问题的规定》第八条规定，票据诉讼遵循“谁主张，谁举证”的举证责任分配规则。持票人提供了背书连续的汇票，持票人的举证即完成。票据债务人对持票人取得票据是否存在票据法第十二条规定的丧失票据权利的事由负有举证责任。本案中持票人（宋家某）在成为持票人之前实际持有票据并完成其前手的背书、并成为持票人之后在被告出具的现金支票上的收款人处填写其本人姓名，并不属于法律规定的丧失票据权利的情形，对此，抗辩拒绝履行票据义务的当事人应承担举证不能的责任。故持票人并不因上述票据行为不规范而丧失票据权利。

另外，票据出票人与收款人之间是否存在真实交易关系和对价一般不影响票据权利义务关系。票据具有流通性、无因性等属性，票据已经签发，票据法律关系即与其发生原因的基础法律关系相分离，故票据当事人之间是否存在真实交易关系和对价并不能成为拒绝履行票据债务的合法理由。

本案讼争的支票形式完备，要素齐全、真实，符合《中华人民共和国票据法》第八十四条的规定，应为有效票据。宋家某提供的证据，证明其所取得的由甲公司签发的现金支票，具有真实的票据基础关系，且已支付相应的对价，依法应享有票据权利，持票人向承兑人请求付款的，应遵期提示票据。在持票人提示票据请求付款，且合法拒付事由消灭的情形下，承兑人应承担给付票款的责任。承兑人不给付票款，应承担被追索的责任。故甲公司应按照所签发的支票金额向宋家某承担付款责任。

编写人：广西壮族自治区浦北县人民法院　舒青

23

电子汇票期前提示付款到期日后未获兑付时持票人行使票据追索权的司法审查

——兴某公司诉屹某公司等票据追索权案

【案件基本信息】

1. 裁判书字号

江苏省无锡市中级人民法院（2020）苏02民终2473号民事判决书

2. 案由：票据追索权纠纷

3. 当事人

原告（被上诉人）：兴某公司

被告：屹某公司、无锡太某公司

被告（上诉人）：太某公司

【基本案情】

2018年4月20日，出票人某塔能源化工公司出具电子银行承兑汇票，金额100万元，到期日为2019年4月20日，收票人为某塔石化公司，承兑人为某塔财务公司。当日，承兑人承诺本汇票已经承兑，到期无条件付款。案涉汇票在电子商业汇票系统的背书人依次分别为上海妃某公司、太原市同某公司、四川谊恒某公司、屹某公司、无锡太某公司、太某公司、兴某公司。

兴某公司与前手太某公司之间签订有工矿产品采购合同，太某公司将案涉电子汇票背书转让给兴某公司以支付货款。

2019年4月18日，兴某公司在电子商业汇票系统中向承兑人某塔财务公司发起提示付款但未作应答，票据状态为“提示付款待签收”。

案涉电子汇票到期后，某塔财务公司未按照票面金额付款，兴某公司诉至法院，要求汇票的前手太某公司、无锡太某公司、屹某公司连带向其支付票据款100万元及利息。

【案件焦点】

兴某公司是否具备行使票据追索权的条件。

【法院裁判要旨】

江苏省无锡市新吴区人民法院经审理认为：《中华人民共和国票据法》第六十一条第一款、第六十二条第一款规定，汇票到期被拒绝付款的，持票人可以对背书人、出票人以及汇票的其他债务人行使追索权；持票人行使追索权时，应当提供被拒绝承兑或者被拒绝付款的有关证明。持票人行使票据追索权应当具备两个条件：一是在先行使票据付款请求权并遭拒绝，二是就被拒付证明。本案中，兴某公司行使案涉电子汇票的票据追索权具备两个条件，其诉讼请求应予支持。

一、兴某公司已经有效行使票据付款请求权并遭到拒绝。第一，兴某公司于票据到期日前在电子商业汇票系统中向承兑人某塔财务公司提示付款的行为具有提示付款期内提示付款的法律效果，兴某公司已经有效行使票据付款请求权。《电子商业汇票业务管理办法》第五十九条规定，持票人在票据到期日前提示付款的，承兑人可付款或拒绝付款，或于到期日付款。承兑人拒绝付款或未予应答的，持票人可待票据到期后再次提示付款。根据文义解释理解，持票人在票据到期日前提示付款是持票人的权利，而承兑人对票据项下的付款义务享有期限利益，即票据到期日后付款，故承兑人可选择付款、拒绝付款或者到期日付款；如果持票人未在到期日获得付款，持票人有权在票据提示付款期内再次向承兑人提示付款，进而提醒和督促承兑人付款，但这是对持票人权利而非义务的规定。结合电子商业汇票系统的实践操作可知，承兑人在票据到期日前提示付款后，案涉电子汇票处于“提示付款待签收”状态，该状态在电子商业汇票系统中具有持续性，虽然持票人提示付款的行为在票据到期日前已经发出，但是该状态延续至票据到期日之后，即持票人期前提示付款的行为具有票据到期日起 10 日提示付款期内提示付款的法律效果。第二，兴某公司期前提示付款的“提示付款待签收”状态延续至票据到期日，承兑人应当按照电子汇票的票面承诺内容履行承兑人在票据到期日见票付款的义务，但是承兑人某塔财务公司并未在票据到期日付款，承兑人以其未付款的行为表明拒绝支付票据款，即兴某公司行使票据付款请求权被拒绝。

二、电子商业汇票系统中持票人“提示付款待签收”的状态能够证明持票人行使票据付款请求权遭到拒绝的信息。我国票据法规定持票人行使票据追索权应当提供拒绝证明，其目的在于引导和约束持票人遵守票据法规定的行权顺序，即先行使票据付款请求权，后行使票据追索权，进而最大限度发挥票据的流通和支付功能。在电子票据系统中，如果承兑人对持票人的提示付款请求不予应答，客观上持票人也将无法取得拒绝证明，但是持票人在向前手发起追索请求时，前手能够了解到票据上的出票、背书、到期日、提示付款等信息。此时电子汇票系统中关于票据所载的信息具有与拒绝证明相同的证明力，能够证明持票人兴某公司在先行使票据付款请求权失败之后才向前手行使票据追索权的事实，并未损害各前手作为被追索人享有的抗辩权。

综上，江苏省无锡市新吴区人民法院依照《中华人民共和国票据法》的相关规定，判决如下：

屹某公司、无锡太某公司、太某公司于判决生效之日起立即连带给付兴某公司汇票款100万元及利息。

太某公司不服一审判决，提起上诉。江苏省无锡市中级人民法院经审理认为，太某公司的上诉请求不能成立，判决如下：

驳回上诉，维持原判。

【法官后语】

票据是市场交易的重要支付手段，自从中国人民银行将电子商业汇票系统建成并正式投入使用以来，纸质票据的使用越来越少，电子票据已经成为票据交易的主要载体，但是因为《中华人民共和国票据法》及相关司法解释均制定于此之前，其中对于电子票据的票据行为规定较少，导致实务中关于电子票据交易产生了大量纠纷。票据追索权是持票人主张票据权利的重要形式，而电子票据持票人行使票据追索权通常涉及两个问题：一是电子汇票期前提示付款是否具有提示付款的效力，二是行使票据付款请求权遭拒后证明文件的提供。这两个问题既是此类纠纷中当事人争议的焦点问题，亦是困扰司法审判实践的难点问题。

第一，关于电子汇票持票人期前提示付款是否具有提示付款期内提示付款效力的司法审查。从相关规定的文义看，《电子商业汇票业务管理办法》第五十九条规定：“持票人在票据到期日前提示付款的，承兑人可付款或拒绝付款，或于到期日付款。承兑人拒绝付款或未予应答的，持票人可待票据到期后再次提示付款。”电子汇票的承兑人在票据到期日前享有期限利益，如持票人在票据到期日前在电子票据系统中提示付款，承兑人有三个选择：可付款、拒绝付款或者于到期日付款。由此可知，不论是从电子汇票系统的功能设置看，还是从相关规定赋予承兑人针对期前提示付款的应对选择来看，持票人均有权选择期前提示付款，只是为保障承兑人在票据到期日付款的期限利益，《电子商业汇票业务管理办法》赋予了承兑人可付款、拒绝付款或者于到期日付款的选择。从电子汇票系统的操作实务看，持票人在电子汇票系统发起提示付款指令后，承兑人不予应答时，该提示付款指令在电子汇票系统中将持续处于“提示付款待签收”的状态，且“提示付款待签收”的状态从提示付款期前一直延续至票据到期日起10日内的提示付款期，承兑人在电子票据系统能够看到持票人对电子汇票发起的提示付款请求，但是承兑人未在票据到期日付款即表明拒绝付款。因此，综合相关规定的文义及电子票据系统的操作实践看，持票人在票据到期日前提示付款的行为具有提示付款期内提示付款的法律效果，如承兑人在到期日没有按照票面承诺兑付票据款，则视为拒绝持票人的票据付款请求权。

第二，关于电子汇票系统中持票人票据付款请求权遭到拒绝后证明文件提供的问题。我国票据法对持票人享有的票据付款请求权和票据追索权两项票据权利的行权顺序有明文规定，持票人在行使票据追索权之前必须要先行使票据付款请求权，只有票据付款请求权遭到拒绝后，持票人才有权向各前手行使票据追索权。为证明持票人已经行使票据付款请求权，持票人在向前手行使票据追索权时应当提供承兑人拒绝付款的证明文件；与此配套的制度设置为《中华人民共和国票据法》第六十二条第一款规定，持票人提示付款被拒绝的，承兑人或者付款人必须出具拒绝证明。但是在电子汇票系统中，持票人发起提示付款指令后承兑人不予应答时，持票人客观上无法取得证明文件，此时再苛责持票人提供拒绝付款的证明文件，实属强人所难。与此同时，持票人向承兑人发起提示付款的指令后，电子汇票所处的“提示付款待签收”及超过票据到期日未获得兑付等票据信息，在电子汇票系统中能够被各相关票据当事人所查看并知晓，具有与拒绝付款的证明文件相同的证明力。

编写人：江苏省无锡市中级人民法院　陈迪金

24

电子商业汇票持票人期前提示付款、承兑人期内以账户余额不足拒付的，持票人有权向背书人行使票据追索权

——忆某公司诉感某公司票据追索权案

【案件基本信息】

1. 裁判书字号

上海金融法院（2020）沪 74 民终 107 号民事判决书

2. 案由：票据追索权纠纷

3. 当事人

原告（被上诉人）：忆某公司

被告（上诉人）：感某公司

【基本案情】

2018 年 3 月 20 日，案外人北某公司开具一张电子商业承兑汇票，票据金额为 370000 元，到期日为 2018 年 9 月 20 日，承兑人为北某公司，收款人为幻某公司。同日，上述汇票经收款人幻某公司背书给感某公司。嗣后，上述汇票再经连续背书给忆某公司（最后一次背书日期为 2018 年 9 月 10 日）。忆某公司的企业网上银行系统，除显示案涉汇票基本信息和流转信息之外，另显示忆某公司于 2018 年 9 月 19 日提示付款，案涉票据状态“提示付款已拒付”。2018 年 9 月 26 日，忆某公司向感某公司发出《票据拒付通知书》，载明因提示付款被拒付，故向感某公司行使票据追索权，要求感某公司支付票据金额 370000 元以及相应利息。次日，感某公司收到上述通知。法院根据忆某公司申请，向上海票据交易所股份有限公司调取了案涉汇票的基本信息、流转信息、提示付款

信息、拒付信息等。上述信息显示：2018年9月19日，忆某公司向承兑人北某公司发出提示付款申请；同月26日，承兑人北某公司拒绝签收，拒付理由为“商业承兑汇票承兑人账户余额不足”。忆某公司诉至法院，请求感某公司支付票据款370000元以及相应利息。

【案件焦点】

持票人忆某公司能否向背书人感某公司行使票据追索权。

【法院裁判要旨】

上海市浦东新区人民法院经审理认为：案涉电子商业承兑汇票为有效票据。忆某公司经连续背书取得案涉汇票而成为最后持票人，其在汇票到期日的前一日提示付款，承兑人北某公司在汇票到期日后提示付款期间内、以“承兑人账户余额不足”为由拒绝付款。根据《中华人民共和国票据法》第六十一条第一款之规定，忆某公司有权对背书人之一即感某公司行使追索权。原告在被拒绝付款后次日即对被告行使追索权，仍在追索权时效内，故忆某公司票据权利并未消灭。

上海市浦东新区人民法院依照《中华人民共和国票据法》第六十一条第一款、第七十条第一款第一项和第二项，《最高人民法院关于审理票据纠纷案件若干问题的规定》第二十二条，《中华人民共和国民事诉讼法》第六十四条第一款和第二款之规定，作出如下判决：

一、感某公司支付忆某公司票据款370000元；

二、感某公司支付忆某公司以370000元为基数、自2018年9月20日起至清偿日止、按照中国人民银行规定的企业同期流动资金贷款利率计算的利息；

三、驳回忆某公司其余诉讼请求。

感某公司不服一审判决，提起上诉。上海金融法院经审理认为：虽然忆某公司在汇票到期前一日提示付款，但承兑人在提示付款期限内以“承兑人账户余额不足”为由进行拒付，致使持票人的付款请求权难以实现，故忆某公司具备行使票据追索权的实质要件，而一审法院结合本案已查明事实认定忆某公司已进行提示付款操作后被拒绝付款，与法不悖，说明忆某公司亦具备了行使票据追索权的形式要件，故忆某公司有权行使票据追索权。关于到期日 10 日内提示付款的规定，属于对提示付款方式的规定，仅对提示付款行为的结果产生影响，不属于行使票据追索权的法定要件，故感某公司该项上诉理由缺乏法律依据，难以支持。

上海金融法院依照《中华人民共和国民事诉讼法》第一百七十条第一款第一项、第一百七十五条之规定，判决如下：

驳回上诉，维持原判。

【法官后语】

在电子商业汇票系统中，期前提示付款后“提示付款拒付”或者“提示付款代签收”等未被兑付的状态较为常见。本案即为由此引发的持票人向背书人行使票据追索权案件。

根据我国票据法的相关规定，票据追索权的行使要件包括实质要件（即持票人的付款请求权得不到实现）以及形式要件（即持票人应当提供被拒绝承兑或被拒绝付款的有关证明）。本案承兑人在提示付款期内账户余额不足而拒绝签收，虽然承兑人未出具拒绝证明，或者出具退票理由书，但是根据《电子商业汇票业务管理办法》第六十条第三款第二项之规定，承兑人账户余额不足则视同承兑人拒绝付款。由此，持票人行使的实质要件和形式要件都已具备。但与我国票据法所规定的承兑人对期内提示付款和逾期提示付款的拒付不同，本案承兑人拒付所针对的是持票人在期前所作出的提示付款。背书人感某公司也因此提出期前提示付款不符合票据文义性，而拒绝支付。上述抗辩的实质为持票人期前提示付款的效力是否延伸于提示付款期。如果效力可以延伸，期前提示付款等同于期内提示付款，持票人可向其所有前手行使完整的追索权。如果效力不可以延伸，持票人期前提示付款后未在期内提示付款，应视为未按期提示付款，持票人仅能向出票人、承兑人或者付款人行使不完整的追索权。

对于期前提示付款效力能否延伸的问题，司法审判中存在两种截然不同的判定。争议的来源之一是对《电子商业汇票业务管理办法》第五十九条作出不同的解释。《电子商业汇票业务管理办法》第五十九条规定："持票人在票据到期日前提示付款的，承兑人可付款或拒绝付款，或于到期日付款。承兑人拒绝付款或未予应答的，持票人可待票据到期后再次提示付款。"有判决认为，根据《中华人民共和国票据法》第五十三条、《支付结算办法》第八十八条、《电子商业汇票业务管理办法》第五十八条及第六十六条的规定，持票人"可"待票据到期后再次提示付款，应理解为持票人"应当"在提示付款期内向承兑人提示付款，不承认期前提示的效力可以延伸于期内。但也有判决认为，基于电子商业汇票不同于普通纸质汇票的特性和电子商业汇票系统的实际运作情况，以及提示付款期限设立目的在于督促持票人及时提示付款，对于"可"不应机械理解为持票人"应当"期内提示付款的法定义务，而应理解为持票人的权利。

本案一审、二审判决肯定了期前提示付款延伸于提示付款期的效力。其论述深层次的法律逻辑基础，在于民法中意思表示的效力规定。票据法既是规定票据上债权债务关系的法律，也是民法的特别法。票据关系、当事人的权利能力、行为能力、意思表示、代理等问题，如果票据法中没有特别的规定，应适用民法中的规定。如前所述，我国票据法未规定期前提示付款的效力延伸，故该问题应适用一般法的规定进行判断。期前提示付款是持票人作出要求承诺人付款的意思表示。根据《中华人民共和国民法典》中有相对人、非对话方式的意思表示的效力规定，期前提示付款的意思表示进入承兑人特定系统时生效。本案中承兑人作出拒绝签收的意思表示，表明其已经收到持票人提示付款的意思表示，该意思表示已经生效。虽然持票人在提示付款期后没有再次提示付款，但是上述意思表示的效力仍在持续，在不具备法定终止情形时，自然延伸至提示付款期内。承兑人以余额不足为由作出的拒付意思表示，实际上是在认可期前提示付款意思表示有效的基础之上而作出。

编写人：上海金融法院　李鹏

25

电子商业汇票通过特定载体提示付款可以产生票据追索效力

——怡某公司诉格林某公司票据追索权案

【案件基本信息】

1. 裁判书字号

湖北省荆门市中级人民法院（2020）鄂08民终178号民事判决书

2. 案由：票据追索权纠纷

3. 当事人

原告（被上诉人）：怡某公司

被告（上诉人）：格林某公司

【基本案情】

2018年2月7日，怡某公司经背书取得电子商业汇票一张，出票人为某塔盛华公司，承兑人为某塔财务公司，票据号尾码为2130，该票据为可转让汇票。该票据经多次背书转让，最后被背书人为东莞虎某商店。银行电子商业汇票查询系统显示，2018年9月25日，持票人提示付款，系统显示的“票据状态”为“提示付款待签收”，“报文类型”显示为“通用确认”，2018年10月15日，持票人两次提示付款，票据状态首次显示为“提示付款待签收”，第二次显示“背书已签收”，报文类型首次显示为“通用撤销”，第二次显示“通用确认”。

持票人东莞虎某商店于2019年3月15日出具《情况说明》，内容有：“我司于2018年5月4日收到出票人为某塔盛华公司、承兑人为某塔财务公司的商业电子汇票……我司作为最终持票人在该汇票到期委托银行提示付款时被拒绝承兑，后我司向前手某元公司主张付款责任，现已收到其支付的人民币 20 万元整。”同日，该公司的前手某元公司、杰某公司、怡某公司均出具《情况说明》，表示作为背书人被要求承担付款责任，承担责任后向前手追索，已收到前手的款项 20 万元，并将全部款项足额付至后手，银行流水载明上述公司已将款项付至后手公司。于此，怡某公司向格林某公司行使追索权，故诉至法院请求判令：1. 格林某公司支付电子商业汇票的票面金额 20 万元；2. 格林某公司支付电子商业汇票票面金额的利息 8167 元（以 20 万元为基数，自 2018 年 9 月 26 日起至给付之日止，按照中国人民银行同期贷款利率计算，暂计算至 2019 年 5 月 15 日）；3. 本案诉讼费由格林某公司承担。

【案件焦点】

1. 怡某公司行使票据追索权的条件是否成就；2. 案涉票据是否符合拒绝付款的情形。

【法院裁判要旨】

湖北省荆门市掇刀区人民法院经审理认为：汇票是出票人签发的，委托付款人在见票时或者在指定日期无条件支付确定的金额给收款人或持票人的票据。案涉汇票记载事项完备，背书连续，系有效票据。关于东莞虎某商店是否享有票据追索权。《电子商业汇票业务管理办法》第六十六条规定：“持票人在票据到期日前被拒付的，不得拒付追索。持票人在提示付款期内被拒付的，可向所有前手拒付追索……”本案电子汇票的承兑日为 2018 年 9 月 26 日，持票人曾于 2018 年 9 月 25 日提示付款，电子汇票系统显示“提示付款待签收”，2018 年 10 月 15 日，持票人首先撤销了 9 月 25 日的提示付款，并再次提示付款，电子汇票显示撤销后的票据状态为“背书已签收”。虽然持票人 2018 年 9 月 25 日提示付款时还未到承兑日，10 月 15 日操作时又超过了提示付款期，但从电子汇票系统显示的内容可知，9 月 25 日提示付款后，系统报文类型显示“通用确认”，该确认状态一直持续至 10 月 15 日被撤销，即持票人虽未在提示付款期内付款，但提示付款期前曾作出的提示付款行为一直持续至提示付款期，直到 10

月 15 日被撤销，即提示付款行为在提示付款期内一直持续，故应当认定持票人在提示付款期内向承兑人作出了提示付款的行为，东莞虎某商店享有票据追索权。

关于“拒绝证明”。《中华人民共和国票据法》第六十一条第一款规定：“汇票到期被拒绝付款的，持票人可以对背书人、出票人以及汇票的其他债务人行使追索权。”第六十二条第二款规定：“持票人提示承兑或者提示付款被拒绝的，承兑人或者付款人必须出具拒绝证明，或者出具退票理由书。未出具拒绝证明或者退票理由书的，应当承担由此产生的民事责任。”据此，持票人依法提示承兑，票据交换系统显示“提示付款待签收”，持票人还需提供拒绝证明以行使追索权。本案中，虽案涉票据的承兑人某塔财务公司未向持票人出具被拒绝承兑或者被拒绝付款的有关证明，但根据某塔财务公司出具的公告可知，其公司因相关负责人涉嫌刑事犯罪，出现大量到期票据兑付问题，尚未出台解决方案。从该公司出具给怡某公司的回执函亦可知某塔财务公司知悉案涉票据承兑问题，但未予解决。某塔财务公司的公告以及回执函足以证明其存在拒绝付款行为，故怡某公司已取得拒绝承兑的证明，其行使票据追索权的条件成就。根据《中华人民共和国票据法》第七十条第一款第二项的规定，持票人行使追索权，可以请求被追索人支付汇票金额自到期日或者提示付款日起至清偿日止，按照中国人民银行规定的利率计算的利息。怡某公司主张的利息符合法律规定，予以支持。

《中华人民共和国票据法》第七十条第二款规定：“被追索人清偿债务时，持票人应当交出汇票和有关拒绝证明，并出具所收到利息和费用的收据。”《电子商业汇票业务管理办法》第七十条规定：“电子商业汇票清偿，必须记载下列事项：（一）追索人名称；（二）清偿人名称；（三）同意清偿金额；（四）清偿日期；（五）清偿人签章。”本案后手向前手追索，已按照上列规定出具书面说明，列明相关事项，另因本案汇票为电子汇票，无纸质文件，故持票人无法作出交出汇票的行为。怡某公司已按法律规定向后手清偿，其有权向前手行使再追索权。

湖北省荆门市掇刀区人民法院依照《中华人民共和国票据法》第六十一条、第七十条、第七十一条第一款之规定，作出如下判决：被告格林某公司支付原告怡某公司汇票金额20万元，并支付利息（本金20万元，以中国人民银行同类贷款利率，自2018年9月26日起付至本金给付之日止）。上述判决于该判决生效之日起三日内履行。

格林某公司不服一审判决，提出上诉。湖北省荆门市中级人民法院经审理认为：关于怡某公司行使票据追索权的条件是否成就，提示付款期限在于督促持票人依法及时提示付款，以便付款人知晓汇票权利人，从而作出是否付款的决定，使除承兑人（付款人）之外的前手能够合理预期其责任是否解除，防止除承兑人（付款人）之外的前手所承担的票据责任长期处于不确定的状态，或承担持票人长期不提示付款所导致的拒付风险。中国人民银行《电子商业汇票业务管理办法》第五十九条规定旨在对持票人提示付款获得兑付与承兑人于到期日履行付款义务之间的平衡，第六十六条规定意在明确拒付追索的行使条件，故不能机械地理解前述两条对电子汇票到期日后提示付款后果的规定。于本案而言，案涉票据为定日付款的汇票，最后持票人东莞虎某商店应自到期日2018年9月26日起十日内向承兑人提示付款，其实际于2018年9月25日在汇票系统中发起提示付款申请，未超过票据法规定的期限要求。自该次提示付款起，汇票系统显示的票据状态为“提示付款待签收”，在承兑人未应答的情形下，汇票系统显示该状态一直持续至持票人再次提示付款（2018年10月15日）。据此，东莞虎某商店在到期日前一天的提示付款效力持续至到期日后的提示付款期间，即应视为东莞虎某商店在提示付款期内发出过提示付款。格林某公司主张东莞虎某商店未在提示付款期内提示付款，从而丧失对前手的追索权，不能成立。既然东莞虎某商店的票据追索权行使条件成就，怡某公司作为背书人之一，在承担票据追索责任后，亦依法对其前手享有票据再追索权。

关于案涉票据是否符合拒绝付款的情形。《中华人民共和国票据法》第六十一条规定的“拒绝付款”，不仅包括付款人明确表示“拒绝付款”的情形，还包括付款人客观上无力履行付款义务而无法付款的情形。本案中，某塔财务公司作为承兑人，承诺“本汇票已经承兑，到期无条件付款”。到期后，东莞虎某商店提示付款，但某塔财务公司未予兑付、亦未作拒付处理。且某塔财务公司与某塔石化公司于2018年11月17日发布的公告表示“将积极筹措兑付资金，依法制定兑付原则和可行兑付方案，并适时公布”，但无兑付方案公布，客观上亦无兑付行为。根据《中华人民共和国票据法》第四十三条的规定，付款人承兑汇票，不得附有条件；承兑附有条件的，视为拒绝承兑。某塔财务公司发布公告后对案涉汇票未实际兑付，故可视为其“拒绝付款”。

关于利息主张，怡某公司向格林某公司行使的是再追索权，据《中华人民共和国票据法》第七十一条第一款的规定：“被追索人依照前条规定清偿后，可以向其他汇票债务人行使再追索权，请求其他汇票债务人支付下列金额和费用：（一）已清偿的全部金额；（二）前项金额自清偿日起至再追索清偿日止，按照中国人民银行规定的利率计算的利息；（三）发出通知书的费用。”利息应自怡某公司对后手的清偿日开始计算。一审法院自汇票到期日起计算利息，属错误适用了有关票据追索权的法律规定，予以纠正。据转账凭证，怡某公司对后手的付款时间为2019年2月25日、3月25日，则利息应自该清偿日起计算。

至于格林某公司上诉要求怡某公司在其获得清偿后交出汇票和拒绝证明，因案涉票据系电子银行承兑汇票，其流通转让及清结均在电子汇票系统操作办理，相应信息也可通过汇票系统查询得到，并无纸质票据，故格林某公司要求交出实体票据，客观上无法实现，对此不予支持。

湖北省荆门市中级人民法院依照《中华人民共和国票据法》第四十三条、第六十一条、第七十一条，参照中国人民银行《电子商业汇票业务管理办法》第五十九条、第六十六条，《中华人民共和国民事诉讼法》第一百七十条第一款第二项之规定，作出如下判决：

一、撤销湖北省荆门市掇刀区人民法院（2019）鄂0804民初865号民事判决；

二、荆门市格林某公司于本判决生效之日起三日内支付怡某公司汇票金额20万元及利息（以15万元为基数，自2019年2月25日起；以5万元为基数，自2019年3月25日起，均按照中国人民银行规定的贷款利率计算至清偿之日止）；

三、驳回怡某公司的其他诉讼请求。

【法官后语】

因电子商业汇票的转让、背书及提示付款等票据行为均通过电子交换系统实施，故在票据行为的效力判定上有别于传统汇票。票据的提示付款期限主要在于督促持票人依法及时提示付款，以便付款人尽早知悉权利人，并作出是否付款的决定，使除承兑人（付款人）之外的前手能够合理预期其责任是否解除，防止除承兑人（付款人）之外的前手所承担的票据责任长期处于不确定的状态，或承担持票人长期不提示付款所致的拒付风险。对电子商业汇票提示付款是通过特定的电子交换系统实施，其于汇票到期日前提示付款，符合票据法规定的期限要求，承兑人因自身原因对持票人发出的付款指令不作应答，致系统显示票据一直处于“提示付款待签收”状态，此种情形，依据电子送达的相关规定，当电子数据指令到达受送达人指定的系统后，即视为指令送达。从这一方面讲，涉案汇票的提示付款已完成。

另外，持票人在首次提示付款不应答后，再次提示付款的行为效力如何判定。通过审查中国人民银行《电子商业汇票业务管理办法》第五十九条、第六十六条规定的意旨，得出再次提示付款仍属有效票据行为的结论，从这方面讲，持票人再次提示付款仍然有效。

因此，本案综合考量了电子商业汇票行为的效力判断标准，凸显电子票据行为的特殊性，为电子票据追索权纠纷案件审理探寻了一条思路。

编写人：湖北省荆门市中级人民法院　刘俊

26

票据权利人利益及票据债务人利益的衡平保护

——李文某诉奥某公司票据追索权案

【案件基本信息】

1. 裁判书字号

北京市朝阳区人民法院（2019）京0105民初21004号民事判决书

2. 案由：票据追索权纠纷

3. 当事人

原告：李文某

被告：奥某公司

【基本案情】

2018年5月16日，李文某从奥某公司处领取××62号转账支票，取票时支票票面已记载出票日期2018年7月31日、收款人华夏佳福公司、金额7万元及出票人奥某公司签章。奥某公司交付该支票时制作支出凭单，上载“华夏某福2018年1月份款项（已结清）”及××62号转账支票的票号、出票日期、金额，李文某分别在该支出凭单“领款人”栏、在支票存根收款人栏签名。该支票存根用途栏记载“华夏某福”。华夏某福公司作为背书人在该支票上签章，被背书人李文某填写支票用途为“材料费”并于同年8月9日委托银行收款，但被拒付，理由为“账户余额不足”。

同年5月30日，李文某从奥某公司处领取××66号、××67号转账支票，取票时支票票面已分别记载出票日期2018年8月31日、8月17日，金额7.5万元、6万元，及出票人奥某公司签章。奥某公司交付该二支票时制作支出凭单，分别载明“华夏某福 2018 年 3 月货款”及××66、××67 号转账支票的票号、出票日期、金额。李文某分别在支出凭单“领款人”栏、在支票存根“收款人”栏签名，该支票存根用途栏均记载“华夏某福 3 月款”。后李文某将自己填写为××66、××67 号转账支票的收款人，将用途分别填写为“材料费”“劳务费”后委托银行收款，9 月 11 日、8 月 24 日，银行分别予以拒付，理由分别为“密码涂改”和“账户余额不足”。

【案件焦点】

票据债务人奥某公司针对两类不同支票提出的抗辩事由，能否对抗持票人的票据权利。

【法院裁判要旨】

北京市朝阳区人民法院经审理认为：李文某持涉案三张转账支票委托收款时，三张支票均签章完整，票据法规定的必要记载事项齐全，现也没有证据证明涉案三张支票另经其他程序被宣告无效，故为合法有效票据。

从票面记载内容看，××62 号转账支票背书连续，系奥某公司出票给华夏某福公司后经背书转让给李文某，李文某与奥某公司并非直接前后手关系。现李文某与华夏某福公司的陈述表明李文某和华夏某福公司是两个不同的交易主体，华夏某福公司与奥某公司、李文某之间系不同的法律关系，奥某公司主张李文某是华夏某福公司的员工，但并无证据佐证。故其抗辩意见不能推翻票面记载的奥某公司与李文某非直接前后手关系。依据我国票据法，票据债务人不得以自己与出票人或者与持票人的前手之间的抗辩事由，对抗持票人。李文某经华夏某福公司背书转让后成为持票人，依法享有票据权利。该支票被银行拒付，现无证据表明奥某公司已另行支付相应票款，李文某向奥某公司主张××62 号转账支票票款及利息符合法律规定，本院予以支持，但依据票据法规定，持票人可主张的利息应自票据到期日或提示付款日起算，故该支票票款相应利息的起算时间应为 2018 年 8 月 9 日。此外，依据中国人民银行的相关公告，自 2019 年 8 月 20 日起，中国人民银行授权全国银行间同业拆借中心于当月 20 日公布贷款市场报价利率，故自 2019 年 8 月 20 日后，利息计算标准应调整为按照全国银行间同业拆借中心公布的贷款市场报价利率计算。李文某不符合上述规定的利息请求本院一并予以调整。

关于××66 及××67 号转账支票。本案中奥某公司认可开具支票是为支付不锈钢制品货款，对收取款项的主体提出异议。首先，支票是出票人签发的，委托办理支票存款业务的银行或者其他金融机构在见票时无条件支付确定的金额给收款人或者持票人的票据。奥某公司制作支出凭单、填写支票存根均明确支票款用于奥某公司支付华夏某福公司 2018 年 1 月及 3 月货款，但交付该二支票时并未填写收款人。故应认为奥某公司授权收款人补记。我国票据法规定，支票上未记载收款人名称的，经出票人授权可以补记。因此，无论李文某和华夏某福公司系劳务关系或合作关系，奥某公司应向合法持票人支付票款均是明确无误的。其次，票据可以非经背书转让。华夏某福公司认同李文某取得××66、××67 号转账支票后将自己填写为收款人并主张票款，李文某取票时签署支票存根及支出凭证，知晓该款项是奥某公司用于支付华夏某福公司的货款，说明奥某公司向华夏某福公司付款、华夏某福公司将款项支付给李文某的事实，李文某及华夏某福公司是一致认可的。换言之，李文某和奥某公司只是票面记载的直接前后手关系，至于奥某公司能否以其与华夏某福公司之间的原因关系抗辩李文某行使票据权利，本院认为，当事人对自己提出的诉讼请求所依据的事实或者反驳对方诉讼请求所依据的事实，应当提供证据加以证明，但法律另有规定的除外。在作出判决前，当事人未能提供证据或者证据不足以证明其事实主张的，由负有举证证明责任的当事人承担不利的后果。奥某公司虽称其已向华夏某福公司陆续支付完毕相应票款，但其提交的银行转账记录时间、金额均与涉案支票不相吻合，华夏某福公司对此亦不予认可，考虑到奥某公司与华夏某福公司均确认双方在 2018 年 8 月后仍有交易往来且款项尚未结清，奥某公司的相关付款行为更无从确认系为支付哪笔欠款。从财务管理方面分析，奥某公司作为市场经济中的法人主体，合法合规经营，应知转账支票具有结算作用，交付票据后如有另行付款却既不收回相应支票，也不要求票据权利人出具收款的说明，更没有采取其他限制持票人权利的措施，也有违正常财务流程。因此奥某公司以其与华夏某福公司之间的关系抗辩，依据不足，本院不予采信。李文某持票主张票据追索权于法有据。如××62号转账支票的在先论述，李文某有权主张相应票款及利息，但相应利息的起算时间及计算标准亦均应予以调整（××66号转账支票的利息起算时间为2018年9月11日，××67号转账支票的利息起算时间为2018年8月24日）。

综上，北京市朝阳区人民法院依照《中华人民共和国合同法》第四十九条[①]，《中华人民共和国票据法》第十条、第十三条、第八十六条、第八十九条，《最高人民法院关于适用〈中华人民共和国民事诉讼法〉的解释》第九十条之规定，判决奥某公司于本判决生效之日起十日内支付李文某涉案三张中国工商银行转账支票的票面金额合计20.5万元及利息，驳回李文某的其他诉讼请求。

【法官后语】

票据为完全有价证券，持有票据为享有票据权利的前提。票据同时为流通证券，可以在不同的市场主体之间依序转让，持票人将票据权利转让给他人的行为使得票据得以发挥融通资金、汇兑、信用、支付等多种经济职能。我国票据法在立法层面充分保护和促进了票据在流通领域的灵活性和便捷性，使得票据权利的转让比其他类型债权的转让在程序和实体方面的审查义务更加清晰。

票据权利的转让应当通过背书形式，持票人以背书的连续证明其票据权利。这是票据背书转让行为文义性的具体体现。如非经背书转让而以其他合法方式获得票据权利则需依法举证证明。案涉三张支票，恰存在两种情形：

××62号转账支票的票面记载显示，出票人奥某公司与案外人华夏某福公司是直接前后手，华夏某福公司与李文某是直接前后手，奥某公司与李文某不是票据记载的直接前后手。我国票据法规定，票据债务人不得以自己与出票人或

---

① 对应现行《中华人民共和国民法典》第一百七十二条，下同。

者持票人前手之间的抗辩事由，对抗持票人。这既是对票据无因性原则的规定，又为票据无因性原则的例外留下余地。票据抗辩是法律赋予票据债务人的自我保护措施，允许其在特定条件下提出合法事由对票据权利人提出的请求予以拒绝，从而可以实现对票据权利人与票据债务人的利益进行衡平保护。根据最高法院关于票据纠纷案件若干问题的规定，票据债务人对持票人提出抗辩，以持票人与票据债务人有直接债权债务关系并且不履行约定义务为事由、以持票人明知票据债务人与出票人或者与持票人的前手之间存在抗辩事由而取得票据为事由的，法院应予支持。上述规定，一方面是票据关系与原因关系相分离的无因性原则的具体体现，另一方面也是特定情形下票据无因性原则的例外，通过票据关系与原因关系的合并审查，对作为直接前后手的票据债务人与票据权利人之间的利益进行全面衡量，一并解决，避免纠纷诉累。此时的票据抗辩发生于直接票据背书行为的直接前后手之间，而不及于非直接前后手。该张支票，原、被告并非直接前后手。原告作为合法有效票据的持票人，也是票据记载的权利人，有权向出票人被告主张票据权利。

××66号及××67号转账支票，票面记载原、被告系背书行为的直接前后手。形式上看符合适用《中华人民共和国票据法》第十条有关原因关系的规定进行票据抗辩。但是，从双方提交的证据和华夏某福公司法定代表人的证言来看，各方对该二支票系用于向案外人华夏某福公司支付交易价款的使用性质均予认可。区别在于，票据债务人奥某公司认为受让票据的二主体李文某、华夏某福公司存在劳务关系，不论是否背书都实为同一手，继而以其与华夏某福公司的原因关系作出票据抗辩。持票人李文某及案外人华夏某福公司则表示二者是合作关系，华夏某福公司将部分订单委托给李文某完成，奥某公司支付的款项最终是要支付给李文某的。事实上，一方面被告奥某公司未能就其主张的二者劳务关系举证。另一方面，奥某公司开具支票时明确了交易价款应当支付。就支票被退票后另行支付了价款也没有举证。鉴于此，可以认定该二支票是奥某公司开具给华夏某福公司，没有填写被背书人视为授权补记，华夏某福公司未背书将支票转让给李文某，李文某将自己补记为被背书人，奥某公司与华夏某福公司不存在直接的交易关系。虑及华夏某福公司与李文某之间转让票据的过程并没有通过背书的形式记载于支票票面上、李文某是直接从奥某公司取得支票等事实，实际审理中，法院还是对华夏某福公司与李文某之间是否存在原因关系、李文某取得支票时是否明知奥某公司与华夏某福公司之间存在抗辩事由、华夏某福公司退票后另付费等进行了审查，并结合举证责任等进行了相应的论述与判断，目的是依法保护票据权利人的正当权利、准确界定票据债务人的义务、兼顾衡量票据债务人、票据权利人、案外人之间的利益关系。

在审理票据纠纷案件时，应当正确理解票据行为无因性原则的立法目的，依法确认当事人之间的权利义务关系，既注重发挥票据在交易中的积极作用，又注重防范和化解票据市场风险，维护票据市场的交易安全。由于票据既可以背书转让也可以非经背书转让，故直接前后手的认定和审查是否仅以票据记载作为唯一的判断依据，原因关系抗辩的审查程度经常困扰审判实践。本案从行为人的票据责任、票据债务人的举证责任、不同主体间不同的法律关系对票据权利义务的影响等方面对两种情形一一进行论证，充分衡量了连续背书所能证明的票据权利与否定原因关系的票据抗辩事由的判断标准和举证责任，所得出的结果符合司法政策。为直接前后手原因关系的界定、审查范围、审查标准及其对票据权利义务关系的影响提供了一定的审理思路。

编写人：北京市朝阳区人民法院　李有光　杨成成

（三）票据利益返还请求权纠纷

27

票据利益返还请求权的诉讼时效

——航天研究所诉甲银行瑞安支行票据利益返还请求权案

【案件基本信息】

1. 裁判书字号

浙江省温州市中级人民法院（2020）浙03民终2671号民事判决书

2. 案由：票据利益返还请求权纠纷

3. 当事人

原告（上诉人）：航天研究所

被告（被上诉人）：甲银行瑞安支行

【基本案情】

航天研究所与上海中欧公司存在购销业务往来。2010年至2014年间，航天研究所为上海中欧公司开具了五份陕西增值税发票，合计金额26.326万元。上海中欧公司于2010年至2017年通过交付承兑汇票、银行转账方式共向航天研究所支付26.326万元。其中交付的一份票号为ga/010382××××的银行承兑汇票载明，出票人为中欧汽车电器有限公司，收款人为上海中欧公司，出票日期为2011年1月13日，汇票到期日为2011年7月13日，付款行为甲银行瑞安支行，出票金额为8万元。上海中欧公司将该份汇兑汇票背书转让给航天研究所。2019年，航天研究所向甲银行瑞安支行主张返还该笔汇票的相当款项未果。但该笔款项仍在甲银行瑞安支行处，除航天研究所外，至今尚无其他人就该份汇票向甲银行瑞安支行主张权利。随后，航天研究所于2019年12月向瑞安市人民法院提起民事诉讼，诉请判令甲银行瑞安支行返还票据权利8万元。

【案件焦点】

1. 航天研究所是否为涉案承兑汇票的合法持有人；2. 航天研究所是否为涉案承兑汇票的最终持票人；3. 航天研究所享有的票据利益返还请求权是否已过诉讼时效。

【法院裁判要旨】

浙江省瑞安市人民法院经审理认为：本案航天研究所系涉案承兑汇票的合法持有人，并推定航天研究所为该承兑汇票的最终持票人，但认为航天研究所的起诉已超过诉讼时效，因此判决驳回航天研究所的诉讼请求。

航天研究所不服一审判决，上诉到浙江省温州市中级人民法院。温州市中级人民法院经审理认为：一审法院判定航天研究所为票据合法持有人、推定航天研究所为票据最终持票人的决定并无不当，予以支持。但是，温州市中级人民法院认为一审法院以航天研究所的起诉超过诉讼时效为由，驳回其诉讼请求，处理不当。因此，温州市中级人民法院最终判决：

一、撤销一审判决；

二、甲银行瑞安支行于二审判决生效之日起十日内向航天研究所返还与票号为ga/010382××××的银行承兑汇票票面金额相当的利益8万元。

【法官后语】

纵观一审、二审法院判决结果，本案最关键的争议焦点在于航天研究所享有的票据利益返还请求权的诉讼时效问题。

一审法院认为该汇票到期日为2011年7月13日，行使票据权利的期限为2013年7月12日。在该期限届满后，票据权利已消灭，但权利人仍享有民事权利，可以请求出票人或承兑人返还其与未支付的票据金额对等的利益。但在适用诉讼时效的问题上，应适用一般诉讼时效规定，即当时有效的《中华人民共和国民法通则》规定的为期二年的诉讼时效[①]。原告在2019年才向被告主张权利，未有证据证明诉讼时效存在中止、中断情形，其提起诉讼已超出诉讼时效，丧失胜诉权。

航天研究所上诉时主张，航天研究所财务人员于2019年6月份到甲银行瑞安支行第一次沟通涉案票据款项支付事宜，甲银行瑞安支行告知该笔款项至今已有6年多无人申请支付，甲银行瑞安支行需要法院相关裁判文书作为支付的依据。航天研究所于2019年9月份，向一审法院申请公示催告程序，因票据权利丧失而被告知需要以票据利益返还请求权纠纷为由走诉讼程序，此时，航天研究所才知晓其享有该项权利，依据相关法律规定，本案的诉讼时效应从航天研究所知道该项权利受到侵犯之日起算，因此，航天研究所主张的权利仍在诉讼时效内。

二审法院认为在票据权利因超过票据时效而导致消灭后，案涉票据所载款项转为银行一般代管款项性质，依据《最高人民法院关于审理民事案件适用诉讼时效制度若干问题的规定》第一条之规定，票据利益返还请求权系不适用诉讼时效的债权请求权，故而对甲银行瑞安支行的诉讼时效抗辩不予支持。

具体剖析一审、二审法院与航天研究所各自所持观点，我们会发现如下结论：实际上，一审法院与航天研究所的主张均认同票据利益返还请求权适用诉讼时效，但就诉讼时效的起算点存在着争议，即票据利益返还请求权诉讼时效是自票据权利时效期间届满之日起算，还是从拒付之日起算；相反，二审法院却“另辟蹊径”，直接认定票据利益返还请求权并不适用诉讼时效，在前提条件上否定了一审法院与航天研究所的主张。

实际上，笔者通过查阅相关资料及案例，发现理论界与实务界均普遍认定票据利益返还请求权系适用诉讼时效的债权请求权，但就起算点存在争议，诚如一审法院与航天研究所之间的主张差异。那么，二审法院直接否定票据利益

① 《中华人民共和国民法典》已对一般诉讼时效期间作出变更，下同。

返还请求权适用诉讼时效的观点是否具有合理性与合法性呢？

笔者关注到，二审法院在说理部分将因超过票据时效而丧失票据权利的票据所载款项性质认定为银行一般代管款项性质，即类似于存款的性质。而二审法院正是基于此前提，才将票据利益返还请求权认定为不适用诉讼时效的债权请求权。因此，在探讨二审法院观点合理性之前，有必要对票据所载款项的性质作出认定。

案涉票据是银行承兑汇票，即由在承兑银行开立存款账户的存款人签发，向开户银行申请并经银行审查同意承兑的，保证在指定日期无条件支付确定的金额给收款人或持票人的票据。其本质是把企业之间的商业信用转化为银行信用，利用银行信用作为交易背书，促进交易展开。由于银行需要做信用担保，银行都会对委托开具银行承兑汇票的企业有一定要求，一般情况下会要求企业存入保证金。

根据《中国人民银行关于印发〈存款统计分类及编码标准（试行）〉的通知》（银发〔2010〕240 号），银行承兑汇票保证金存款指金融机构为客户开立的商业汇票提供承兑服务按规定收缴的保证金存款，即银行承兑汇票保证金本质系出票人的存款。又根据《中国人民银行关于银行承兑汇票保证金冻结、扣划问题的复函》（银条法〔2000〕9 号），银行承兑汇票保证金放在承兑银行自己专门设立的保证金账户，是出票人提供的承担最后付款责任的担保。此保证金存入保证金账户后，其支付、划出均受到银行的限制。若承兑银行已兑付了该银行承兑汇票且出票人未能履行最后付款责任，承兑银行有权以该银行承兑汇票的保证金优先受偿。

综上分析，票据所载款项最终实际上指向出票人在承兑行中所存的保证金，而该保证金本质上属于存款性质。因此，票据所载款项也可被认定为具有银行一般代管款项性质，基于《最高人民法院关于审理民事案件适用诉讼时效制度若干问题的规定》第一条的规定，票据所载款项所产生的债权请求权不适用诉讼时效。

即便票据所载款项确实为存款性质，但其本质系由出票人所缴纳，持票人是否能够基于票据利益返还请求权取得票据所载款项?

票据进入流通途径的启动人是出票人，而汇票经承兑人的承兑，使得票据权利能够确定，持票人的票据权利就由期待权转变为现实的权利。根据《中华人民共和国票据法》第十八条对票据利益返还请求权产生前提的规定可知，票据利益返还请求权本质是一项救济权。所谓的救济权，是指原权益受到侵害而产生的权利，其目的在于保护、恢复受损害的权益。票据利益返还请求权也正是基于衡平理念而产生，用于保护、恢复持票人因法律规定较短的权利和较严格的保全手续而丧失的权益。因此，在票据权利人丧失票据权利后，免除的是出票人后手债务人的责任，并且为补救持票人票据上的利益损失、加剧票据权利始作俑者的责任，遂规定最终债务人为出票人与承兑人。具体到本案，航天研究所有权选择向出票人上海中欧公司或承兑人甲银行瑞安支行主张返还票据权利，但因航天研究所与出票人上海中欧公司并无直接债权债务关系，相较向出票人追偿，航天研究所选择向承兑人追偿更便利与快捷。

编写人：浙江省瑞安市人民法院　林瑞　朱文亮

28

票据利益返还请求权在公示催告程序中的运行路径

——海某消防公司申请公示催告案

【案件基本信息】

1. 裁判书字号

北京市西城区人民法院（2019）京0102民催41号民事判决书

2. 案由：申请公示催告

3. 当事人

申请人：海某消防公司

【基本案情】

2016年8月26日，新某国能公司作为出票人，以森某瑞公司为收款人签发银行承兑汇票一张，付款行为甲银行北京分行，付款日期为2017年2月26日(以下简称为案涉汇票)。此后，海某消防公司通过背书转让取得案涉汇票，却因故丢失。2019年10月9日，海某消防公司向北京市西城区人民法院申请公示催告。

【案件焦点】

票据权利消灭且票据丧失的合法持有人能否通过公示催告程序向票据利益返还义务人请求支付款项。

【法院裁判要旨】

北京市西城区人民法院经审理认为：海某消防公司的公示催告申请符合受理条件，并向甲银行送达停止支付通知书。案涉汇票的票据信息与公示催告的申请于2019年10月23日在人民法院报刊登公告。公告期内无人申报异议，海某消防公司亦于公告期满后向北京市西城区人民法院申请除权判决。虽然案涉银行承兑汇票票据权利时效已经届满，但持票人所享有的权利并不必然随之消灭，而是转化为票据利益返还请求权。因后者仍有支付内容，可以继续适用公示催告程序。

综上，北京市西城区人民法院依照《中华人民共和国票据法》第十八条、《中华人民共和国民事诉讼法》第二百二十二条的规定，判决如下：

确认票号为31600051-2086××××；出票金额为188370元；出票人为新某国能公司；收款人为森某瑞公司；出票日期为2016年8月26日；付款行为甲银行北京分行的银行承兑汇票无效。

自本判决公告之日起，申请人海某消防公司可以向支付人请求返还与未支付的票据金额相当的利益。

【法官后语】

就本案争议，有观点认为若申请人怠于行使票据权利，未能在承兑汇票到期日起有效时效内申请公示催告，则该公示催告申请不属于受案范围，法院应当不予受理或在受理后裁定驳回起诉。关于超出票据权利时效的救济途径，则应由申请人向承兑人提起票据利益返还之诉，并由承兑人向申请人返还与该银行承兑汇票金额相当的票据利益。

笔者认为，虽然这一观点确实严格符合《中华人民共和国民事诉讼法》第二百一十八条的文义解释结论，但在票据实务层面却可能导致公示催告程序的核心功能无法发挥，由此进一步导致即使申请人对承兑人提起票据利益返还之诉，仍然无法确认最后合法持票人的身份。而对于付款程序，后者才是最为关键的环节。因此，本文认为通过公示催告程序解决这一争议，相对而言更具有合理性。理由详述如下：

一、票据利益返还请求权性质的厘定

根据《中华人民共和国票据法》第十七条第一款第一项之规定，持票人对出票人和承兑人的票据权利，自票据到期日起两年内未行使的，归于消灭。但是，票据权利消灭并不等于持票人彻底丧失所有权利。《中华人民共和国票据法》第十八条规定，持票人因超过票据权利时效而丧失票据权利的，仍享有民事权利，可以请求出票人或者承兑人返还其与未支付票据金额相当的利益。此即为票据利益返还请求权的法律依据。

虽然学界对票据法将票据利益返还请求权的本质颇有争议，主体观点包括："民事权利说""（修正的）票据权利说""损害赔偿请求权说""不当得利请求权说"和"票据法上特别权利说"。[①] 本文则认为基于票据法作为商事特别法的根本属性，以及票据利益返还请求权属于票据权利因特定事项而转化后的产物，在界定该权利属性时有必要坚持其票据法上的特性。因此，"票据法上特别权利说"显然更有说服力。根据该学说，票据利益返还请求权并非纯粹的民事权利，而是票据法所规定的一项特别权利。对此票据法有规定的，优先适用票据法的特别规定。票据法上没有特别规定的，参照适用民法的一般规定。这也是

① 五种学说内容详见曾大鹏：《为我国票据利益返还请求权制度辩护——基于〈票据法〉第18条的法教义学分析》，载《华东政法大学学报》2020年第5期。

特别法与一般法均可适用同一对象时，特别法优先适用这一基本法理的体现。①

二、公示催告程序的核心功用在于特定化票据最后合法持有人的身份，普通民事诉讼程序难以实现这一目的

（一）公示催告程序存在的必要性

票据作为一种实体化的证券，通常而言，相对人可以通过票据记载事项以及持票人占有票据本体的事实，确认持票人即为票据权利人。但若票据本体丧失，持票人当然不能继续凭借其对票据本体的占有状态，对外公示其为票据权利人。此时唯有统一由某一本身具备公信力的机关，通过向全社会公示持票人身份、票据记载事项等必要信息，征询有无利害关系人的方式，才能确认某人是否确为最后持票人。

大陆法系国家为此设计的普遍方案即为公示催告制度。“公示催告是丧失票据的人在丧失票据后申请法院宣告票据无效而使票据权利与票据相分离的一种制度。”② 作为有价证券，物理实体存在的票据本体承载了抽象意义的票据权利。而公示催告程序则发挥着将票据权利从票据本体剥离，并将其转移至除权判决书上的制度功能。通过公示催告程序所包含的公告步骤，法院便能够推定在无人申报权利的情况下，申请人即为票据本体的最后一手持有人。此时法院制作的除权判决能够在实体上替代已经丧失的票据本体，继续承载仍然存续的票据权利。

（二）票据利益返还之诉中法院无法依职权启动公告程序

如前所述，失票人自证其为最后合法持票人必须经过公告程序，否则无法替代占有票据本体所发挥的公示效果，不能使相对人（包括人民法院）合理信赖其主张。对此需求，立法成熟的公示催告程序完全可以满足。但对于票据利益返还之诉这一普通民事诉讼，不难发现该诉讼本身的构造并不能与这一目的相容。

在票据利益返还之诉中，存疑的失票人作为原告，起诉承兑人等支付人要

---

① 于莹：《利益偿还请求权研究》，载《法制与社会发展》2000年第1期。

② 谢怀栻：《票据法概论（增订版）》，法律出版社2006年版，第92页。

求后者返还相当于票面金额的款项。就请求权基础而言虽然没有障碍，但若从承兑人作为被告的立场出发，不难发现承兑人完全没有能力对失票人的身份作出确认。票据作为高度发达的支付工具，承兑人对票据作出承兑后，完全无须关心票据本体以及票据权利的流转，因此承兑人也没有能力对原告是否即为合法票据权利人作出识别。而法院虽然负有审查原告是否适格的职责，但在无法为潜在的利害关系人提供介入渠道的情况下，仅凭依职权对原告方的询问当然无法确保原告即为适格当事人。而原告方显然也没有诉讼法上的义务主动申请以潜在利害关系人为送达对象刊登公告。因此，案涉票据最后合法持票人的身份识别问题，在票据利益返还之诉的诉讼路径中客观上无法解决。

三、保障失票人通过公示催告程序行使票据利益返还请求权的合理性分析

如前所述，票据权利与票据利益返还请求权犹如一枚硬币的两面，两者均为票据法所创设的特别商事权利。在票据法与民事诉讼法存在特别规定的情况下，不应退而求其次选择民法一般规定或普通民事诉讼程序。否则便会面临如前文所述类似于持票人身份无法核验等难以解决的票据实务问题。此外，学界也普遍认为失票人通过公示催告程序获得的除权判决可以作为行使票据利益返还请求权的权利凭证。如王尚文、郭真在其《论票据利益返还请求权》一文中认为，失票人“除非出示除权判决，否则无从证明其曾经享有票据权利，进而不符合票据利益返还请求权的成立条件”。[①] 曾大鹏也认为，“票据是完全有价证券，具有文义性和提示证券性，是‘权券合一’的精巧设置，这就决定了持票人只有合法持有票据或出示除权判决，方可行使票据利益返还请求权。否则，如何识别持票人或权利人身份、出票人或承兑人的身份等问题将一筹莫展”。[②]

综上所述，笔者认为因权利时效超过而导致票据权利消灭的票据仍然承载票据利益返还请求权，持票人行使该权利仍需持有票据本体，或通过公示催告程序所取得同样满足公示公信原则基本要求的除权判决。在此意义上，唯有作

---

① 王尚文、郭真：《论票据利益返还请求权》，载《法学论坛》2002 年第 5 期。

② 曾大鹏：《为我国票据利益返还请求权制度辩护——基于〈票据法〉第 18 条的法教义学分析》，载《华东政法大学学报》2020 年第 5 期

为失票救济特别程序的公示催告程序才能有效实现这一程序目的。相比之下，作为普通民事诉讼的票据利益返还之诉无法圆满解决识别最后持票人身份的技术障碍。因此本案例所代表的诉讼方案无论从理论还是实务层面，均为更合理之路径。

编写人：北京市西城区人民法院　宋健

利人范围，符合司法解释的规定。最后，各方当事人对一审裁定确定的权利人范围均未申请复议，一审法院依据生效裁定发出权利登记公告，已经以公告方式对裁定书确定的案涉虚假陈述实施日和揭露日进行了通知。刘某某系在一审法院发出权利登记公告后加入本案代表人诉讼，其主张并不知晓案涉虚假陈述实施日已确定、一审法院以裁定方式确定虚假陈述实施日属程序违法以及一审法院未向其送达裁定书或告知裁定内容系剥夺其知情权的上诉意见，于法无据。

（二）认定结果方面。首先，从刘某某加入代表人诉讼的行为来看，应认定为其对一审法院确定的虚假陈述实施日予以认可。其一，根据《代表人诉讼若干规定》第十条的规定，权利登记公告前已就同一证券违法事实提起诉讼且符合权利人范围的投资者具有诉讼程序的选择权，其可以选择不加入代表人诉讼，原诉讼继续进行。刘某某在本案权利登记公告前已经起诉，其撤回起诉并加入代表人诉讼的行为应视为对一审法院公告的权利人范围的认可。其二，《代表人诉讼若干规定》第十六条规定赋予了投资者退出权，即普通代表人诉讼中，投资者对推选出的代表人不满意的，有权撤回权利登记并另行起诉。本案中，一审法院依法组织了代表人推选，并对推选结果予以公告，多名投资者在推选结果公告发布后撤回了权利登记，但刘某某并未选择撤回权利登记，应视为其对所推选的代表人的认可。其三，一审法院发布的公告中已对《代表人诉讼若干规定》第七条第二款规定的内容予以提示，刘某某参加登记的行为依法应视为对代表人特别授权，代表人有权代表刘某某对虚假陈述实施日予以确认。综上所述，在法律赋予刘某某诉讼程序选择权的情况下，其虽表示对一审法院确定的虚假陈述实施日存有异议但仍坚持参加代表人诉讼，即应被认定为其实际接受了代表人的诉讼行为和主张，此亦为代表人诉讼制度的基本特征和功能。其次，从飞某音响公司 2017 年 7 月 13 日发布的《2017 年半年度业绩预增公告》内容来看，该公告披露的业绩预增系预测性信息，相较于客观事实陈述，对预测性信息能否构成虚假陈述，应作更加严格、审慎的认定。一方面，飞某音响公司在披露该项预测性信息时，已对构成业绩预增的基础财务数据可能存在不准确等重要因素作出了一定程度的风险警示。另一方面，案涉《行政处罚决定书》认定飞某音响公司在《2017 年半年度报告》《2017 年第三季度报告》中存在虚增营业收入、虚增利润的虚假陈述行为，而对 2017 年半年度、第三季度业绩预增公告仅认定为不准确。即监管部门并未直接认定《2017 年半年度业绩预增公告》存在虚假记载的行为。因此，就本案而言，飞某音响公司发布的《2017 年半年度业绩预增公告》虽然被认定为不准确，但在飞某音响公司已就影响该预测实现的因素进行明确风险提示的情形下，该业绩预增公告并不能当然构成虚假陈述。最后，从案涉《2017 年半年度业绩预增公告》发布后的市场反应情况来看，自该公告发布之日起飞某音响公司股价出现了连续三个交易日的下跌，与诱多型虚假陈述导致股价虚增的通常市场反应完全相悖。而《2017 年半年度报告》发布后，飞某音响公司股票价格和成交量连续三个交易日明显上涨。由此可见，《2017 年半年度业绩预增公告》所发布的预测性信息并未对投资者的投资决策产生明显的误导，更难谓构成使投资者对其投资行为发生错误判断并产生重大影响的误导性陈述。综合上述分析，飞某音响公司于 2017 年 7 月 13 日发布的《2017 年半年度业绩预增公告》难以构成虚假记载或误导性陈述等虚假陈述行为，而在一审各方当事人一致确认虚假陈述实施日为 2017 年 8 月 26 日的情形下，一审法院对案涉虚假陈述实施日所作的认定，并无不当。

二、关于虚假陈述与投资行为之间的因果关系问题

《最高人民法院关于审理证券市场因虚假陈述引发的民事赔偿案件的若干规定》（以下简称《虚假陈述案件若干规定》）第十八条规定了应当认定存在因果关系的三项条件，即投资人所投资的是与虚假陈述直接关联的证券；投资人在虚假陈述实施日及以后，至揭露日或者更正日之前买入该证券；投资人在虚假陈述揭露日或者更正日及以后，因卖出该证券发生亏损，或者因持续持有该证券而产生亏损。即《虚假陈述案件若干规定》系采用“推定信赖”的原则，确定投资者投资行为与虚假陈述之间的因果关系存在与否，只要《虚假陈述案件若干规定》设定的有关基础事实得到证明，就可以推定该因果关系存在。根据一审法院调取并经各方确认的证券交易记录，本案投资者的投资行为

均符合上述三项条件，应推定投资行为与虚假陈述之间存在因果关系。

飞某音响公司提出投资者买入其股票系受行业政策利好及公司经营利好所影响，但其提供的证据尚不足以否定对上述因果关系的推定。一方面，飞某音响公司为证明其主张提交了半导体照明产业“十三五”发展规划和飞某音响公司收购股份完成交割的公告作为证据，但上述消息发布时间与案涉虚假陈述对市场产生影响的时段存在重合，不能仅以此否定投资者的交易决策系基于对虚假陈述的信赖。另一方面，上述消息公布后，飞某音响公司股票成交量和股价均未发生明显变化，说明该两项所谓利好消息并未对投资者的交易决策造成实质影响。综上，飞某音响公司并未提供充分有效的证据否定投资者交易行为与案涉虚假陈述之间存在因果关系，其该项主张难以成立。

三、关于损失核定机构和核定方法问题

关于损失核定机构的选定，因各方当事人对委托机构不能达成一致，一审法院依据《代表人诉讼若干规定》第二十四条第一款的规定通过随机抽取的方式确定损失核定机构，程序并无不当。飞某音响公司虽对中某法律服务中心的中立性存有异议，但其并无证据证明中某法律服务中心在损失核定过程中存在足以影响公正性的行为，且中某法律服务中心的损失核定方法和意见均向当事人公开，损失核定人亦在一审期间出庭接受质询，对核定方法予以详细说明，故飞某音响公司关于一审法院损失核定机构选定不当的上诉意见，缺乏事实依据。

关于具体核定方法，目前不同损失核定机构采用的计算方法确实存在一定差异，但均有其各自的考量因素和内在逻辑体系。鉴于损失核定的专业性和复杂性，在当事人无法就损失核定机构选定达成一致的情况下，采用随机抽取方式能实现选定程序的公平，从而最大程度保证核定结果的合理性。本案中，首先，对持有多个证券账户的投资者采用合并账户计算方法，并不必然导致投资损失差额增加，与分账户单独计算相比，合并账户计算也并不一定对投资者更为有利。因此，在损失核定机构对本案所有投资者均采用合并账户计算方法的情况下，即便个别投资者因此计算的损失差额较高，也不影响计算方法本身的公平合理性。其次，中某法律服务中心采用同步指数对比法对证券市场系统风险导致的损失予以扣除，该核定方法将投资者每笔买入股票数量与参考指数当日收盘数值相对应，即将投资者具体交易情况与同期指数变动进行同步比对，充分考虑了不同投资者的实际交易情况，体现了更加客观、精准的计算特点，具有相当程度的合理性。最后，飞某音响公司主张因其自身经营管理缺陷等原因亦导致了投资者部分损失，但上市公司自身经营风险是否属于《虚假陈述案件若干规定》第十九条第一款第四项规定的“其他因素”，尚未有明确规定。在此情况下，应结合具体经营风险因素对股价的影响作出谨慎认定。飞某音响公司提交的《2017 年度内部控制评价报告》和《2018 年年度报告》发布时间均在本案虚假陈述揭露日之后，基本超出了虚假陈述对市场产生影响的时段，且飞某音响公司亦未提供证据证明上述报告发布对股价是否产生实质影响。综上所述，刘某某和飞某音响公司关于本案损失核定方法的上诉理由，均不能成立。

四、关于律师费的赔偿标准问题

本案系适用普通代表人诉讼程序进行审理，对于律师费的赔偿金额应结合代表人诉讼程序的特点予以综合考量认定。代表人诉讼涉及的人数众多、地域分布广泛、标的额较大，诉讼程序相对新颖、复杂，诉讼结果将对后续案件产生重大影响，故代表人委托的律师在代理过程中需要投入更多的精力，付出更高的成本。因此，一审判决在重点考量投资者人数、标的金额、案件难易程度、律师工作量等因素的基础上，参考本案诉讼规模，酌定按人均 3000 元的标准确定飞某音响公司应负担的律师费，并无不妥。而且，就本案涉及 315 名投资者及 1.2 亿余元诉讼标的额的实际情况而言，一审判决酌定的律师费标准远低于普通个案诉讼通常收费标准。

五、关于刘某某针对通知费和律师费的上诉主张问题

首先，一审法院系判决飞某音响公司向代表人支付通知费和律师费，刘某某并非上述费用的义务主体或权利主体，其对此判决事项并无诉的利益，缺乏提起上诉的权限，故就刘某某提出的该项上诉请求，无须进行审查。其次，刘

某某主张诉讼代理人未尽职责，影响其诉讼权利的行使，此系诉讼当事人与代理人之间关于委托代理合同的纠纷，不属于本案审理范围。最后，即便认为刘某某与涉及自身的通知费和律师费存在对应关系，刘某某的该项上诉请求亦不能成立。因为在普通代表人诉讼中，刘某某参加登记即视为对代表人特别授权，代表人的诉讼权限包括委托诉讼代理人。一审期间，代表人代表本案全体投资者共同委托了诉讼代理人，刘某某亦认可诉讼代理人向其提供了通知相关诉讼事项的服务，其现要求在一审判决确定的通知费和律师费中剔除涉及刘某某的部分费用，于法无据。

上海市高级人民法院判决：驳回上诉，维持原判。

【法官后语】

集体诉讼制度是资本市场基础制度的重要组成部分。《最高人民法院关于证券纠纷代表人诉讼若干问题的规定》出台，标志着证券集体诉讼制度在我国真正落地。作为该司法解释施行后全国首例证券纠纷普通代表人诉讼案件，本案对普通代表人诉讼中的几个主要问题予以了明确：一是人民法院在发出权利登记公告前具有对权利人范围的先行审查权，可以通过阅卷、调查、询问和听证等方式对虚假陈述实施日、揭露日等被诉证券侵权行为基本事实进行审查，并以裁定方式确定权利人范围。投资者在人民法院发出权利登记公告后加入代表人诉讼，应视为对一审法院公告的权利人范围的认可。二是在普通代表人诉讼中，投资者对推选出的代表人不满意的有权撤回权利登记并另行起诉；投资者未行使退出权的，视为对代表人进行特别授权，并接受代表人在权限范围内的诉讼行为和主张所产生的结果。三是在当事人对损失核定机构不能达成一致时，人民法院可通过随机抽取的方式确定损失核定机构，实现选定程序的公平，从而最大程度保证核定结果的合理性。四是在代表人放弃上诉的情况下，投资者可在规定期限内自行上诉，但投资者针对其自身的上诉内容需具有诉的利益，否则其不具有上诉的权限。

本案试用全新的诉讼程序及代表人诉讼制度，是《最高人民法院关于证券纠纷代表人诉讼若干问题的规定》出台后，普通代表人诉讼的首次全面实践。

通过本案的审理，一方面对普通代表人诉讼具体程序落实进行了积极的探索，另一方面对代表人诉讼中出现的投资者与代表人之间诉讼权利冲突问题明确了司法态度，对投资者刘某某上诉请求进行细致的说理辨析，确立了普通代表人诉讼中“明示加入”原则，即刘某某参加登记即视为对代表人特别授权，代表人的诉讼权限包括委托诉讼代理人等，故此应对一审期间代表本案全体投资者共同委托诉讼代理人的代表人行为予以接受。本案不仅为证券纠纷普通代表人诉讼制度的全面落实和完善以及司法效率的提升积累了有益的经验；更通过降低中小投资者维权成本、维护中小投资者正当权益，深刻践行了“让人民群众在每一个司法案件中感受到公平正义”；同时在维护多数投资者利益的同时，对个别投资者提出的差异化诉讼请求予以细致回应，体现了判决中情、理、法的交融。

编写人：上海市高级人民法院　张明良　刘志

30

证券虚假陈述责任纠纷揭露日的认定问题

——顾华某等诉康某药业股份有限公司证券虚假陈述责任案

【案件基本信息】

1. 裁判书字号

广东省广州市中级人民法院（2020）粤01民初2171号民事判决书

2. 案由：证券虚假陈述责任纠纷

3. 当事人

原告：顾华某等55326名投资者

被告：康某药业股份有限公司（以下简称康某药业）

【基本案情】

2001年3月19日，被告康某药业在上海证券交易所主板上市。康某药业先后披露了2016年、2017年年度报告及2018年半年度报告。2018年10月15日晚开始，网上陆续出现文章，质疑康某药业货币资金真实性，指出可能存在财务造假等问题。质疑文章被多家影响范围较大的媒体广泛转载，引起强烈反响。康某药业股票10月16日盘中一度触及跌停，收盘跌幅5.97%，此后连续三日以跌停价收盘，而同期（2018年10月16日至19日）上证指数跌幅为0.69%，医药生物（申万）指数（801150）跌幅为4.01%。同时，以“康某药业”为关键词的百度搜索指数、百度资讯指数、各类媒体转载指数在2018年10月16日之后均呈现爆炸性增长。

2018年12月29日，康某药业发布公告称其收到中国证监会《调查通知书》。后中国证监会作出的行政处罚决定认定：康某药业在2016年至2018年相关年报中存在虚假记载和重大遗漏，包括虚增货币资金、虚增固定资产、在建工程、投资性房地产及未按规定披露控股股东及其关联方非经营性占用资金的关联交易情况，并对相关实际控制人、高级管理人员的违法情节作出认定。

2021年2月18日，中国证监会作出行政处罚决定，认定：广东正某珠江会计师事务所（特殊普通合伙）（以下简称正某珠江）出具的康某药业2016年、2017年、2018年年度审计报告存在虚假记载，包括未获取充分适当的审计证据、审计存在缺陷等不符合相关会计准则的行为。

2020年12月31日，原告顾华某、刘淑某等11名投资者，向广东省广州市中级人民法院（以下简称广州中院）提起诉讼，请求判令被告马兴某、许冬某赔偿其投资差额损失、佣金、印花税及利息损失合计412228.20元；并请求判令被告康某药业、实际控制人、高级管理人员等对原告的上述损失承担连带责任。前述11名投资者共同推选顾华某、刘淑某为拟任代表人，同时请求诉讼请求相同并申请加入本案诉讼的其他投资者，一并提起普通代表人诉讼。

2021年3月26日，广州中院发布《普通代表人诉讼权利登记公告》，明确自2017年4月20日（含）至2018年10月15日（含）期间以公开竞价方式买入、并于2018年10月15日闭市后仍持有康某药业股票（证券代码：600518)，且与本案具有相同诉讼请求的投资者，可以于2021年4月25日之前登记加入本案诉讼。

2021年3月30日，原告顾华某、刘淑某等11名投资者向广州中院申请追加正某珠江、杨文某、张静某、刘某甲、苏创某为本案被告，请求判令前述五被告与马兴某、许冬某等被告承担连带赔偿责任。广州中院予以准许。

2021年4月8日，中证中小投资者服务中心有限责任公司（以下简称投服中心）接受了黄梅某等56名权利人的特别授权，向广州中院申请作为代表人参加诉讼。经最高人民法院指定管辖，广州中院适用特别代表人诉讼程序审理本案。

2021年4月16日，广州中院发布《特别代表人诉讼权利登记公告》，明确本案权利人范围。梅某某等9名投资者提交书面声明，表示退出本特别代表人诉讼。

广州中院委托投保基金对权利人范围内的投资者的损失进行测算。经测算，共计55326名投资者发生约48.66亿元损失，扣除系统风险后损失金额为正数的投资者人数为52037名，该52037名投资者扣除系统风险后损失金额总数为2458928544元。

【案件焦点】

本案所涉证券虚假陈述行为的揭露日确定问题。

【法院裁判要旨】

广东省广州市中级人民法院经审理认为：虚假陈述的揭露，是指虚假陈述被市场知悉、了解，不要求达到全面、完整、准确的程度，只要交易市场对揭露文章存在明显的反应，即使揭露文章仅是首发在自媒体而非官方媒体，也可认定市场知悉虚假陈述行为。据此，依据《中华人民共和国证券法》[①]（2014

---

① 修订后的《中华人民共和国证券法》已于2019年12月28日公布，并于2020年3月1日起施行，下同。

年修正）第六十三条、第六十九条、第一百七十三条，《中华人民共和国合伙企业法》第五十七条第一款，《最高人民法院关于审理证券市场因虚假陈述引发的民事赔偿案件的若干规定》第七条、第十七条、第十八条、第十九条、第二十条、第二十一条、第三十三条，《中华人民共和国民事诉讼法》第五十三条、第五十四条、第六十四条，《最高人民法院关于证券纠纷代表人诉讼若干问题的规定》第二十四条、第二十六条、第三十二条、第三十四条、第三十九条、第四十一条之规定，判决如下：

一、被告康某药业股份有限公司于本判决生效之日起十五日内，向原告顾华某、黄梅某等52037名投资者赔偿投资损失2458928544元。原告所获赔偿金额的计算方法为投资差额损失与相应的佣金、印花税、利息损失之和。其中投资差额损失=（买入均价-卖出均价或基准价）×持股数量×（1-证券市场风险因素的影响比例），买入均价采用第一笔有效买入后的移动加权平均法计算，多个账户应合并计算，证券市场风险因素采用个股涨跌幅与生物医药（申万）指数涨跌幅进行同步对比的方法扣除。佣金损失=投资差额损失×0.03%。印花税损失=投资差额损失×0.1%。利息损失=（投资差额损失+佣金损失+印花税损失）×0.35%×第一笔有效买入日至最后一笔卖出日或者基准日的实际天数/365天；

二、被告马兴某、许冬某、邱锡某、庄义某、温少某、马焕某对本判决第一项确定的被告康某药业股份有限公司债务承担连带清偿责任；

三、被告马汉某、林大某、李某、罗家某、林国某、李建某、韩中某、王某在本判决第一项确定的被告康某药业股份有限公司债务的20%范围内承担连带清偿责任；

四、被告江镇某、李定某、张某甲在本判决第一项确定的被告康某药业股份有限公司债务的10%范围内承担连带清偿责任；

五、被告郭崇某、张某乙在本判决第一项确定的被告康某药业股份有限公司债务的5%范围内承担连带清偿责任；

六、被告广东正某珠江会计师事务所（特殊普通合伙）、杨文某对本判决第一项确定的被告康某药业股份有限公司债务承担连带清偿责任；

七、驳回原告顾华某等55326名投资者的其他诉讼请求。

【法官后语】

虚假陈述行为的揭露日问题，属于证券虚假陈述责任纠纷案件中最重要的争点之一，在司法实践中亦有不同的认识。虚假陈述的揭露行为，需要满足揭露主体的权威性、揭露信息传播的广泛性、揭露行为的警示性、揭露内容与虚假陈述事实的一致性、揭露时间的首次性等条件。在《最高人民法院关于审理证券市场因虚假陈述引发的民事赔偿案件的若干规定》制定的时期，微博、微信等自媒体还未出现，网络论坛影响力也不大，司法实践中通常认定同时满足前述条件的揭露行为为证监会立案行为或者传统媒体刊发的文章。但在移动互联网蓬勃兴起的当今，微博、微信等自媒体发表的文章，经过权威媒体转发后，受众人数急剧增加，也可以对市场产生巨大影响。在此情况下，如仍拘泥于以证监会立案日期甚至作出行政处罚决定书日期为揭露日，将可能导致因关注到揭露文章而进行交易的投资者的权利无法得到保护。因此，即使揭露文章没有达到全面、完整、准确的程度，且仅是首发在自媒体而非官方媒体，只要该文章被权威媒体转载，且交易市场对揭露文章存在明显的反应，也可认定市场知悉虚假陈述行为。

2018年10月15日晚开始，网上陆续出现文章，质疑康某药业货币资金真实性，指出可能存在财务造假等问题。文章被多家影响范围较大的媒体广泛转载，引起强烈反响。康某药业股票10月16日盘中一度触及跌停，收盘跌幅5.97%，此后连续三日以跌停价收盘，而同期（2018年10月16日至19日）上证指数跌幅为0.69%，医药生物（申万）指数（801150）跌幅为4.01%。同时，以“康某药业”为关键词的百度搜索指数、百度资讯指数、各类媒体转载指数在2018年10月16日之后均呈现爆炸性增长。

2018年12月29日，康某药业发布公告称其收到中国证监会《调查通知书》，该公告发布后第一个交易日，康某药业股价跌停，且4个交易日内股价跌幅超过20%。

从前述事实来看，无论是2018年10月16日的揭露文章，还是2018年12

月29日监管部门立案调查公告，交易市场均作出了明显的反应，起到了揭露可能的违规行为和警示投资者的效果；同时揭露文章被多家权威媒体转载，而立案调查决定更是由行业监管部门作出，揭露主体的权威性要求均获得满足；康某药业因为涉嫌信息披露违规被立案后，被查明确实存在财务造假等信息披露违规行为，也证实了揭露文章对康某药业财务报告真实性的质疑，符合揭露内容与虚假陈述事实的一致性要求；但从时间节点角度考察，2018年10月16日早于2018年12月29日，仅有2018年10月16日的揭露行为满足揭露行为的首次性要件。因此，本案的虚假陈述揭露日，应当确定为2018年10月16日。

编写人：广东省广州市中级人民法院　王泳涌

31

证券虚假陈述责任案件中证券服务机构责任范围认定

——李某某、周某某诉中某科股份有限公司等证券虚假陈述责任案

【案件基本信息】

1. 裁判书字号

上海市高级人民法院（2020）沪民终666号民事判决书

2. 案由：证券虚假陈述民事责任纠纷

3. 当事人

原告（被上诉人）：李某某、周某某

被告（上诉人）：招某证券股份有限公司（以下简称招某证券公司）、瑞某会计师事务所（特殊普通合伙）（以下简称瑞某事务所）

被告：中某科股份有限公司（以下简称中某科公司）、中某消技术有限公

司（以下简称中某消技术公司）、广东华某律师事务所（以下简称华某律师事务所）

【基本案情】

上海飞某股份有限公司系在上海证券交易所上市的公司，于2015年3月24日变更为中某消股份有限公司，2018年5月23日变更名称为中某科公司。

2014年，中某科公司实施重大资产重组，通过向深圳市中某汇志投资有限公司（以下简称中某汇志公司）非公开发行股份的方式购买中某汇志公司持有的中某消技术公司的100%股权。2014年4月25日，瑞某事务所出具瑞某专审字〔2014〕48340003号审计报告，对中某消技术公司及其子公司的财务报表进行了审计。同日，瑞某事务所出具编号为瑞某核字〔2014〕48340008号《中某消技术有限公司盈利预测审核报告》，对中某消技术公司作出的盈利预测进行了审核。2014年6月10日，招某证券公司出具《关于上海飞某股份有限公司重大资产出售、发行股份购买资产并募集配套资金暨关联交易之独立财务顾问报告》。该报告中，招某证券公司承诺其已按照法律、行政法规和证监会的规定履行了尽职调查义务，有理由确信重组报告书符合法律、法规和证监会及上海证券交易所的相关规定，所披露的信息真实、准确、完整，不存在虚假记载、误导性陈述或者重大遗漏。2014年6月10日，华某律师事务所出具《关于上海飞某股份有限公司重大资产出售、发行股份购买资产并募集配套资金暨关联交易之法律意见书》。

2019年5月31日，中某科公司发布关于收到证监会《行政处罚决定书》《市场禁入决定书》的公告。证监会认定：1. 中某消技术公司在实际未中标任何县（市、区）工程（样板工程除外），在原提供的“班班通”项目《盈利预测报告》不真实、不准确的情况下，未及时重新编制并提供《盈利预测报告》，导致评估结论严重失实，置入资产评估值严重虚增。2. 中某消技术公司在“智慧石拐”项目尚未招标、不符合收入确认条件情况下按完工百分比法确认项目收入，2013年度经审计的财务报告存在虚假记载。3. 中某消技术公司2013年就“BT”项目虚增营业收入，2013年度经审计的财务报告存在虚假记载。证监会认定上述行为构成证券虚假陈述，行政处罚对象包括中某科公司、中某消技术公司、中某汇志公司及相关责任人员等。

本案审理过程中，根据中某科公司的申请，法院委托上海交通大学中国金融研究院对投资者因虚假陈述导致的投资差额损失进行核定。

李某某等向上海金融法院起诉，请求判令中某科公司、中某消技术公司、招某证券公司、瑞某事务所、华某律师事务所连带赔偿各项经济损失（含投资差额损失、佣金损失、印花税损失、利息损失等）。庭审中，李某某等放弃有关佣金及利息损失的诉讼请求，并同时明确印花税损失按照投资差额损失的千分之一计算。

【案件焦点】

招某证券公司、瑞某事务所、华某律师事务所等证券服务机构在证券虚假陈述责任案件中的责任范围认定。

【法院裁判要旨】

上海金融法院经审理判决：

一、中某科公司应向周某某支付投资差额损失 155538.88 元，佣金和印花税损失 233.31 元；

二、中某科公司应向李某某支付投资差额损失 72189 元，印花税损失 72.19 元；

三、中某消技术公司、招某证券公司、瑞某事务所对中某科公司上述第一、二项付款义务承担连带责任；

四、驳回周某某、李某某的其余诉讼请求。

后招某证券公司、瑞某事务所不服一审判决，提起上诉。

上海市高级人民法院经审理认为：一、招某证券公司和瑞某事务所是否勤勉尽责应视其是否按照相关法律、行政法规、部门规章和行业执业规范等，对所依据的文件资料内容进行核查和验证。（一）就案涉“班班通”项目，招某证券公司如果采取一定的调查手段，例如函询、访谈、现场走访、查询公开招投标信息等方式，应可发现中某消技术公司在已经启动的项目中并未中标的事实。招某证券公司出具《独立财务顾问报告》时，除了获取中某消技术公司提供的框架协议和当地有关政策性文件之外，并无充分证据表明对该重点项目的实际进展情况予以审慎核查。此外，招某证券公司知悉“班班通”项目的真实情况后，应对之前的评估值以及交易定价的合理性和公允性提出质疑，但其在后续更新的财务顾问报告中，仍然认可了之前的收益、预测数据和评估值，未及时采取有效行为。因此，招某证券公司出具《独立财务顾问报告》过程中，未充分尽到勤勉尽责义务。（二）案涉“智慧石拐”项目中，瑞某事务所向石拐区人民政府发送落款时间为2014年1月24日的《企业询证函》，但该函件未显示对方的任何回复或确认内容，但瑞某事务所制作的复核日期同样为2014年1月24日的《应收账款函证回函结果明细表》记载该项目已收回函证且确认销售金额5000万元。就该审计工作底稿中如何列示“回函确认销售金额”，其未给予合理解释。此外，瑞某事务所未提供证据证明其实施了必要审计程序，对“智慧石拐”项目的实际开工情况、施工进展、完工进度等缺乏应有的关注以及必要的数据复核。据此，某会计师事务所在出具案涉审计报告过程中，存在未勤勉尽责的情形。

二、招某证券公司和瑞某事务所的赔偿责任范围应如何确定。关于证券服务机构对投资者损失承担赔偿责任的形式，《证券法》（1998年修订）第一百六十一条规定了专业机构和人员应就其负有责任的部分承担连带责任，《最高人民法院关于审理证券市场因虚假陈述引发的民事赔偿案件的若干规定》（以下简称《若干规定》）第二十四条也据此对专业中介服务机构及其直接责任人虚假陈述承担相应部分赔偿责任予以进一步明确。尽管在2005年修改后的《证券法》中不再区分证券服务机构故意或过失等情况，但从上述法律规定来看，连带赔偿责任并非仅限于全额连带赔偿，部分连带赔偿责任仍是法律所认可的一种责任形式。此外，2007年《最高人民法院关于审理涉及会计师事务所在审计业务活动中民事侵权赔偿案件的若干规定》第五条、第六条对会计师事务所审计业务中故意和过失侵权造成利害关系人的赔偿责任作出了不同规定。因此，证券服务机构的注意义务和应负责任范围，应限于各自的工作范围和专业领域，其制作、出具的文件有虚假记载、误导性陈述或者重大遗漏，应当按照证券法及相关司法解释的规定，考量其过错程度、造成投资者损失的原因力等因素，分别确定其应当承担的法律责任。

关于招某证券公司的赔偿责任范围，从其虚假陈述的内容来看，主要涉及“班班通”项目，而“智慧石拐”项目和“BT”项目主要涉及收入确认等财务会计、审计问题，并非招某证券公司作为独立财务顾问的专业范围。从主观过错程度来看，中某科公司系案涉交易信息的直接披露者，中某消技术公司系案涉交易的信息提供者，与中某科公司和中某消技术公司相比，招某证券公司的过错程度相对较轻。从原因力的角度而言，案涉“班班通”项目构成相关评估和交易定价的重要基础，对中某科股票价格和投资者交易决策造成一定影响。综合考量以上因素，结合独立财务顾问在上市公司重大资产重组中的地位和作用，酌定招某证券公司在25%的范围内对中某科公司的证券虚假陈述民事责任承担连带赔偿责任。

关于瑞某事务所的赔偿责任范围，从其虚假陈述行为内容来看，主要涉及“智慧石拐”项目的收入确认问题。从其主观过错程度来看，本案中没有证据显示瑞某事务所与中某科公司、中某消技术公司存在虚假陈述的共同故意或明知相关材料虚假。从对投资者的决策影响看，“智慧石拐”项目收入确认对于盈利预测及评估和交易定价也产生一定影响，但其影响相较“班班通”项目为小。据此，酌定瑞某事务所在15%的范围内对中某科公司的证券虚假陈述民事责任承担连带赔偿责任。上海市高级人民法院据此作出判决：

一、维持一审判决第一项、第二项；

二、撤销一审判决第三项、第四项；

三、中某消技术公司对中某科公司的付款义务承担连带责任；

四、招某证券公司对中某科公司的付款义务在25%的范围内承担连带责任；

五、瑞某事务所对中某科公司的付款义务在15%的范围内承担连带责任；

六、驳回周某某、李某某的其余诉讼请求。

【法官后语】

现代证券市场中，信息披露的真实、准确、完整是维护证券市场有效运行的必要条件。包括会计师事务所、评估机构、律师事务所、独立财务顾问等各类证券服务机构作为市场“守门人”角色，对于维护整体市场的“公平、公正、公开”和有效运行发挥着关键性的作用。关于证券服务机构的责任范围如何认定，是司法实践中面临的新课题，理论界也存在较大争议。为促进证券服务机构有效履职，明确其责任边界，实现各证券服务机构“各负其职、各尽其责”，本案裁判对于证券服务机构承担连带赔偿责任是否需要前置程序、证券服务机构的连带赔偿责任可否采取“部分连带责任”形式、各证券服务机构在重大资产重组中的注意义务如何界定、证券服务机构的过错行为如何认定、过错与投资者损失之间的因果关系、最终责任承担比例的衡量尺度等前沿问题作了探索。

一、关于证券服务机构是否勤勉尽责的认定

认定证券服务机构是否勤勉尽责，首先应当明确其在该项工作中的注意义务范围，然后根据对案件事实的审查，判断该证券服务机构是否违背其注意义务。

就明确证券服务机构注意义务范围，首先，从程序角度而言，证券服务机构应尽到何种注意义务，应由被诉证券服务机构承担相应的举证责任。证券服务机构应当提交相关法律法规、监管规则、业务规则、行业准则等文件，对其在相关工作中应当履行的义务内容予以充分说明。在有关文件对证券服务机构的举证内容没有作出明确规定的情况下，证券服务机构可以通过提交有关资本市场实践案例、专业人士证言等方式，举证证明案涉证券交易中存在相关行业惯例，据此确定其注意义务范围。在证券服务机构未提交相关证据证明其注意义务范围的情况下，应当承担由此造成的不利后果。其次，应充分关注特别注意义务与一般注意义务的问题。一般而言，证券服务机构应当对其专业领域内的事务承担特别注意义务，对其他事项承担一般注意义务。证券服务机构出具的相关报告，往往是基于其他证券服务机构的前期工作。如在本案中，资产评估公司根据经会计事务所审计的财务报告和盈利预测报告出具资产评估报告，而财务顾问又根据资产评估报告对交易定价的公允性作出判断。在此种业务链条中，证券服务机构不能盲目信赖其他证券服务机构作出的结论，而仍应尽到通常理性人的一般注意义务。最后，证券服务机构的注意义务范围还应结合其在交易结构中的不同地位和作用而定，对于处于核心和主导地位的证券服务机构，其注意义务的范围相比其他证券服务机构更为广泛。

在明确证券服务机构注意义务的基础上，应结合相关证据认定证券服务机构的行为是否满足其注意义务的要求，从而判断证券服务机构是否勤勉尽责。首先，关于证券服务机构是否勤勉尽责的审查范围，应根据相关证据和当事人陈述，聚焦争议问题。如果虚假陈述行为已有行政处罚或刑事判决认定，应当主要聚焦上述文件认定的违规事项，根据违规事项涉及的证券服务机构行为予以重点审查。其次，关于证据的审查范围和审查方式，应注重全面性和公平性。证券服务机构基于自身利益的考虑，在提供工作底稿等相关证据的过程中，可能倾向于尽量多提供对其有利的证据而隐藏对其不利的证据，引起投资者争议，故应遵循全面开示的原则，提供完整的工作底稿。为提升审查效率，可要求证券服务机构编制相应的清单、目录和简要说明，证据复制、交换等程序可尽量采用电子方式进行。最后，鉴于认定证券服务机构是否勤勉尽责涉及会计、审计、评估等专业问题，特别是在部分证券服务机构未受到行政处罚或刑事制裁的情况下，相关事实并不明朗。在诉讼过程中借助专家力量参与，帮助法院作出正确判断，具有积极意义。

二、关于证券服务机构承担部分连带责任

在认定证券服务机构未勤勉尽责，导致虚假陈述行为发生的前提下，需进一步全面衡量各种因素，合理认定其责任范围。

过错与责任相一致是侵权法的基本原理，而“全有全无”的连带责任形式，则可能导致中介机构面临不公平的责任承担。一是不能区分中介机构与发行人之间、各中介机构之间的不同地位和作用。在证券发行、上市、重大资产重组过程中，各中介机构肩负不同职责，发挥不同功能，其地位和重要性各不相同，应在责任承担上予以区分。二是不能区分各责任主体之间过错程度。违规信息披露的过程中，证券服务机构的主观过错存在故意、重大过失、一般过失等不同形态。对于性质、程度不同的过错，法律责任上应当给予不同评价，以体现公平正义。三是从原因力的角度而言，证券市场虚假陈述各责任主体的过错行为与投资者损失之间的原因力有大小之分，也应予以区分。

基于以上考虑，本案判决对于证券服务机构的责任承担采取“部分连带责任”的方式。一方面，从相关法律和司法解释规定来看，1998年《证券法》第一百六十一条曾规定过部分连带责任形式，《若干规定》第二十四条也明确专业中介服务机构就其负有责任的部分承担赔偿责任。《最高人民法院关于审理涉及会计师事务所在审计业务活动中民事侵权赔偿案件的若干规定》《全国法院审理债券纠纷案件座谈会纪要》等均规定了应当区分故意、过失等不同情况，分别确定应当承担的法律责任。另一方面，从相关司法实践来看，证券服务机构应根据其过错及其他因素承担“部分责任”“补充责任”或“相应责任”的做法已经逐步出现，并且取得良好的社会效果。

关于证券服务机构最终承担责任比例，应重点考量以下因素：首先，决定证券服务机构责任范围的首要因素是其过错的性质和程度，应根据具体事实认定证券服务机构的主观状态系故意、重大过失还是一般过失，系违反特别注意义务还是一般注意义务。其次，应具体考察证券服务机构的过错与投资者损失之间的因果关系，区分原因力大小。其判断标准是证券服务机构过错行为导致的问题在整体虚假陈述中占据何种比重，在多大程度上影响投资者交易决策或交易价格。最后，应比较各证券服务机构的相对地位与作用。例如，对于在整体交易居于关键地位的证券服务机构相较其他证券服务机构的责任应相对较重。

编写人：上海金融法院　许晓骁
上海市高级人民法院　华蓉

32

诱空型证券虚假陈述损害赔偿因果关系之认定

——张怀某诉某技术公司证券虚假陈述责任案

【案件基本信息】

1. 裁判书字号

广东省高级人民法院（2019）粤民终 1786 号民事判决书

2. 案由：证券虚假陈述责任纠纷

3. 当事人

原告（上诉人）：张怀某

被告（被上诉人）：某技术公司

【基本案情】

原告张怀某诉称，被告某技术公司因未依法披露其全资子公司深圳前海某投资管理有限公司（以下简称某投资公司）与前海某隆公司于 2015 年 11 月 27 日签订的《补充协议 1》、于 2016 年 3 月签订的《补充协议 2》，被中国证券监督管理委员会深圳监管局（以下简称深圳证监局）以（2018）4 号《行政处罚决定书》予以行政处罚。某技术公司于 2017 年 12 月 15 日公告收到深圳证监局《调查通知书》，公司股价急剧下跌，原告因之前买入某技术公司股票而发生亏损。根据《最高人民法院关于审理证券市场因虚假陈述引发的民事赔偿案件的若干规定》的相关规定，原告提起本案诉讼，请求判令某技术公司向原告赔偿损失合计 9787.25 元。

被告某技术公司辩称，某技术公司未及时披露《补充协议 1》和《补充协议 2》的行为不属于虚假陈述行为。退一步讲，即使认定某技术公司未及时披露的行为构成证券虚假陈述，原告损失与某技术公司的虚假陈述行为之间也不具有因果关系，某技术公司对原告的损失不应当承担赔偿责任。

广东省深圳市中级人民法院经审理查明：某技术公司于2010年4月30日在深交所上市，证券代码为30××××.SZ。

2015年11月23日，某技术公司全资子公司某投资公司与北京某隆公司签订《合伙协议》，某投资公司作为有限合伙人出资3亿元，北京某隆公司作为普通合伙人出资50万元，共同投资成立国泰某兴公司，约定了收益分配及亏损分摊机制。

2015年11月27日，某投资公司与前海某隆公司签订《补充协议1》，协议内容为：经双方友好协商，就某投资公司与北京某隆公司依其签订的《合伙协议》而合作设立国泰某兴公司合作事宜达成以下补充共识：在合伙企业有效期限内，前海某隆公司为国泰某兴公司的有限合伙人某投资公司资金本金安全提供担保，前海某隆公司承诺在合伙企业到期或者合伙人一致同意退伙时，若某投资公司认购出资的本金出现亏损，则由前海某隆公司对相应亏损进行等额补偿；在合伙企业有效期限内，前海某隆公司承诺，保障某投资公司资金自缴纳之日起每年5%的固定收益，如合伙企业未能实现上述收益，则由前海某隆公司补足，且按年支付。

2016年3月，某投资公司、北京某隆公司和国泰某兴公司签署《追加投资协议》，约定某投资公司向国泰某兴公司追加投资2亿元。

针对《追加投资协议》，某投资公司和前海某隆公司签订《补充协议2》，就某投资公司的2亿元追加资金进行了补充约定，协议内容基本与《补充协议1》相同。

某技术公司分别于2015年11月9日、2016年3月2日将《合伙协议》《追加投资协议》事项公告披露，但未披露《补充协议1》《补充协议2》相关事项。

2017年11月29日，某技术公司发布《关于重大事项停牌的公告》，称前海某隆公司、北京某隆公司的相关人员失去联系，某技术公司于2017年11月

28日晚间已紧急安排向公安机关报案，截至本公告披露时，公司尚未收到公安机关是否予以立案的通知。鉴于该事项尚存在不确定性，为维护广大投资者的利益，避免公司股价异常波动，经公司向深交所申请，公司股票于2017年11月29日上午开市起停牌。

2017年12月15日，某技术公司发布《关于收到中国证券监督管理委员会调查通知书暨股票存在被实施暂停上市风险的提示性公告》，称因为涉嫌信息披露违法违规，被深圳证监局立案调查，并收到了相关《调查通知书》（深证调查通字〔2017〕140号）。某技术公司按照《深圳证券交易所股票上市规则（2014年修订）》第11.11.3条的要求，每月至少披露一次风险提示公告，说明立案调查的进展情况和公司股票可能被暂停上市的风险。

2017年12月19日，某技术公司发布《关于股票复牌且继续推进重大事项的公告》，称公司股票于2017年12月20日上午开市起复牌；如前海某隆公司、北京某隆公司相关人员的失联事件进一步明确并且发生减值的客观证据后，可能导致上市公司计提资产减值损失，将对2017年度实现归属于上市公司股东的净利润产生重大不利影响，并致使2017年度业绩亏损。

2017年12月20日，某技术公司发布《关于对全资子公司其他应收款计提坏账准备暨全资子公司对可供出售金融资产计提减值准备的公告》，称某投资公司向国泰某兴公司的出资5亿元，均来源于向某技术公司的借款。某技术公司预计未来无法收回某投资公司对某技术公司的5亿元借款，根据公司会计政策的规定，某技术公司拟计提其他应收款坏账准备5亿元。经测算，本次对某投资公司上述可供出售金融资产计提减值准备，对某技术公司上述其他应收款计提坏账准备，经合并抵销后，将减少2017年公司归属于母公司所有者的综合收益5亿元。

2018年4月22日，某技术公司发布《关于收到中国证监会〈行政处罚事先告知书〉的公告》。

2018年5月2日，某技术公司发布《关于收到中国证监会〈行政处罚决定书〉的公告》。

深圳证监局（2018）4号《行政处罚决定书》认定，某技术公司未披露《补充协议1》《补充协议2》相关事项，直到2018年1月30日，才通过深交所官网“监管信息公开”栏目，以《某技术公司：关于深圳证券交易所关注函的回复》对上述两份补充协议相关事项进行说明。《补充协议1》《补充协议2》分别作为《合伙协议》《追加投资协议》的补充，与《合伙协议》《追加投资协议》为一揽子协议。根据两份补充协议约定，公司2015年、2016年分别至少享有125万元、1991.78万元的固定收益，分别占公司2014年、2015年经审计净利润的12.32%、23.16%。补充协议约定事项属于《中华人民共和国证券法》第六十七条第二款，《上市公司信息披露管理办法》第三十条、第三十三条规定应当及时披露的重大事件，但公司未依法披露。某技术公司上述行为违反了《中华人民共和国证券法》第六十七条的规定，已构成《中华人民共和国证券法》第一百九十三条所述违法行为。罗某学作为公司董事长，筹划并主导上述投资事项，授权喻俊某签署涉案两份补充协议；董事、常务副总经理喻俊某负责投资事项的具体实施，签署涉案两份补充协议，二人均未依法及时报告董事会并督促公司披露，系对上述违法行为直接负责的主管人员。时任董事会秘书刘红某负责组织协调公司信息披露事务，其知悉、参与了涉案补充协议的签订，却未依法及时报告董事会并督促公司披露，系上述违法行为的其他直接责任人员。根据当事人违法行为的事实、性质、情节与社会危害程度，依据《中华人民共和国证券法》第一百九十三条第一款的规定，决定：一、对某技术公司给予警告，并处以30万元罚款；二、对罗某学给予警告，并处以20万元罚款；三、对喻俊某给予警告，并处以20万元罚款；四、对刘红某给予警告，并处以10万元罚款。

另查明：2015年11月27日，某技术公司股票收盘价为19.53元/股，创业板指数为2649.55点；2017年11月28日，某技术公司股票收盘价为15.66元/股，创业板指数为1793.87点。上述某技术公司股票价格，根据某技术公司《2015年度权益分派实施公告》和《2016年度权益分派实施公告》中的权益分派方案，已进行前复权处理。

2015年11月27日至2017年12月15日，原告买入某技术公司股票，截至2017年12月15日原告持有某技术公司股票2700股，截至2018年1月5日原告持有上述某技术公司股票0股。

【案件焦点】

1. 某技术公司未披露《补充协议1》《补充协议2》的行为是否构成证券市场虚假陈述行为；2. 某技术公司未披露《补充协议1》《补充协议2》的行为与原告损失之间是否存在因果关系；3. 如某技术公司的所涉行为构成证券市场虚假陈述，且该行为与原告损失之间存在因果关系，则原告损失应如何认定。

【法院裁判要旨】

广东省深圳市中级人民法院经审理认为：一、关于某技术公司未披露《补充协议1》《补充协议2》的行为是否构成证券市场虚假陈述行为的问题。《中华人民共和国证券法》（2014年修正）第六十三条规定："发行人、上市公司依法披露的信息，必须真实、准确、完整，不得有虚假记载、误导性陈述或者重大遗漏。"[①]《最高人民法院关于审理证券市场因虚假陈述引发的民事赔偿案件的若干规定》第十七条第一款规定："证券市场虚假陈述，是指信息披露义务人违反证券法律规定，在证券发行或者交易过程中，对重大事件作出违背事实真相的虚假记载、误导性陈述，或者在披露信息时发生重大遗漏、不正当披露信息的行为。"深圳证监局（2018）4号《行政处罚决定书》认定，某技术公司未披露《补充协议1》《补充协议2》相关事项，根据两份补充协议约定，某技术公司2015年、2016年分别至少享有125万元、1991.78万元的固定收益，分别占某技术公司2014年、2015年经审计净利润的12.32%、23.16%。深圳证监局认定，补充协议约定事项属于《中华人民共和国证券法》第六十七条第二款，《上市公司信息披露管理办法》第三十

① 参见《中华人民共和国证券法》（2019年修订）第七十八条第二款。

条、第三十三条规定应当及时披露的重大事件，但某技术公司未依法披露。某技术公司上述行为违反了《中华人民共和国证券法》第六十七条的规定，已构成《中华人民共和国证券法》第一百九十三条所述违法行为。故对某技术公司及相关责任人员给予行政处罚。因此，根据上述法律规定及行政处罚事实，本案应当认定某技术公司的行为构成证券市场虚假陈述行为。

根据《最高人民法院关于审理证券市场因虚假陈述引发的民事赔偿案件的若干规定》第二十条、第三十三条的规定，涉案虚假陈述实施日为 2015 年 11 月 27 日，即某投资公司与前海某隆公司签订《补充协议 1》的时间；揭露日为 2017 年 12 月 15 日，即某技术公司公告因涉嫌信息披露违法违规，被深圳证监局立案调查，并收到了相关《调查通知书》的时间；基准日为 2018 年 1 月 5 日，即某技术公司流通股票换手率达到 100%的时间；基准价为 11.02 元/股。

二、关于某技术公司未披露《补充协议 1》《补充协议 2》的行为与原告损失之间是否存在因果关系的问题。在虚假陈述民事赔偿案件中，虚假陈述行为与投资者的投资决策及损失之间存在因果关系是虚假陈述行为人承担民事责任的前提之一。即投资者的投资决策和损失，必须是受到了虚假陈述行为的影响才构成证券交易因果关系与损失因果关系。结合本案，本院对此具体评析如下：

首先，本案虚假陈述行为属于诱空型。根据虚假陈述对市场影响、对投资者主观判断和投资行为的影响，证券法理论将虚假陈述分为诱多型和诱空型。诱多型虚假陈述是指虚假陈述行为人故意违背事实真相发布虚假的利多信息，或者隐瞒实质性的利空信息不予公布或不及时公布等，以使投资者在股价处于相对高位时，持有积极投资心态并进行投资追涨。诱空型虚假陈述，是指虚假陈述行为人发布虚假的消极利空信息，或者隐瞒实质性的利好信息不予公布或不及时公布等，以使投资者在股价向下运行或处于相对低位时，因受其虚假陈述影响持有消极心态而卖出股票。

本案中，依据深圳证监局（2018）4 号《行政处罚决定书》的认定，《补充协议 1》《补充协议 2》分别作为《合伙协议》《追加投资协议》的补充，与《合伙协议》《追加投资协议》为一揽子协议，某技术公司未依法披露两份补充协议，违反证券法相关规定，故对某技术公司予以行政处罚。《行政处罚决定书》同时查明，《补充协议 1》的主要内容为，前海某隆公司为某投资公司依《合伙协议》而出资的资金本金安全提供担保，前海某隆公司承诺在合伙企业到期或者合伙人一致同意退伙时，若某投资公司认购出资的本金出现亏损，则由前海某隆公司对相应亏损进行等额补偿；在合伙企业有效期限内，前海某隆公司承诺保障某投资公司资金自缴纳之日起每年 5%的固定收益，如合伙企业未能实现上述收益，则由前海某隆公司补足，且按年支付。《补充协议 2》就某投资公司的 2 亿元追加资金进行了补充约定，协议内容基本与《补充协议 1》相同。根据《行政处罚决定书》的查明认定，两份补充协议主要系由前海某隆公司对某投资公司投入国泰某兴公司的本金和每年 5%的固定收益提供担保。依据《补充协议 1》《补充协议 2》的约定，某技术公司 2015 年、2016 年分别至少享有 125 万元、1991. 78 万元的固定收益，分别占某技术公司 2014 年、2015 年经审计净利润的 12. 32%、23. 16%。在证券市场，对投资者而言增加收益及利润系利好消息，某技术公司延迟公布利好消息的行为，属于诱空型虚假陈述。即便考虑到《补充协议 1》《补充协议 2》约定的保底固定收益比例为每年 5%，不属于重大利好消息，但其同样明显有别于虚增业绩、隐瞒亏损等诱多型虚假陈述行为。故某技术公司的涉案虚假陈述行为不属于诱多型虚假陈述，某技术公司未及时披露两份补充协议的行为，不会诱使投资者作出积极的投资决策。

其次，投资者的投资行为并非受涉案虚假陈述行为影响。证券市场虚假陈述具体包括虚假记载、误导性陈述、重大遗漏、不正当披露等行为。其中，对于应当及时披露而未依法披露的重大遗漏行为，其是否会对投资者的投资决策产生影响，需要考量各方面信息进行综合判断。对此，不仅需要考虑未披露信息本身，还需考虑已经披露的信息。只有综合考量相关信息之后，才能判断未披露信息是否对既有信息有明显的改变。如果未披露信息并不会使投资者改变对既有信息的判断状况，那么可以认定未披露信息在很大程度上不会对投资者的投资决策产生影响。

本案中，依据《行政处罚决定书》的认定，《补充协议1》《补充协议2》分别系《合伙协议》《追加投资协议》的补充，与《合伙协议》《追加投资协议》为一揽子协议。某技术公司虽未披露《补充协议1》《补充协议2》，但某技术公司分别已于2015年11月9日、2016年3月2日将《合伙协议》《追加投资协议》事项公告披露。即对于某投资公司向国泰某兴公司投资5亿元，某技术公司已按规定予以公告披露，投资者在投资买入某技术公司股票时已了解某投资公司的5亿元投资情况。作为一名理性投资人，在作出投资决策时应考虑到某投资公司的5亿元投资可能存在的投资风险。且某技术公司未披露的《补充协议1》《补充协议2》主要约定由前海某隆公司对某投资公司依照《合伙协议》《追加投资协议》投入国泰某兴公司的本金和每年5%的固定收益提供担保，其实际系保证某技术公司的固定保底收益及利润。故某技术公司未披露的信息与已经披露的信息趋势相同，未披露信息未增加某技术公司的负担或风险。因此，综合考量某技术公司已披露信息及未披露信息的性质、内容，可以认定在某技术公司已披露某投资公司5亿元投资的情况下，如某技术公司及时披露《补充协议1》《补充协议2》可能会对投资者产生积极买入某技术公司股票的影响，但其未披露两份补充协议的行为不会使投资者改变对既有信息的判断状况，未披露信息的行为亦不会对投资者产生积极买入某技术公司股票的影响。

最后，某技术公司股价的下跌主要归结于失联事件而非证券虚假陈述行为。证券交易活动中，影响投资者投资决策及证券交易价格的因素众多。国际经济和国家宏观经济状况、国内外突发事件、各项政策（货币政策、财政政策、产业政策、监管政策、行业政策、金融政策）等系统风险会综合影响股价。除了系统性风险外，公司发展战略、经营状况、自身声誉、预期发展前景、投机炒作行为、投资者心理因素等非系统风险也会影响股票价格。

本案中，2015年11月27日至2017年11月28日，某技术公司股票从

19.53元/股跌至15.66元/股（根据某技术公司《2015年度权益分派实施公告》和《2016年度权益分派实施公告》中的权益分派方案，已对某技术公司股票进行前复权处理），总体跌幅为19.82%；同期，某技术公司所属的创业板板块，板块指数从2649.55点跌至1793.87点，总体跌幅为32.29%。在创业板股票普遍下跌的背景下，某技术公司股票价格的走势与创业板指数的整体走势基本一致，但跌幅小于创业板指数。故上述期间某技术公司股票价格的下跌与某技术公司未披露《补充协议1》《补充协议2》的行为不具有因果关系。

2017年11月29日，某技术公司发布《关于重大事项停牌的公告》，称前海某隆公司、北京某隆公司的相关人员失去联系，某技术公司于2017年11月28日晚间已紧急安排向公安机关报案。2017年12月15日，某技术公司发布《关于收到中国证券监督管理委员会调查通知书暨股票存在被实施暂停上市风险的提示性公告》，称因为涉嫌信息披露违法违规，被深圳证监局立案调查。2017年12月19日，某技术公司发布《关于股票复牌且继续推进重大事项的公告》，称如前海某隆公司、北京某隆公司相关人员的失联事件进一步明确并且发生减值的客观证据后，可能导致上市公司计提资产减值损失，将对2017年度实现归属于上市公司股东的净利润产生重大不利影响，并致使2017年度业绩亏损。2017年12月20日，某技术公司发布《关于对全资子公司其他应收款计提坏账准备暨全资子公司对可供出售金融资产计提减值准备的公告》，称某技术公司预计未来无法收回某投资公司对某技术公司的5亿元借款，某技术公司拟计提其他应收款坏账准备5亿元，经测算，将减少2017年公司归属于母公司所有者的综合收益5亿元。某技术公司股票于2017年11月29日起停牌，至2017年12月20日起复牌，复牌后出现大幅下跌。故，某技术公司于2017年11月29日至2017年12月20日多次发布的关于前海某隆公司、北京某隆公司相关人员失联导致某技术公司产生损失5亿元的相关公告属于重大利空消息，必然导致某技术公司股票大幅下跌。故2017年12月20日至2018年1月5日，某技术公司股票价格的下跌，其原因应主要归结于由失联事件引起的公司自身的非系统风险因素。

综上，法院认定，鉴于某技术公司已将涉案5亿元投资的《合伙协议》《追加投资协议》事项公告披露，证券监管机构未认定某技术公司在《合伙协议》《追加投资协议》披露中存在违反信息披露管理规定的情形，故对于因涉案5亿元投资损失导致某技术公司股票下跌与深圳证监局（2018）4号《行政处罚决定书》认定的某技术公司的虚假陈述行为之间不存在因果关系。某技术公司未披露《补充协议1》《补充协议2》的行为，属于诱空型虚假陈述，原告的投资交易与损失并非由某技术公司未及时披露两份补充协议的行为所决定，其投资决策并未受虚假陈述行为影响。因此，原告的投资交易与某技术公司的虚假陈述行为之间不存在交易因果关系，原告的投资损失与某技术公司的虚假陈述行为之间亦不存在损失因果关系。

三、关于原告损失应如何认定问题。如前所述，虽然某技术公司未披露《补充协议1》《补充协议2》的行为构成证券市场虚假陈述，但原告的投资交易与某技术公司的虚假陈述行为之间不存在交易因果关系，原告的投资损失与某技术公司的虚假陈述行为之间不存在损失因果关系，故对原告要求被告承担其投资损失的赔偿责任的诉讼请求，法院不予支持，亦不对原告的投资损失如何计算问题进行论述。

广东省深圳市中级人民法院依照《中华人民共和国证券法》第六十三条，《最高人民法院关于审理证券市场因虚假陈述引发的民事赔偿案件的若干规定》第一条、第二条、第六条、第十七条、第十八条、第十九条、第二十条、第三十三条，《中华人民共和国民事诉讼法》第六十四条、第一百四十二条之规定，判决如下：

驳回原告张怀某的诉讼请求。

张怀某不服一审判决，提起上诉。广东省高级人民法院经审理认为：一审判决认定事实清楚，适用法律正确，应予维持。依照《中华人民共和国民事诉讼法》第一百七十条第一款第一项之规定，判决如下：

驳回上诉，维持原判。

【法官后语】

2018年5月，深圳证监局对某技术公司作出《行政处罚决定书》，认定某技术公司未披露《补充协议1》《补充协议2》相关事项，对某技术公司及相关责任人员给予行政处罚。随即，大批中小投资者向本院起诉，要求某技术公司赔偿投资损失。该系列案审理引起证券市场和广大中小投资者的广泛关注，不仅在于案件与媒体大量报道的某技术公司5亿元资金失联事件直接相关，更主要的原因在于该案是法院对诱多型和诱空型虚假陈述行为进行处理认定的一个重要尝试。在《最高人民法院关于审理证券市场因虚假陈述引发的民事赔偿案件的若干规定》对诱空型虚假陈述未作规定，司法实践对虚假陈述因果关系认定规则认识不一的情形下，该案作为整个某技术公司证券虚假陈述责任纠纷系列案的示范判决，对于上市公司虚假陈述行为与投资者的投资决策及损失之间是否存在因果关系的认定具有创设性。本案一审判决后，二审驳回原告上诉，维持原判。大批中小投资者在二审判决后自行选择撤回起诉。本案在法律思想的阐明、证券法理论的适用、基本逻辑的论证等方面为证券虚假陈述的审判实践提供了有益的借鉴经验。

一、关于诱空性虚假陈述与诱多型虚假陈述的认定

由于《最高人民法院关于审理证券市场因虚假陈述引发的民事赔偿案件的若干规定》制定之初，我国尚未出现诱空型虚假陈述，对诱空型虚假陈述如何影响股价走势这一问题更难有认知，因而《最高人民法院关于审理证券市场因虚假陈述引发的民事赔偿案件的若干规定》只规定了诱多型虚假陈述而没有涉及诱空型虚假陈述。

根据证券法理论，依据对投资者判断与证券价格走向影响的不同，虚假陈述可以分为诱多型虚假陈述和诱空型虚假陈述。诱多型虚假陈述，是指虚假陈述行为人故意违背事实发布虚假的利多消息，或者隐瞒实质性的利空消息不予公布、不及时公布等，使得投资者在股价处于相对高位时，进行投资追涨。诱空型虚假陈述，是指虚假陈述行为人发布虚假的消极利空消息，或者隐瞒实质性的利好消息不予公布或不及时予以公布等，使得投资者在股价向下运行或相

对低位时卖出股票，在虚假陈述被揭露或者被更正后股价上涨而使投资者遭受损失的行为。简单来讲，前者属于“报喜不报忧”或“报假喜，瞒真忧”，后者则属于“瞒真喜，报假忧”。

由于诱空型虚假陈述在立法上未明确规定，投资者作为原告方在主张因果关系时往往遵循的是诱多型虚假陈述下的因果关系论证逻辑。但事实上，诱空型虚假陈述对股票价格运行走向的影响与诱多型虚假陈述完全相反。

二、关于交易因果关系与损失因果关系的区分

在虚假陈述民事责任认定中，因果关系问题居于核心地位，是责任认定的重点和难点。投资者在证券市场的投资本身充满风险，每个投资决策也受到各种信息、各种因素的影响，虚假信息与投资损失之间的联系需要经过多个环节，并可能随时受到多种偶然因素或突发性因素的影响，国内外对于如何认定虚假陈述中的因果关系历来都是困扰民法学界的疑难问题。

本案中结合对一般侵权行为因果关系理论及证券市场股票交易特点的研究，提出了交易因果关系与损失因果关系的因果关系两分法。交易因果关系，是指虚假陈述行为会影响投资者的投资决策，即信息披露义务人的虚假陈述使得投资者买入或卖出该股票。损失因果关系，是指虚假陈述行为导致投资者的投资损失，即投资者的损失并非由其他系统因素、政策因素或者其他因素所导致。投资者主张虚假陈述行为人承担民事责任，需证明投资者的投资决策和投资损失，是受到了虚假陈述行为的影响，即需同时证明存在交易因果关系与损失因果关系才能获得赔偿。

三、关于诱空型虚假陈述因果关系的认定

虚假陈述因果关系的认定是基于信赖推定理论进行的。诱多型虚假陈述基于的基本思路是由于虚假陈述行为人的虚假利好消息，引起市场行情上涨并看好，诱发投资者作出积极的买入股票的投资决策，构成交易因果关系。在揭露日或更正日之时，利好消息被揭穿，市场获知真相后股票被重新估价，因而引起股价大幅下跌，直到基准日时恢复到真实价值附近，投资者在虚假陈述实施日之后买入股票，在揭露日或更正日之前卖出股票或者由于股价低迷流动欠缺

而只能继续持有该股票，造成投资损失，构成损失因果关系。《最高人民法院关于审理证券市场因虚假陈述引发的民事赔偿案件的若干规定》第十八条、第十九条就是上述认定思路的具体体现。

但是，上述诱多型虚假陈述因果关系的认定无法套用于诱空型虚假陈述因果关系的认定。对于诱空型虚假陈述来讲，诱空型虚假陈述行为后，通常会引起市场低迷情绪并看空，导致原本稳定的股价开始偏离真实价值向下运行或者本应上涨而稳定不变，但当利空消息被揭穿或者所隐瞒的利好消息被释放，股价会上涨，直至基准日时恢复到真实价值附近。在此情形下，只有在虚假陈述行为实施日前即持有股票，并在实施日后、揭露日或更正日前卖出股票，才有可能构成诱空型虚假陈述的交易因果关系。投资者因没有享受到本应享有的信息红利而受到利益损害，该部分投资者的前述损失与虚假陈述行为，则构成损失因果关系。上述认定的原因在于，诱空型虚假陈述行为中，利好消息没有披露不会诱使投资者作出积极的投资决策，而利空消息的发布更是只会加速投资者做出卖出股票的决策，至少不会做出进一步投资的决策，除非其认为该股票具有持有或投资价值，但这与虚假陈述行为已没有因果关系；至于在揭露日或更正日后卖出股票者，因利好消息已经揭露，正常情况下股票价格已经上涨，其卖出股票的价格通常会高于其买入价格，其已经享受到消息红利，即使发生亏损也失去了可以索赔的前提。

本案中，《补充协议 1》《补充协议 2》主要是由前海某隆公司对某投资公司投入国泰某兴公司的本金和每年 5%的固定收益提供担保。依据《补充协议 1》《补充协议 2》的约定，某技术公司 2015 年、2016 年分别至少享有 125 万元、1991. 78 万元的固定收益，分别占某技术公司 2014 年、2015 年经审计净利润的 12. 32%、23. 16%。显然某技术公司未及时披露的两份协议属于利好消息，某技术公司延迟公布利好消息的行为，属于诱空型虚假陈述。某技术公司虽未披露《补充协议 1》《补充协议 2》，但在 2015 年 11 月 9 日、2016 年 3 月 2 日某技术公司已披露过《合伙协议》《追加投资协议》，投资者在投资买入某技术公司股票时已了解某投资公司的 5 亿元一事。某技术公司未披露的协议是对已经披露的协议内容的补充，未披露两份补充协议的行为不会增加投资者对某技术公司股票的合理信赖并且诱使投资者追加对某技术公司股票的投资，换言之，投资者系基于对市场既有信息的研判继而作出投资决策，并非受未披露信息行为的影响而积极买入某技术公司股票。即投资者的投资交易与某技术公司的虚假陈述行为之间不存在交易因果关系。2017 年 11 月 29 日，某技术公司发布《关于重大事项停牌的公告》，称前海某隆公司、北京某隆公司的相关人员失去联系，某技术公司于 2017 年 11 月 28 日晚间已紧急安排向公安机关报案。某技术公司股票于 2017 年 11 月 29 日起停牌，至 2017 年 12 月 20 日起复牌，复牌后出现大幅下跌。2017 年 12 月 20 日至 2018 年 1 月 5 日，某技术公司股票价格下跌。这主要归结于失联事件引起的公司自身的非系统风险因素，并非由虚假陈述行为所导致。故，投资者的投资损失与某技术公司的虚假陈述行为之间不存在损失因果关系。

综上，笔者认为，虽然证券民事赔偿制度对证券虚假陈述等证券欺诈行为的打击有利于保护投资者的合法权益，但同样会存在投资者转嫁投资损失或风险的问题，这就要求必须尽快明确规定诱空型虚假陈述的因果关系认定规则。

编写人：广东省深圳市中级人民法院　王勇

33

债券质押式回购中的融券方可直接通过诉讼主张交易本金和罚息并行使优先受偿权

——某信证券公司诉某源证券公司质押式证券回购案

【案件基本信息】

1. 裁判书字号

北京市朝阳区人民法院（2019）京 0105 民初 3577 号民事判决书

2. 案由：质押式证券回购纠纷

3. 当事人

原告：某信证券公司

被告：某源证券公司

【基本案情】

2018年10月18日，某信证券公司作为管理人管理的“某信北分资管计划”与某源证券公司作为管理人管理的“×农商1号资管计划”在全国银行间同业拆借中心达成一笔债券质押式回购交易。《质押式回购成交单》载明：正回购方为“×农商1号资管计划”，逆回购方为“某信北分资管计划”；回购期限5天，回购利率3%，券面总额3000万元，交易金额3000万元，应计利息12328.77元，到期结算金额30012328.77元，首次结算日2018年10月18日，到期结算日2018年10月23日，实际占款天数5天；债券代码01180××××，债券名称“18××经贸×××002”，折算比例100%；正回购方资金账户户名为某源×农商1号资金结算专户，托管账户户名为“×农商1号资管计划”，托管机构为上海清算所；逆回购方资金账户户名为某银行北京市分行资产托管专户，托管账户户名为“某信北分资管计划”，托管机构为上海清算所。

上海清算所于2018年10月18日出具《交割单（质押式回购首期）》，载明：“某信北分资管计划”出具的结算指令已完成交割，“×农商1号资管计划”与“某信北分资管计划”已完成质押式回购首期交割，质押面额3000万元，结算金额3000万元。某源证券公司对涉案债券质押登记手续不持异议。

上海清算所于2018年10月23日出具《结算指令撤销、失败清单》《交割失败通知（质押式回购到期）》载明：“某信北分资管计划”结算指令失败，结算指令信息为：逆回购方“×农商1号资管计划”，产品名称“18××经贸×××002”，过户面额3000万元，结算金额30012328.77元。同日，“某信北分资管计划”和“×农商1号资管计划”向全国银行间同业拆借中心报备质押式证券回购交易到期结算失败，理由为：“×农商1号资管计划”持仓债券涉及交叉违约，无法在市场融到资金，导致该笔到期交易违约。同日，“某信北分资管计划”和“×农商1号资管计划”向上海清算所备案，并签署《结算失败备案表》，载明：经双方协商，该笔交易做失败处理，并于2018年10月24日进行逾期返售，金额合计为30027328.77元。某信证券据此主张10月24日当日罚息为15000元（27328.77元-12328.77元），因此可推定罚息标准为每日万分之五，双方对罚息标准已达成了合意。某源证券公司对此不予认可。

2018年11月5日，某源证券公司向某信证券公司出具《回函》，载明：质押标的为“18××经贸×××002”债券质押式回购交易受华阳经贸系列债券违约事件影响，到期回购或续作失败，造成违约等。2019年5月6日，某源证券公司再次出具《告知函》，载明：某信证券公司有权处置面值为3000万元的“18××经贸×××002”质押债券，某源证券公司将予以积极配合等。同年5月27日，某源证券公司出具《关于积极配合处置质押债券的函》，载明：经与全国银行间同业拆借中心、上海清算所沟通，某信证券公司可采取签署协议转让、通过匿名拍卖平台拍卖质押债券、等待仲裁或者司法结果处置剩余资产等方案。

诉讼中，某源证券公司主张罚息应依据全国银行间债券市场债券回购主协议约定，按照日万分之二标准计算。某信证券公司对此不予认可，称其签署的《全国银行间债券市场债券回购主协议（2012年版）》（以下简称《主协议2012年版》）与某源证券公司签署的《主协议2013年版》第十条关于罚息的规定不同，应视为双方对罚息没有达成一致约定。《主协议2012年版》第十八条第（四）项载明：罚息以合同约定的交割日资金清算额为基数，罚息利率按回购双方的约定利率计算，回购双方没有约定的，罚息利率按日万分之二计算。某源证券公司提交的《主协议2013年版》第十条规定：罚息利率按交易双方在补充协议中约定的罚息利率计算。若交易双方未在补充协议中约定罚息利率，则罚息利率按日利率万分之二计算。

【案件焦点】

1. 债券质押式的融券方可否直接通过诉讼主张交易本金和罚息并行使优先受偿权；2. 融券方与融资方未就违约罚息达成协议的，如何确定罚息标准。

【法院裁判要旨】

北京市朝阳区人民法院经审理认为：某信证券公司作为管理人管理的“某信北分资管计划”和某源证券公司作为管理人管理的“×农商1号资管计划”通过全国银行间同业拆借中心、上海清算所签订的《质押式回购成交单》，是双方真实意思表示，内容不违反国家法律、行政法规的强制性规定，应属合法有效。

上述协议签订后，某信证券公司“某信北分资管计划”向某源证券公司“×农商1号资管计划”提供了融资款3000万元，并将某源证券公司“×农商1号资管计划”持有的券面总额为3000万的“18××经贸×××002”债券质押给某信证券公司“某信北分资管计划”。某源证券公司“×农商1号资管计划”未按双方约定于到期结算日回购质押债券构成违约，某信证券公司“某信北分资管计划”有权依据协议约定要求某源证券公司“×农商1号资管计划”支付本息。现某信证券公司作为“某信北分资管计划”的管理人，要求某源证券公司以“×农商1号资管计划”账户资产支付质押式回购交易的本息30012328.77元，某源证券公司对此不持异议，法院予以支持。

关于逾期付款罚息。某信证券公司主张依据《结算失败备案表》载明的回购金额，双方已就罚息利率为日万分之五达成合意。就此本院认为，《结算失败备案表》仅明确了2018年10月24日当日罚息标准为日万分之五，并未对此后的逾期付款罚息作出约定，某信证券公司相应意见依据不足，本院不予采纳。从双方签订的全国银行间债券市场债券回购主协议来看，虽某信证券公司签署的《主协议2012年版》与某源证券公司签署的《主协议2013年版》中对罚息条款表述不同，但均约定罚息标准以双方约定利率计算，没有约定按照日万分之二标准计算为原则。某信证券公司和某源证券公司签署了上述协议，应依约履行。故在质押式债券回购交易双方未对罚息作出明确约定的情况下，依据双方签署的全国银行间债券市场债券回购主协议，逾期罚息标准应定为日万分之二为宜。某信证券公司关于逾期罚息的主张，本院酌予调整，其该项诉讼请求的超出部分，法院不予支持。

关于质权。某源证券公司“×农商1号资管计划”将持有的券面总额为3000万元的“18××经贸×××002”债券质押给某信证券公司所管理的“某信北分资管计划”，并办理了质押登记，上述质押应属合法有效。根据我国物权法，债务人不履行到期债务或者发生当事人约定的实现质权情形，质权人可以与出质人协议以质押财产折抵，也可以就拍卖、变卖质押财产所得价款优先受偿。[1]本案中，某信证券公司“某信北分资管计划”系上述债券的质押权人，如某源证券公司不能以“×农商1号资管计划”资产清偿前述债务，某信证券公司“某信北分资管计划”在所持债权范围内有权对涉案债券折价、拍卖或变卖所得价款优先受偿，某信证券公司相应主张，于法有据，法院予以支持。

需要指出的是，根据我国金融市场关于资管产品与管理人财产相互独立的规定，本案中兑付的具体形式应为支付至某信证券公司作为管理人管理的“某信北分资管计划”账户。

北京市朝阳区人民法院判决如下：

一、被告某源证券公司以其管理的某源证券“×农商1号资管计划”的资产于本判决生效之日起十日内向原告某信证券公司支付质押式回购交易的本金3000万元、期内利息12328.77元；

二、被告某源证券公司以其管理的某源证券“×农商1号资管计划”的资产于本判决生效之日起十日内向原告某信证券公司支付质押式回购交易罚息（2018年10月24日的罚息为15000元；自2018年10月25日起至实际支付之日止，以3000万元为基数，按照日万分之二标准计算）；

三、原告某信证券公司有权对登记在被告某源证券公司管理的某源证券“×农商1号资管计划”名下的券面总额为3000万元的“18××经贸×××002”债券（债券代码01180××××）的折价、拍卖或变卖所得价款在本判决第一、二项所确定的债权范围内按照质押登记顺序享有优先受偿权；

四、驳回原告某信证券公司的其他诉讼请求。

---

① 对应《中华人民共和国民法典》第四百三十六条。

【法官后语】

在近年来股票质押式回购交易违约多发、债券市场发行人违约事件蔓延的大背景下，原来被视为相对安全的债券质押式回购产品也开始出现争讼案件。本案即为较为少见的债券质押式回购纠纷，具有新颖性。

根据《上海证券交易所债券交易实施细则》的界定，债券质押式回购交易是指，将债券进行质押的同时，对相应债券以标准券折算比率计算出的标准券数量为融资额度进行融资，并由交易双方约定在回购期满后返还资金和解除质押的交易。其中，质押债券取得资金的交易方为“融资方”，作为其对手的交易方为“融券方”。本案中原、被告双方即约定以债券为权利质押进行融资，后因被告违约而涉诉，双方争议焦点主要集中于某信证券公司是否享有优先受偿权、是否应适用日万分之五的罚金两个方面。

关于优先受偿权的行使方式。依据我国民法典相关规定，债务人不履行到期债务或者发生当事人约定的实现质权情形，质权人可以与出质人协议以质押财产折抵，也可以就拍卖、变卖质押财产所得价款优先受偿。故债券质押式回购纠纷中，在融资方违约的情况下，融券方可以直接通过诉讼方式行使优先受偿权，不以质押财产无法折抵融资方应付债务为前提。虽然在融资方违约的情况下，融券方可直接处置其所持有的债券以回收本息。但是用于质押的债券，特别是公司债券会受市场定价的影响，存在价格波动甚至巨幅贬值的可能。实际上，在质押债券受到价格波动影响较大的情况下，融券方无法通过直接处置质押债券回收本息，只能够通过提起民事诉讼的方式进行追偿。故融资方主张融券方应先行处置质押债券，无法得到清偿再另行起诉，缺乏法律和事实依据。

关于罚息的标准。本案中，无相关证据证明融资方与融券方就罚息标准达成补充协议。《中国银行间市场债券回购交易主协议》是中国银行间市场交易商协会在中国人民银行的指导下组织市场成员制定的文本，旨在进一步规范债券回购交易行为，保护参与者合法权益，防范市场风险，促进我国债券市场持续健康发展。《中国银行间市场债券回购交易主协议》建立了我国债券回购市场协议文本的基本架构，为债券回购业务的开展提供了统一规范的行为标准。随着债券市场容量的扩大，发行主体、投资主体不断增加，债券市场风险呈现出新的特征，协议的文本内容不断健全和完善。本案中，融资方和融券方虽然签订的主协议版本不一，但是关于罚息的计算标准的核心内容是一致的。为保障当事人的合法权益，维护债券市场的交易秩序，应适用双方进入中国银行间市场签署的主协议中关于罚息利率的计算标准。

编写人：北京市朝阳区人民法院　项丹　李增辉

34

资产委托管理合同中保底条款的正确认定

——刘某、赵某诉某投资管理有限公司证券投资基金交易案

【案件基本信息】

1. 裁判书字号

山东省淄博市中级人民法院（2020）鲁03民终2827号民事判决书

2. 案由：证券投资基金交易纠纷

3. 当事人

原告（被上诉人）：刘某、赵某

被告（上诉人）：某投资管理有限公司（以下简称某投资公司）

【基本案情】

2016年11月10日，赵某与某投资公司签订《资产委托管理合同》一份，约定原告将其现金资产1000万元委托被告进行股票买卖，原告资产存放于某证券股份有限公司营业部，资金账号为××××5687；管理期限为12个月；合同对投资范围、预期收益率、管理费用及结算方式等进行了约定。合同签订后，原

告赵某通过银行转账的方式向被告账户存入 700 万元，由被告进行股票买卖。2017 年 4 月 18 日，原告刘某、赵某共同与被告公司签订《资产委托管理合同》一份，约定二原告将其现金资产 1000 万元委托被告进行股票买卖；原告资产存放于某证券股份有限公司营业部，资金账号为××××5687、××××6576；委托期限为 2016 年 11 月 1 日至 2018 年 4 月 18 日。合同签订后，原告刘某与赵某共同向某证券股份有限公司营业部账户内存入 1000 万元，由被告进行股票买卖。被告对高伟某账户操作一直到 2018 年 1 月 8 日，2018 年 1 月 9 日高伟某账户销户。刘某账户一直操作到 2018 年 6 月 21 日，其账面亏损 3927454. 79 元。此后，原告对某证券股份有限公司资产账号（××××6576）账户内原有股票进行降低成本操作，于 2018 年 8 月 20 日清仓，2018 年 8 月 21 日亏损 4951018. 39 元。被告公司于 2018 年 8 月 29 日后偿还原告 200 万元。双方就理财款项的保底问题发生争议，原告起诉要求被告返还本金 2951018. 39 元。被告则辩称涉案合同中的保底条款应当被认定无效。

【案件焦点】

双方签订的涉案资产委托管理合同中保底条款的效力问题。

【法院裁判要旨】

山东省淄博市张店区人民法院经审理认为：原、被告双方签订的两份资产委托管理合同，系双方当事人真实意思表示，约定内容不违反法律、法规的强制性规定，均为有效合同，双方应自觉履行。两原告依约履行向某证券账号投资义务，被告也应按约对涉案资金进行投资管理。合同约定：当原告委托资产出现账面浮亏 5%时，被告应即时与原告沟通并采取降低仓位等措施；被告对委托资产承担保本义务，若账户收盘时账面出现超过 5%的浮亏时，被告应于次日补足本金。2018 年 6 月 21 日，两原告修改证券账户密码，可视为与被告终止履行委托管理合同。依据账户交易明细，当日两原告账面亏损 3927454. 79 元，扣除被告已偿还的 200 万元，被告还应偿还投资款

1927454.79元。据此，依照《中华人民共和国民法总则》第一百六十四条①、《中华人民共和国合同法》第六十条②之规定，判决：

一、某投资公司于本判决生效后十日内偿还赵某、刘某投资款1927454.79元；

二、驳回赵某、刘某的其他诉讼请求。

某投资公司不服一审判决，以《资产委托管理合同》保底条款违反民法公平原则、民法中委托代理关系责任承担规则及资本市场的经济规则为由提起上诉，要求不承担相应的“保底”义务。

山东省淄博市中级人民法院经审理认为：关于涉案合同中的保底条款是否有效的问题。当事人约定对双方均具有拘束力，双方应恪约履行。本案中，涉案《资产委托管理合同》设定的保底条款，是当事人的真实意思表示，某投资公司主张保底条款违反资本市场规则和公平原则问题，均不是合同无效理由，且《中华人民共和国证券法》关于设定保底条款的限制并未涉及证券公司以外的主体，某投资公司既不是证券公司亦不是金融和信托机构，故某投资公司主张该份合同的保底条款无效，不予支持。关于200万元款项性质问题，某投资公司主张通过案外人向刘某、赵某付款200万元属于借款，未提交证据佐证，结合本案相关约定和录音证据，一审确认该款为还款并无不当。综上，某投资公司的上诉请求不能成立，应予驳回；一审判决认定事实清楚，适用法律正确，应予维持。据此，二审判决：

驳回上诉，维持原判。

【法官后语】

本案主要涉及非证券公司类的资产投资管理公司与自然人签订的资产委托管理合同中保底条款的效力问题。

所谓的委托理财，一般是指委托第三方（自然人、公司）在证券市场对客户资产进行有效管理与运作，实现资产保值增值的一项业务。依据《中华人民

---

① 对应《中华人民共和国民法典》第一百六十四条。

② 对应《中华人民共和国民法典》第五百零九条。

共和国民法典》以及银行业与证券业的相关法律规定，委托理财法律关系的受托人一般为证券公司、商业银行等经批准的金融机构。此外，非金融机构与受托人签订的委托理财合同，只要不违反法律禁止性规定，其合同效力与保底条款效力并不必然无效，应当具体情况具体分析。自然人之间签订的委托理财合同，也一般认定为有效，但若存在集合性受托投资管理业务的情形时，考虑到身份、资质与市场秩序问题，此类合同应当无效。

《中华人民共和国证券法》（以下简称《证券法》）第一百三十五条明确规定，证券公司不得对客户证券买卖的收益或者赔偿证券买卖的损失作出承诺。因此，只要是证券类金融机构签订的带有保底条款的委托理财合同，就应当区分具体情况认定合同无效或条款无效。同时，非金融机构、自然人主体签订的委托理财合同中的保底条款效力问题，应当依据条款的具体类型加以区分：(1) 含“保证本息固定回报”内容的条款；(2) 含“保证本息最低回报”内容的条款；(3) 含“保证本金不受损失”内容的条款；(4) 含“受托人承诺填补损失”内容的条款。对于第一种条款类型，应当认定为双方存在民间借贷关系，按借贷关系审判思路进行审理。对于第 (2) (3) (4) 种保底条款的类型，其效力尚无明确法律规定，司法实践与学界研讨中，对上述条款，有“合同无效”与“有限承认”两种观点及相对应的处理模式。鉴于“合同无效”模式无法合理解决委托人的收益获取与受托人的合理费用分享问题，且该模式会冲击社会信用体系，导致证券依托业务的萎缩，故应慎重使用。对此，在审判实践中实行“有限承认”比“合同无效”相对来说更为合理。即对此不一律承认条款效力，也不一律否认，而是结合银行相应的存款利率标准对保底收益率加以调整，过高部分不予支持。如江苏高级人民法院出台的《关于审理委托理财合同纠纷案件若干问题的通知》中对保底条款的司法认定标准就是对于蕴含保底条款的理财委托合同效力，除受托方为证券公司外，一般可认定为有效；委托人要求受托人按保底条款约定返还本金与约定回报的，人民法院应当予以支持；因市场风险导致受托人难以履行合同的，受托人请求减少超出正常范围回报的，人民法院可以酌情调整。

本案中，某投资公司非《证券法》规定的券商类主体，也不是金融和信托机构，系证券公司等经批准金融机构以外的委托理财合同主体类型，故合同的主体不违反法律的强制性规定；同时，某投资公司作为非券商类的投资资产管理方与刘某、赵某签订的委托理财合同及在补充协议中约定的保底条款系双方真实意思表示，且不与资本市场规则和公平原则相抵触，故对双方均具有拘束力，合同当事人应恪约履行，承担相应的本金保障义务。一审、二审据此认定合同保底条款有效并判定某投资公司承担履约责任无疑是正确的。当然，从本案带给实践的启示来看，在委托理财合同中，合法有效的约定“保底条款”是十分重要的。合同双方对此可将包含保底条款的委托理财协议拆分为借款协议与不包含保底条款的委托理财协议，借款协议保证本金及孳息的安全以及法律效力，委托理财协议保证投资人有合法理由尽量获得高额收益。

编写人：山东省淄博市中级人民法院　荣明潇　杨富元
山东省淄博市周村区人民法院　张蓓

35

原油掉期交易中违约事件及违约责任应依约适用国际惯例予以认定

——渣某银行诉某石化公司金融衍生品种交易案

【案件基本信息】

1. 裁判书字号

上海金融法院（2020）沪74民终533号民事判决书

2. 案由：金融衍生品种交易纠纷

3. 当事人

原告（被上诉人）：渣某银行

被告（上诉人）：某石化公司

【基本案情】

2011 年 9 月 15 日，渣某银行与某石化公司签订 ISDA2002 主协议及其附件（以下简称主协议）。2014 年 2 月 14 日，某石化公司签署《布伦特原油—买入绩效互换》交易条款（以下简称 2 月份交易条款）。2014 年 3 月 7 日，双方签订《布伦特原油—买入绩效互换》及对应的《交易确认书》（以下简称 3 月份交易条款），双方约定就布伦特原油开展互换交易；在《风险确认》中，某石化公司向渣某银行确认：某石化公司已经基于自身的判断对是否订立交易以及交易是否合适或适当做了最终决定，且对于其认为需要取得其他咨询以协助其作出本决定的，其已经取得自身顾问的所有额外意见。同日，渣某银行特别就布伦特原油价格跌破执行价格的亏损风险向某石化公司进行说明，某石化公司最终确认进行系争交易。主协议与 3 月份交易条款签订后，渣某银行与某石化公司依约履行了 4 期互换交易。2014 年 5 月 28 日、2014 年 9 月 17 日，渣某银行与某石化公司的授权交易员齐某通话，就系争交易向某石化公司提示油价下跌风险。某石化公司均表示了解且希望按原约定 3 月份交易条款执行。2014 年 11 月 11 日，某石化公司出具《关于终止布伦特原油—买入绩效互换的函》，要求提前终止 2 月 18 日签署的“布伦特原油—买入绩效互换”协议，否认 2014 年 11 月 10 日后互换交易的效力，并表示不再承担 11 月 10 日后的损失。2014 年 11 月 27 日，渣某银行向某石化公司发出《提前终止通知》，指定 2014 年 12 月 2 日为主协议项下所有未完成交易的提前终止日。

2014 年 12 月 2 日，渣某银行向 5 家市场交易商发送电子邮件，就系争交易提前终止所需的平仓成本发送询价函。2014 年 12 月 3 日，渣某银行向某石化公司发出《提前终止金额计算报告》及其附件，载明：要求某石化公司支付提前终止款项，提前终止金额支付时间于本报告生效日起的第二个本地工作日到期（以下简称支付到期日），要求某石化公司在支付到期日支付以上提前终止款项加上到期应付的利息。

渣某银行因索赔未果，于2019年4月1日向上海市浦东新区人民法院提起诉讼，要求某石化公司向渣某银行支付互换交易项下欠付的提前终止款项1328560.97美元、自2014年12月2日至其实际支付结算款项之日止的利息以及律师费人民币20万元等。

【案件焦点】

1. 涉案交易协议是否成立并有效；2. 某石化公司向渣某银行发函终止协议是否构成违约；3. 终止净额结算条款的性质及如何计算。

【法院裁判要旨】

上海市浦东新区人民法院经审理认为：本案系争主协议及相关交易条款均系双方当事人的真实意思表示，且内容不违反法律和行政法规的效力性强制性规定，也不存在其他导致合同无效的事由，故上述合同合法有效，当事人理应恪守。从现有证据来看，双方在合同中约定的提前终止款项系对亏损之合理预先估计而非违约金，支付该数额之目的系为补偿交易之未能实现及保障未来损失之风险，故被告某石化公司关于提前终止款项作为违约金应按照实际损失来确定的抗辩没有事实和法律依据，法院不予支持。该提前终止款项的金额，仲裁庭已根据相关市场报价作出了认定，法院认为仲裁庭认定的金额尚属合理，故予以认同。判决如下：一、被告某石化公司支付原告渣某银行互换交易项下欠付的提前终止款项1305777.97美元，自2014年12月2日起至2018年10月31日止的利息58571.55美元，以及自2018年11月1日起至实际清偿日的利息；二、驳回渣某银行其他诉讼请求。

某石化公司不服一审判决，提起上诉。

上海金融法院经审理认为：关于涉案主协议及相关交易条款效力问题，渣某银行在缔约过程中已履行了相应的客户审查及风险提示义务，某石化公司应对交易过程中可能产生的收益或亏损有一定的预期，并在此基础上自主作出商业判断，关于对冲现货交易中的损益，不能从涉案交易本身的盈亏来判断合同的公平性。故涉案交易条款均系双方当事人的真实意思表示，且内容不违反法律和行政法规的效力性强制性规定，也不存在其他导致合同无效的事由，故上述合同合法有效，当事人理应恪守。

关于违约责任及违约的后果问题，有相对人的意思表示的解释，应当按照所使用的词句，结合相关条款、行为的性质和目的、习惯以及诚信原则，确定意思表示的含义。现双方当事人对实际履行的协议为3月份交易条款并无争议，故某石化公司向渣某银行出具此函应理解为要求终止3月份交易条款。而根据主协议约定，任何一方取消、否认、放弃或拒绝全部或部分之主协议、由该方签订和交付之任何确认书或由此等确认书证明之任何交易，或对主协议、上述确认书或交易之有效性提出异议，均构成该方之违约事件。渣某银行据此确定双方之间互换交易的提前终止日并要求某石化公司支付提前终止款项及其利息的主张，具有合同依据。

关于提前终止款项的法律性质和金额的确定问题，掉期交易中，交易双方对具体违约责任触发交易提前终止的合约安排，实质上属于继续性合同的约定解除。违约事件下提前终止应付额包括终止款项和未付款项两部分，其中未付款项的清偿属于对已发生并确定之债务的履行，而提前终止款项即为交易违约方在合同解除后对非违约方应承担的违约责任，也就是赔偿非违约方因交易提前解除而遭受之损失。ISDA主协议作为国际惯例和国内行业规则在衍生品交易实践中被广泛采用并为交易参与方所熟知。因此，若交易协议中实际采用了ISDA主协议的相关规定，则应当认为交易各参与方对协议中所列违约责任的承担具有一定的预期。在某石化公司要求提前终止交易后，为确定合同约定的提前终止款项金额，渣某银行向行业内数家第三方机构咨询了有关替代交易的报价，并结合其他市场信息计算出了提前终止款项金额，该询价方法具有合理性。

上海金融法院判决：上诉请求不能成立，应予驳回。

【法官后语】

衍生品交易是合同当事人对未来的不确定性进行博弈，在金融机构对产品交易结构、蕴含风险进行充分揭示的情况下，当事人应对交易过程中可能产生的收益或亏损有一定的预期，并在此基础上自主作出商业判断，由此订立的交易协议应系双方当事人真实意思表示。当事人要求终止交易符合协议约定构成该方之违约事件的，金融机构有权依据协议享有违约事件发生后提前终止的权利。

ISDA主协议为场外衍生品交易提供了适用于国际市场的标准化合约，作为国际惯例和国内行业规则被广泛采用并为交易参与方所熟知。法院在对违约责任进行认定时，应以《中华人民共和国民法典》的合同编为基本依据，同时充分考量ISDA主协议相关规定及金融衍生品交易的自身特性，并以诚实信用原则和商业合理性原则为基础，计算提前终止款项的相应市场公允价值。

本案系石油掉期合约纠纷，该案因2014年国际石油价格暴跌，导致客户为止损提前解除合约而引发违约。国际掉期与衍生工具协会（ISDA）推出的ISDA主协议及其相关附件被视为国际衍生品交易的通用文本，其所确立的单一协议制度、履约保障制度、净额结算制度等相关规则作为国际惯例，在维护国际金融衍生品市场稳定运行方面发挥了重要作用。本案充分遵循金融衍生品交易的国际惯例及金融衍生品交易的自身特性，计算提前终止款项的相应市场公允价值，对此类案件的裁判具有一定的指引作用。同时，本案裁判有助于促进金融衍生品交易市场特别是掉期交易市场的发展，推动国际银行金融机构在境内推广金融衍生品交易，有利于上海国际金融中心建设和我国金融业对外开放。

编写人：上海金融法院　孙倩

六、融资租赁合同纠纷

36

监管银行违约导致融资租赁资金流失应当承担补充赔偿责任

——中某富通公司诉某银行朝阳分行合同案

【案件基本信息】

1. 裁判书字号

北京市第二中级人民法院（2020）京02民终8148号民事判决书

2. 案由：合同纠纷

3. 当事人

原告（上诉人）：中某富通公司

被告（被上诉人）：某银行朝阳分行

第三人（被上诉人）：朝某机械厂

【基本案情】

1. 融资租赁合同和账户监管协议签订情况

甲方中某富通公司作为出租人与乙方天津驼某公司作为承租人签订《融资租赁合同》，租赁本金5625万元。朝某机械厂作为供应商提供租赁物回购担保。同日，甲方中某富通公司、乙方朝某机械厂和丙方天津驼某公司签订《设备采购协议》。租赁物的购买价款总额5625万元。甲方中某富通公司、乙方朝某机械厂与丙方某银行朝阳分行签订《账户监管协议》，约定了资金监管账户的开立和使用限于满足签署和履行《融资租赁合同》及《设备采购协议》的需要，丙方在收到盖有甲、乙双方预留印鉴的《划款指令书》并核对无误后，应电话通知甲方财务人员朱某，经朱某确认，方可办理监管账户的对外付款；违约方应在合理范围内承担因其违约行为给监管财产和本协议对方当事人造成的损失。

2. 某银行朝阳分行履行账户监管协议情况

中某富通公司向上述监管账户合计汇入5625万元。某银行朝阳分行按照《账户监管协议》要求向其他公司共计支付4000.6万元，剩余的1624.4万元，某银行朝阳分行向其他公司支付均没有《划款指令书》原件。

中某富通公司向某银行朝阳分行发出相关函件，要求某银行朝阳分行对未经划款指令确认即划出的1624.4万元损失承担责任。

3. 融资租赁出租人、承租人及出卖方相关诉讼情况

出租人中某富通公司与承租人天津驼某公司关于《融资租赁合同》效力一案，天津市武清区人民法院最终判决确认中某富通公司与天津驼某公司签订的《融资租赁合同》有效。中某富通公司主张其已就该判决向天津市第一中级人民法院提出上诉。

中某富通公司诉被告朝某机械厂等买卖合同纠纷一案，北京市第二中级人民法院判决：中某富通公司解除合同行为有效，《设备采购协议》解除；朝某机械厂返还货款5625万元及利息；杨某等5人承担连带清偿责任。目前该案判决已生效。随后，中某富通公司申请执行，要求朝某机械厂、杨某等5人给付5625万元本金及利息等。因无财产可供执行，北京市第二中级人民法院作出终本裁定。

【案件焦点】

1. 某银行朝阳分行是否应当承担赔偿责任；2. 若某银行朝阳分行承担赔偿责任，赔偿责任的方式以及范围如何界定。

【法院裁判要旨】

北京市东城区人民法院经审理认为：首先，某银行朝阳分行未按照约定委托付款流程进行付款，属于超越委托权限的行为。但中某富通公司已通过其一系列诉讼行为追认某银行朝阳分行的越权行为。其次，中某富通公司要求某银行朝阳分行支付的款项已被其他生效判决确认的朝某机械厂返还货款及赔偿损失所涵盖，且补充赔偿责任不同于违约赔偿责任，要求某银行朝阳分行承担补充赔偿责任无合同及法律依据。故作出判决：驳回中某富通公司的全部诉讼请求。

中某富通公司不服一审判决，提出上诉。北京市第二中级人民法院经审理认为：根据《账户监管协议》相关约定，中某富通公司与某银行朝阳分行存在资金委托监管关系，而非委托付款关系。中某富通公司委托银行实施资金监管，是希望借此对朝某机械厂的履约行为和开具发票行为起到监督制约作用。某银行朝阳分行有两笔划款业务没有履行《账户监管协议》约定的监管措施，已经构成违约，应当就其违约行为承担相应的违约责任。虽然中某富通公司通过其他诉讼分别向其他债务人主张过权利，但其并未放弃过要求某银行朝阳分行承担《账户监管协议》项下违约责任的权利。参照适用《最高人民法院关于适用〈中华人民共和国担保法〉若干问题的解释》第二十六条的规定，某银行朝阳分行应当在给中某富通公司造成的损失范围内，对流失资金承担补充赔偿责任。

虽然《账户监管协议》当事人并不包括《融资租赁合同》和《保证合同》的相关当事人，但是《账户监管协议》监管的款项系整个融资租赁交易的标的，故中某富通公司在整个融资租赁交易项下自各债务人处均不能获得清偿的部分，属于中某富通公司的损失，某银行朝阳分行应当在流失资金范围内承担赔偿责任。执行程序已经终结，可以视为债务人不能清偿，一审法院认定有误，应予以纠正。

结合各方主观过错程度等因素，酌定某银行朝阳分行在流失资金中的500万元范围内，就中某富通公司的相关损失承担补充赔偿责任。某银行朝阳分行承担补充赔偿责任后，有权向《融资租赁合同》《保证合同》《设备采购协议》项下的债务人追偿。故，北京市第二中级人民法院作出判决：

一、撤销北京市东城区人民法院（2019）京0101民初1360号民事判决；

二、某银行朝阳分行在500万元范围内，对中某富通公司在案涉《融资租赁合同》《保证合同》《设备采购协议》项下债务人不能清偿债务部分的损失承担补充赔偿责任；

三、驳回中某富通公司其他诉讼请求。

【法官后语】

负有资金监管义务的监管银行根据资金监管协议的约定履行监管义务，当监管银行未尽到监管义务造成资金流失时，应承担何种性质的法律责任、承担责任范围如何界定等问题，在审判实践中存在较大争议。

首先，监管银行应当承担相应的违约责任。银行未尽到监管义务造成资金流失符合受托人承担违约责任的构成要件。监管人与监管银行之间存在资金委托监管关系，银行未按照资金监管协议约定的义务履行监管义务是违约行为的客观存在，此行为造成了监管资金流失的实际发生，银行的违约行为与监管资金的流失之间具有（间接）因果关系，且银行不存在合法的免责事由。因此，监管银行未尽到监管义务造成资金流失应当承担作为受托人的违约责任。

其次，监管银行应当承担相应的补充赔偿责任。第一，监管银行虽然未按照资金监管协议尽到监管义务，导致了监管资金错误流向被监管人，但该行为并非导致资金流失的直接原因。资金流失的直接原因系被监管人的违约、过错行为或其他责任人的违约、过错行为。易言之，监管银行未尽到监管义务是资金流失的第二顺位原因。此种责任形态契合补充责任的内在逻辑。第二，资金监管业务作为商业银行的产品，银行一般无偿或收取较低的费用提供资金监管义务。因此，按照权责相一致的原则，在此情况下，要求监管银行承担单独的赔偿责任或对被监管人的违约、过错行为以及其他责任人的违约、过错行为承担连带责任，对于监管银行过于苛责，责任显然过重。

最后，关于监管银行承担补充责任的范围界定，亦是应当予以重点关注的问题。监管银行未尽监管义务承担责任的顺位性决定了，只有在无法从直接责任人处得到全部赔偿的前提下，为了让监管人尽可能地使其利益得到补偿，才需要监管银行对直接责任人承担补充责任。直接责任人，应当从资金监管协议签订的背景和目的来进行分析。资金监管协议涉及的当事人虽然仅仅包括监管人、监管银行和被监管人，并不包括资金监管协议项下涉及整个交易关系的相关当事人，但资金监管协议的目的是满足资金监管协议项下整个交易关系相关当事人的正常履约，监管的资金款项也系资金监管协议项下整个交易标的所指，所以资金流失的直接责任人应当系整个交易项下的各债务人，监管人在整个交易项下从各债务人处均不能获得清偿的部分，才是监管人的损失。

同时，监管银行承担补充责任亦应当与监管银行的过错行为以及导致资金流失发生的原因力大小相一致。本案综合考量了监管人和被监管人的主观过错程度，合理界定了监管银行承担补充责任的比例。

编写人：北京市第二中级人民法院　葛红　任永军

37

租赁物部分真实情形下“名为租赁实为借贷”的司法认定

——上海某融资租赁有限公司诉某医院、某市城投公司融资租赁合同案

【案件基本信息】

1. 裁判书字号

上海金融法院（2021）沪74民终87号民事判决书

2. 案由：融资租赁合同纠纷

3. 当事人

原告（被上诉人）：上海某融资租赁有限公司

被告（上诉人）：某医院

被告：某市城投公司

【基本案情】

2017 年 3 月 7 日，原告（甲方）与被告某医院（乙方）签订《回租购买合同》《回租租赁合同》，甲方向乙方购买租赁物（详见《租赁物清单》）并租回给乙方使用，乙方同意向甲方承租租赁物并支付租金及其他应付款项，租赁物总价为 3300 万元；同时约定租赁期限、每期租金金额、租金支付日、违约情形及违约责任。被告某医院向原告出具《固定资产清单》（简称资产明细 1）、《设备所有权确认函》《承诺函》，承诺设备真实存在。被告某市城投公司与原告签订《保证合同》，承诺为被告某医院在《回租租赁合同》项下债务提供连带责任保证担保。2017 年 3 月 8 日，原告向被告某医院支付租赁物价款 29700000 元（租赁物总价 3300 万元扣除被告某医院应支付的保证金 330 万元），并就上述融资租赁业务及租赁物信息在中国人民银行征信中心办理了登记。被告某医院已支付部分租金后未再支付。原告遂诉至法院，主张合同加速到期，要求被告某医院支付全部租金、违约金、律师费等，要求被告某市城投公司承担连带保证责任。

关于涉案租赁物，审理查明：1. 被告某医院与案外人远东公司在涉案售后回租之前已就本案部分设备签订融资租赁合同（目前尚在履行中），且已在中国人民银行征信中心办理了动产权属统一登记。2. 被告某医院提供《2017 年某医院万元以上固定资产明细》（资产明细 2）《2017 年某医院审计报告》，认为：资产明细 2 系真实的设备情况，资产明细 1 系当时为配合原告放贷出具，实际其中部分设备不存在，部分设备已经在先与远东公司进行融资租赁业务，本案售后回租项下真实存在的租赁物原值 1000 余万元，但是按照《医院财务制度》规定的折旧方式，实际价值仅 140 余万元。3. 原告提供部分设备的照片，欲证明其对租赁物情况已进行现场核实，二被告对其真实性、关联性不予认可。

原告称其就租赁物发票进行过审核，但是未能提供发票原件或者复印件；原告同时认为，即使资产明细2为真，扣除远东公司融资租赁的设备及不存在的设备，本案中无争议的租赁物价值也占合同约定价值3300万元的67.63%。

二被告辩称：1. 涉案租赁物一部分已经在先融资给案外人远东公司，一部分不存在，其余存在的设备的净值只有140余万元，远远低于合同约定的3300万元，因此涉案融资租赁合同不具备融物属性，应为借贷关系；2. 原告不具有贷款资质，涉案合同系以合法形式掩盖非法目的，应认定无效。原告仅能获得实际出借款项扣除被告某医院已归还款项之余款，合同约定的利息、违约金、律师费等条款均属无效；3. 主合同无效，被告某市城投公司签订的担保合同为从合同，理应无效，无须承担保证责任。

【案件焦点】

租赁物部分真实情形下，如何认定涉案售后回租租赁合同的性质。

【法院裁判要旨】

上海市浦东新区人民法院经审理认为：要先确定涉案合同的性质。第一，真实的租赁物系融资租赁法律关系的存在前提及构成要件。原告作为主张融资租赁合同关系成立的一方，应对租赁物的真实性承担举证责任。本案中租赁物清单记载507件，原告仅提供被告某医院单方确认真实性的承诺说明，而被告某医院又当庭予以否认，原告举证尚不足以证明租赁物的真实存在。第二，原告的真实意图如系建立融资租赁合同法律关系，则理应对租赁物的真实性及权属做到审慎注意。《回租购买合同》已明确约定，承租人应将租赁物的原始发票原件（及/或其他乙方在将租赁物出售给甲方前对租赁物享有所有权的证明文件的原件）交付给原告保管，直至回租租赁合同履行完毕。现原告不仅无法提供租赁物发票原件，甚至连复印件亦无法提供，现场勘查照片仅涉及极少部分设备，且难以确认与本案租赁物的关联性，原告亦未提供其他审核证据。再者，本案售后回租合同签订之前，案外人远东公司已就本案部分设备在中国人民银行征信中心进行了登记，原告作为专业的融资租赁公司，理应进行相关查询，对涉案租赁物权属进一步与承租人核实，原告未能举证其尽到此等注意。可见，原告对租赁物本身是否存在、其是否能够取得所有权并不关注，法院实难认定原告具有进行融资租赁的真实意思表示。第三，即使被告某医院自认部分设备真实存在，原告单方核算该部分设备价值为 2000 余万元，与合同约定价值 3300 万元亦存在显著差异。综上，本院认定涉案《回租租赁合同》系以融资租赁合同之名行民间借贷之实，双方之间形成借贷法律关系。因无证据证明原告系以发放贷款作为其主营业务或主要利润来源，双方借贷法律关系有效。借款人逾期还款，原告有权要求其还本付息、支付逾期违约金并依约承担已实际发生的律师费用。法院以实际放款金额作为本金，以合同实际执行利率调整每期还本付息金额，减轻原合同项下被告某医院对原告所应承担的债务，被告某市城投公司应依约向原告承担保证责任。

据此，上海市浦东新区人民法院判决：被告某医院归还原告本金、利息、逾期利息、律师费，被告某市城投公司承担连带保证责任，驳回原告其余诉讼请求。

被告上诉后未缴纳诉讼费用，上海金融法院视为其撤回上诉。

【法官后语】

作为与实体经济结合紧密的一种投融资方式，融资租赁具有融资便利、期限灵活、财务优化等特点，有利于拓宽中小微企业融资渠道。售后回租系其中重要方式之一，承租人可以通过盘活自有资产的方式实现融资，实现其固定资产利益的最大化。但与普通融资租赁不同，售后回租模式中，租赁物的出卖人与承租人同一，设备不发生移转，极易与借贷关系混淆，“名为租赁实为借贷”系该模式下承租人经常提及的抗辩。此类案件的审查重点在于租赁物的真实性，通常以出租人未能举证证明租赁物的真实性，认定融资租赁法律关系缺乏融物属性，系以租赁之名行借贷之实。

本案特殊之处在于，出租人虽然无证据证明租赁物的真实性，但承租人自认部分租赁物真实存在，使得合同并非完全缺乏“融物”属性，故不可简单以前述举证否定融资租赁性质，而应进一步通过出租人审核行为考察其真实意思表示。出租人的真实意图如系建立融资租赁合同法律关系，理应对租赁物的真实性及权属尽到审慎注意义务。本案中，出租人既无法提供租赁物发票原件，甚至连复印件亦无法提供，现场勘查照片仅涉及极少部分设备，难以确认与本案租赁物的关联性，又未就在先融资且公示登记的设备权属进行审核。可见，原告对租赁物本身是否存在、其是否能够取得所有权并不关注，据此难以认定原告具有进行融资租赁的真实意思表示。

本案的判决价值在于：一、提示出租人未对租赁物真实性进行审核存在风险，进一步促进融资租赁公司规范审核行为；二、通过司法裁量，对于以租赁之形、借金融之名、行贷款之实的行为进行负面评价，引导其回归融资租赁本源，服务实体经济；三、合法合理认定合同性质，保护中小微企业融资路径与合法权益。

编写人：上海市浦东新区人民法院　徐秋子

七、委托理财合同纠纷

38

违反监管政策、破坏资本市场秩序的合同应属无效

——李晓某诉胡建某、九某公司委托理财合同案

【案件基本信息】

1. 裁判书字号

北京市第三中级人民法院（2020）京03民终13370号民事判决书

2. 案由：委托理财合同纠纷

3. 当事人

原告（被上诉人）：李晓某

被告（上诉人）：胡建某

被告：九某公司

【基本案情】

2015年6月8日，李晓某与某融公司签订《某融—瞰金22号证券投资集合资金信托计划资金信托合同》（以下简称信托合同），约定：受托人为信托计划在保管人处开设信托专用银行账户，在中国证券登记结算有限责任公司开立信托专用证券账户，在经证监会批准的证券公司开设信托专用资金账户和其他必要的账户；第1期保管费年费率0.2%；第1期受托人固定信托管理费年费率

0.8%；第 1 期信托单位预警线 0.9 元；第 1 期信托单位止损线 0.85 元。2015 年 6 月，李晓某（甲方）与九某公司的法定代表人胡建某（乙方）签订《某融信托股票账户操作合作协议》（以下简称合作协议），约定甲方将账户资产 3000 万元，账户形式为某融—瞰金 22 号伞形结构化信托账户第 7 期，委托乙方进行投资管理；对于合作资产，甲方必须保证其来源合法，且在法律上拥有无可争议的所有权，并承诺资金在一年合作期间保证乙方资金正常投资使用；在合作管理资产到期后，股票账户资产收盘总值需满足 3000 万元，如账户到期收盈结束时账户总额小于 3000 万元则乙方补齐资金到 3000 万元，保证甲方资金安全；当股票账户资产收盘总值大于 3000 万元且有盈利，甲乙双方约定按照 7∶3 比例分成，即甲方取得盈利部分的 70%，乙方取得盈利部分的 30%；乙方承诺按照信托账户投资范围及仓位进行正常股票买卖，操作规则依据某融—瞰金 22 号伞形结构化信托账户第 7 期合同内容；甲乙双方合作期为一年整，即 2015 年 6 月 8 日至 2016 年 6 月 7 日。李晓某向胡建某交付拥有 3000 万元资金（自有资金 1000 万元，杠杆资金 2000 万元）的涉案账户及密码。2016 年 1 月 5 日，涉案账户中资金为 22668204.83 元，后该账户无法再操作。李晓某多次要求胡建某、九某公司补偿账户资金，被以各种理由推托，故诉至法院要求胡建某、九某公司偿还理财资金、支付利息损失。

【案件焦点】

1. 合作协议的效力如何；2. 胡建某是否应当承担相应责任。

【法院裁判要旨】

北京市朝阳区人民法院经审理认为：李晓某与胡建某签订的合作协议中明确约定李晓某委托胡建某操作的账户系某融—瞰金 22 号伞形结构化信托账户第 7 期，该信托的交易模式违反了《中华人民共和国证券法》关于账户实名制的规定。证监会于 2015 年 4 月 22 日发布《中国证监会通报证券公司融资融券业务开展情况》，该文明确证券公司“不得以任何形式参与场外股票配资、伞形信托等活动，不得为场外股票配资、伞形信托提供数据端口等服务或便利”。

上述监管规定的目的在于清理证券市场的场外股票配资和伞形信托等活动，进而实现控制金融市场风险和维护正常经济秩序之目的。在此强监管背景下，李晓某与某融公司于2015年6月8日签订信托合同，伞形信托显著增加金融风险、破坏证券市场的正常秩序，亦有可能损害证券市场不特定投资者的利益。李晓某与胡建某签订的合作协议，其合同的订立和履行完全基于该伞形信托，故该合作协议应属无效。合同无效或者被撤销后，有过错的一方应当赔偿对方因此所受到的损失，双方都有过错的，应当各自承担相应的责任。本案中，双方在证监会于2015年4月22日叫停伞形信托后又依托伞形信托进行委托理财，双方均有过错，应当各自承担相应责任。

北京市朝阳区人民法院依照《中华人民共和国民法总则》第一百五十三条[①]，《中华人民共和国合同法》第五十二条第一款第四项[②]，第五十八条[③]、《最高人民法院关于适用〈中华人民共和国民事诉讼法〉的解释》第九十条之规定，判决如下：

一、被告胡建某赔偿原告李晓某3515897.59元；

二、驳回原告李晓某的其他诉讼请求。

胡建某不服一审法院判决，提起上诉。北京市第三中级人民法院经审理认为：该信托的交易模式违反了《中华人民共和国证券法》关于账户实名制的规定。证监会于2015年4月22日发布《中国证监会通报证券公司融资融券业务开展情况》，该文明确证券公司“不得以任何形式参与场外股票配资、伞形信托等活动，不得为场外股票配资、伞形信托提供数据端口等服务或便利”。在此强监管背景下，李晓某与胡建某于2015年6月签订合作协议，明确约定账户形式为某融一瞰金22号伞形结构化信托账户第7期，双方对于合作协议所涉内容是明知的，合作协议的订立和履行完全基于伞形结构化信托。考虑到证监会作为金融监管部门在当时特殊的市场行情下明令禁止资金通过伞形信托进入证

① 对应《中华人民共和国民法典》第一百五十三条。
② 对应《中华人民共和国民法典》第一百五十三条。
③ 对应《中华人民共和国民法典》第一百五十七条。

券市场；同时考虑到金融风险的高度传染性，伞形信托显著增加金融风险、破坏证券市场的正常秩序，亦有可能损害证券市场不特定投资者的利益，一审法院认定双方当事人签订的合作协议应属无效并无不妥，本院予以维持。对于该合作协议的无效，双方均有过错，应当各自承担相应责任，一审法院对于损失依据过错责任予以分配并无不当，本院予以维持。综上，本院对胡建某的相关上诉意见均不予采纳。

北京市第三中级人民法院依照《中华人民共和国民事诉讼法》第一百七十条第一款第一项之规定，判决如下：

驳回上诉，维持原判。

【法官后语】

所谓伞形信托，是指由证券公司、信托公司、银行等金融机构共同合作，结合各自优势，为证券二级市场的投资者提供投、融资服务的结构化证券投资产品，具体来说，就是用银行理财资金借道信托产品，通过配资、融资等方式，增加杠杆后投资于股市。一个信托通道下往往设立很多小的交易子单元，一个母账户可以产分为多个虚拟账户。虽然信托母账户真实存在，但并不参与实际操作，而是由每个子信托进行单独投资操作和清算。此种加杠杆的融资方式确实可放大收益，但也存在放大金融风险、规避金融监管的问题。比如，相比单一账户模式，伞形信托账户可以规避对单只股票的仓位限制。又如，为了保证优先级资金的安全，伞形信托有其对应的预警线和止损线。劣后级投资者须承受追加保证金的压力，甚至有被强行平仓的风险。而一旦爆仓，不仅劣后级资金血本无归，优先级理财资金亦不能幸免，这也造成很多劣后级投资者在实际交易中格外敏感，往往成为股指暴跌的导火索。同时，伞形信托母子账户设置模式将导致其信托专用证券账户只以母账户的形式在中国证券登记结算有限公司的结算系统进行结算，这一账户设置模式最终导致涉案信托计划项下不同的一般受益人将以同一账户进行证券交易，违反了《中华人民共和国证券法》关于账户实名制的规定。证监会于 2015 年 4 月 22 日发布《中国证监会通报证券公司融资融券业务开展情况》，该文明确证券公司“不得以任何形式参与场外股票配资、伞形信托等活动，不得为场外股票配资、伞形信托提供数据端口等服务或便利”。上述监管规定的目的在于清理证券市场的场外股票配资和伞形信托等活动，进而控制金融市场风险和维护正常经济秩序。

本案中，在证监会已经明确叫停伞型信托的强监管背景下，李晓某与某融公司仍签订信托合同，不但违反了《中华人民共和国证券法》关于账户实名制的规定，且该伞型信托显著增加金融风险、破坏证券市场的证券秩序，亦有可能损害证券市场不特定投资者的利益。而李晓某与胡建某签订的合作协议，其合同的订立和履行完全依托于该伞型信托，故该合作协议应属无效。

编写人：北京市朝阳区人民法院　孟妍

39

投资公司与投资人签署的赔偿协议是否属于保底条款

——王晓某诉谷某公司委托理财合同案

【案件基本信息】

1. 裁判书字号

北京市第三中级人民法院（2020）京03民终5181号民事判决书

2. 案由：委托理财合同纠纷

3. 当事人

原告（被上诉人）：王晓某

被告（上诉人）：谷某公司

【基本案情】

2018年3月23日，王晓某与谷某公司签订《基金合同》，约定王晓某认购谷某公司管理的谷某1号基金，认购金额300万元，确认份额为2605976.37

份，认购时单位净值为 1.1512 元。

2018 年 6 月 19 日，王晓某申请赎回基金，赎回确认日期为 2018 年 6 月 21 日，当时单位净值为 0.9825 元。但 2018 年 6 月 27 日，谷某公司通知王晓某赎回作废，原因是市场极端行情导致确认净值当天净值大幅度缩减。2018 年 7 月 3 日，谷某 1 号基金因单位净值跌破止损线宣布终止。2018 年 7 月 5 日，王晓某收到基金清算款项 686990.72 元，清算时基金单位净值为 0.2636 元。

王晓某提交了与谷某公司签订的《还款协议》，该协议约定：鉴于谷某 1 号基金后续投资出现较大亏损，已于 2018 年 6 月 28 日清盘，清盘时净值为（此处空白）；谷某公司承诺归还王晓某投资款的全部亏损部分，共计 2313000 元，分三次转入王晓某指定账户；若 2018 年 12 月 31 日前未还清，剩余未还款项按照年化率 6%的利率计息。《还款协议》没有载明签署日期，谷某公司主张协议签订于基金清算前，王晓某主张协议签订于基金清算后。根据王晓某提交的录音，王晓某于 2018 年 6 月 26 日与谷某公司法定代表人就签订《还款协议》事宜进行过协商，当时亏损已经实际发生。

2018 年 7 月 30 日至 2019 年 9 月 20 日，谷某公司向王晓某转账共计 872813 元。

因谷某公司未按照《还款协议》约定还款，王晓某诉至法院，要求谷某公司返还王晓某剩余款项 1440187 元，并支付利息（按照年利率 6%计算，自 2019 年 1 月 1 日起至实际还款之日止）。

【案件焦点】

1. 王晓某与谷某公司签订的《还款协议》是否属于保底条款；2. 该协议的效力如何。

【法院裁判要旨】

北京市朝阳区人民法院经审理认为：谷某公司主张《还款协议》签订于基金清算之前，属于保本承诺，应属无效。但亏损事实在清算之前已经产生，谷某公司在基金已经实际出现亏损、投资风险已经确实发生的情况下，出于自身对责任的认识，为弥补王晓某的损失而签订了《还款协议》，而非在资金募集阶段风险尚不确定的情况下向投资者承诺本金不受损失，因而并不属于《私募投资基金监督管理暂行办法》所禁止的保本承诺。谷某公司主张《还款协议》侵犯其他投资人权益，应属无效。但是《还款协议》约定谷某公司在基金清算后向王晓某支付投资款与赎回款之间的差额，并不影响其他投资人经基金清算取得赎回款，谷某公司的主张没有证据佐证，缺乏事实依据。谷某公司与王晓某签订《还款协议》是双方真实意思表示，协议内容不违反法律法规的强制性规定，应属合法有效，法院对谷某公司主张协议无效的抗辩意见不予采纳。

王晓某投资金额为 300 万元，基金清算后，王晓某收到赎回款 686990.72 元，相差 2313009.28 元。《还款协议》约定谷某公司归还王晓某投资款的亏损金额为 2313000 元，与事实相符。谷某公司在签订《还款协议》后未依约向王晓某付款，王晓某要求谷某公司支付剩余款项并按照年化率 6%的利率支付利息，于法有据，法院予以支持。

北京市朝阳区人民法院依照《中华人民共和国合同法》第一百零七条①、第一百一十四条②，《最高人民法院关于审理民间借贷案件适用法律若干问题的规定》第十五条之规定，作出如下判决：

一、被告谷某公司于本判决生效之日起七日内给付原告王晓某剩余款项 1440187 元；

二、被告谷某公司于本判决生效之日起七日内给付原告王晓某利息（自 2019 年 1 月 1 日起至 2019 年 3 月 29 日止，以 1734750 元为基数；自 2019 年 3 月 30 日起至 2019 年 6 月 20 日止，以 1590187 元为基数；自 2019 年 6 月 21 日起至 2019 年 7 月 22 日止，以 1540187 元为基数；自 2019 年 7 月 23 日起至 2019 年 9 月 20 日止，以 1490187 元为基数；自 2019 年 9 月 21 日起至实际支付剩余款项之日止，以 1440187 元为基数；以上均按照年利率 6%的标准计算）。

谷某公司不服一审判决，提出上诉。北京市第三中级人民法院经审理，确认了一审法院认定的事实和证据。依照《中华人民共和国民事诉讼法》第一百

---

① 对应《中华人民共和国民法典》第五百七十七条。

② 对应《中华人民共和国民法典》第五百八十五条。

七十条第一款第一项之规定，作出如下判决：

驳回上诉，维持原判。

【法官后语】

本案争议焦点在于王晓某与谷某公司签订的《还款协议》的效力问题。

一、为什么“保底承诺”无效

（一）为什么不得向投资者承诺保底

《私募投资基金监督管理暂行办法》第四章“资金募集”中第十五条规定：“私募基金管理人、私募基金销售机构不得向投资者承诺投资本金不受损失或者承诺最低收益。”首先，保底承诺与基金投资活动中“投资有风险”“投资者自担风险”的本质相冲突；其次，在资金募集阶段，投资的风险尚不确定，如果私募基金管理人、私募基金销售机构向投资者承诺本金不受损失或者承诺最低收益，会误导投资者忽视或者低估投资风险，错误投资与投资者风险识别能力、风险承担能力不相匹配的投资项目，有悖于卖方机构的适当性义务。

（二）为什么约定保底条款导致合同无效

根据《全国法院民商事审判工作会议纪要》的精神，违反规章一般不影响合同效力，但该规章的内容涉及金融安全、市场秩序、国家宏观政策等公序良俗的，应当认定合同无效。

二、为什么《还款协议》不属于保底承诺

（一）协议达成的时间：亏损已经实际发生

本案中，《还款协议》并非在资金募集，风险尚未确定的情况下签订，由于清算前基金已经发生亏损，无论《还款协议》签订于基金清算前还是基金清算后，从案件事实均可判断出该协议签订时亏损已经实际出现。

（二）当事人签订协议的目的：对已发生损失的责任分配

由于《还款协议》签订时亏损已经实际发生，可以推断出谷某公司并非为了招徕投资而承诺保本，而是基于自身对责任的认识，愿意弥补王晓某的损失而签订《还款协议》。

基于以上两点，法院认为《还款协议》并不属于违反《私募投资基金监督管理暂行办法》的保底承诺。

三、其他不认定《还款协议》无效的原因

（一）《还款协议》不存在侵犯第三人权益的情形

谷某公司主张《还款协议》侵犯其他投资人利益，应属无效，但是《还款协议》系约定谷某公司在基金清算后以自有资产向王晓某支付投资款与赎回款之间的差额，而非向王晓某多分配基金资产，并不影响其他投资人经基金清算取得赎回款。

（二）不能使不诚信的当事人因合同无效而获益

谷某公司在基金的募集、运作和清算分配的过程中处于主导地位，其在签订《还款协议》时意思表示也是自由的，若认定《还款协议》无效，则谷某公司将从其赔偿损失的承诺中脱身，从而获利。在《还款协议》并不存在影响金融安全、市场秩序的情形，亦不侵犯第三人权益的情况下，基于不能使不诚信的当事人因合同无效而获益的考虑，不宜认定《还款协议》无效。

基于以上考虑，法院对谷某公司主张协议无效的抗辩意见不予采纳，确认谷某公司与王晓某签订的《还款协议》合法有效。

编写人：北京市朝阳区人民法院　戎璐　杨帆

40

民间委托理财合同保底收益条款的效力

——贺某盛诉李某峰等民间委托理财合同案

【案件基本信息】

1. 裁判书字号

新疆维吾尔自治区乌鲁木齐市中级人民法院（2020）新01民再126号民事判决书

2. 案由：民间委托理财合同纠纷

3. 当事人

原告（上诉人、再审申请人）：贺某盛

被告（被上诉人、再审被申请人）：李某峰、贾某婷、韦某路

【基本案情】

2015年6月24日，贺某盛与李某峰、贾某婷（保证人）、韦某路（保证人）签订《投资协议书》一份，约定：李某峰代理贺某盛进行买卖股票操作，贺某盛仅告诉李某峰股票账户及交易密码，保证李某峰可以进行股票交易；委托期间贺某盛完全委托李某峰买卖股票，贺某盛不得自己操作委托资金的股金买卖；贺某盛资金在双方协议操作时间结束时出现亏损，李某峰负责赔偿亏损的部分；李某峰在协议操作时间结束时，如账户收益率超过百分之二十或者李某峰在操作阶段获得收益达到贺某盛委托原有资金40%时，甲、乙双方对收益按5：5分成；李某峰代理贺某盛买卖股票操作的周期是十二个月，自2015年6月25日至2016年6月25日。2016年11月8日，上述当事人又签订《补充协议》一份，约定：因原投资协议书到期，经双方协议顺延一年，顺延期间的资金成本由甲乙双方各承担一半。贺某盛需配合李某峰开通账户的融资融券业务，贺某盛提供贷款抵押物，由李某峰贷款并承担贷款本金和利息，所贷资金用于对原账户的补仓。如一年账户资产未达到五百万元，则李某峰提供财产由贺某盛处置。2015年6月24日，贺某盛股票账户资产5000108.87元，2016年6月25日，涉案《投资协议书》一年到期后，贺某盛股票账户资产2019886.66元，签订《补充协议》时股票账户资产2452092.4元，2017年6月26日股票账户资产1428065.81元，2018年5月7日股票账户资产1259873.48元。贺某盛诉请要求李某峰给付300万元，贾某婷、韦某路承担连带还款责任。

【案件焦点】

1. 案涉《投资协议书》和《补充协议》的效力；2. 案涉《投资协议书》《补充协议》是否实际履行；3. 贺某盛与李某峰在履行《投资协议书》《补充

协议》中有无违约行为；4. 李某峰、贾某婷、韦某路应如何承担本案民事责任。

【法院裁判要旨】

新疆维吾尔自治区乌鲁木齐市新市区人民法院经审理认为：贺某盛与李某峰之间实际系委托代理合同，虽然贺某盛按照合同约定开设了股票账户，但李某峰操作该股票账户的前提是贺某盛已经向其交付了股票密码，针对该事实贺某盛未能提供相应证据予以佐证，亦未对如何交付股票密码作出合理说明，并且，上述股票账户操作时的 IP 地址一审法院无法调取，贺某盛亦无法提供，据此，贺某盛提供的现有证据无法证明其开设的股票账户系李某峰操作，其要求李某峰承担给付义务及由贾某婷、韦某路承担连带责任的证据不足，一审法院对其诉讼请求不予支持。

新疆维吾尔自治区乌鲁木齐市新市区人民法院依照《中华人民共和国合同法》第六十条，《中华人民共和国民事诉讼法》第六十四条之规定，作出如下判决：

驳回原告贺某盛的诉讼请求。

贺某盛不服一审判决，提起上诉。

新疆维吾尔自治区乌鲁木齐市中级人民法院经审理认为：第一，依据《最高人民法院关于适用〈中华人民共和国民事诉讼法〉的解释》第一百零五条规定，本案中，贺某盛未提交证据证明其已向李某峰交付了股票账户及密码，但根据贺某盛与李某峰、贾某婷、韦某路订立的《补充协议》约定“因原投资协议书到期，经双方协议顺延一年”的内容反映，李某峰作为完全民事行为能力人，在与贺某盛订立新协议时，如在先的《投资协议书》未实际履行，其会要求收回购房合同原件，更加审慎的订立《补充协议》，不会同意在《补充协议》中出现“原协议到期”“顺延”等字眼，亦不会订立“补充协议”。另外，股票账户及密码属于个人隐私，贺某盛未以书面的形式交付密码符合常理，故二审法院确认贺某盛在订立《投资协议书》时应当向李某峰交付了涉案股票账户及密码。第二，关于李某峰是否完全履行《投资协议书》《补充协议》。二审法院认为，涉案股票账户系贺某盛于2015年4月13日开设的，贺某盛在2015年6月24日向李某峰交付股票账户及密码时，其本人对账户密码亦是清楚的，贺某盛、李某峰二人均掌握涉案股票账户的密码。贺某盛作为股票账户的设立人，可以随时进入其股票账户、修改股票账户密码，亦可进行股票操作。虽然贺某盛向一审法院提交了其于2018年5月7日对涉案股票账户密码进行更改的证据，但并不能据此认定在2015年6月25日至2018年5月7日期间，仅李某峰个人持有涉案股票账户密码进行股票操作，或李某峰取得股票账户密码后立即更改了该密码，使得贺某盛无法进入该涉案股票账户。一审法院经贺某盛的申请，无法调取该股票账户操作时的IP地址，二审审理期间，贺某盛亦未针对其上诉请求补充证据，按照《投资协议书》的约定，贺某盛提供的现有证据无法证明其开设的股票账户完全系李某峰操作，不能证明其个人对涉案股票账户没有进行任何资金操作，故在此情况下，涉案股票账户损失应由其承担。

新疆维吾尔自治区乌鲁木齐市中级人民法院依据《最高人民法院关于适用〈中华人民共和国民事诉讼法〉的解释》第九十条的规定，作出如下判决：

驳回上诉，维持原判。

贺某盛不服二审判决，申请再审。

新疆维吾尔自治区高级人民法院作出民事裁定，指令新疆维吾尔自治区乌鲁木齐市中级人民法院再审本案。

新疆维吾尔自治区乌鲁木齐市中级人民法院经审理认为：第一，本案中，贺某盛与李某峰自愿签订《投资协议书》，双方形成民间委托理财合同关系，协议中约定的保底收益条款系双方当事人意思自治，《投资协议书》中李某峰基于协议操作盈利后可收取高额的费用作为酬劳，该协议对受托人而言，存在高风险亦存在高收益，在并无法律明确禁止性规定的情况下，该投资协议书有效。双方签订《投资协议书》后，于2016年11月8日又签订了《补充协议》，系自愿达成，亦合法有效。第二，涉案《投资协议书》签订后，贺某盛依约出资。依据《补充协议》约定的内容，结合贺某盛在再审期间提供的新证据，可证实涉案股票账户自订立《投资协议书》后有多笔股票交易操作记录，贺某盛应当交付了涉案股票账户及密码，《投资协议书》与《补充协议》均已实际履行。第三，《投资协议书》和《补充协议》履行中，李某峰未能依约履行股票账户资产达到500万元的合同义务，贺某盛未能依约履行提供贷款抵押物的合同义务，双方在履行协议中均有违约行为。第四，因双方在履约中均有违约行为，对该损失均应承担相应责任，由双方平均分担损失为宜。贺某盛未能提供有效证据证实其在2017年12月27日前向贾某婷、韦某路主张过承担保证责任，故依据法律规定和本案的现有证据，贺某盛主张贾某婷、韦某路承担本案保证责任的诉讼请求，已超过法律规定的保证期间。

新疆维吾尔自治区乌鲁木齐市中级人民法院依照《中华人民共和国合同法》第一百零七条、第一百二十条，《中华人民共和国担保法》第十九条、第二十六条，《中华人民共和国民事诉讼法》第二百零七条第一款、第一百七十条第一款第二项之规定，作出如下判决：

一、撤销本院民事判决和新疆维吾尔自治区乌鲁木齐市新市区人民法院民事判决；

二、李某峰给付贺某盛1785967.09元；

三、驳回贺某盛的其他诉讼请求。

【法官后语】

关于案涉《投资协议书》和《补充协议》的效力问题。目前，审判实践中民间委托理财保底收益条款主要有以下三类：一是保证本息固定回报条款；二是保证本息最低回报条款；三是保证本金不受损失条款。依据法律规定，证券公司委托理财合同中订有保底收益条款应认定为合同无效。但关于民间委托理财的合同效力问题，法律并无明确规定。审理该案中，经查阅相关类案和法律观点，笔者认为，在民间委托理财中，虽然受托人的保底收益承诺改变了委托合同由委托人承担风险的基本特征，但合同法对委托人的风险承担系任意性规定，保底收益条款是当事人意思自治对委托行为所设立的一种激励和制约机制，并未违反强制性规定，且委托人专业理财知识的匮乏以及受托人独享投资决策权，根据权责一致原则，受托人应负有较大责任，故对民间委托理财合同中保底收益条款的特殊风险安排，不宜一概认定为无效。

在上述三种民间委托理财的类型中，一方面，保证本金固定回报类型，合同性质应该认定为名为理财实为借贷；另一方面，保证本息最低回报和本金不受损失两种类型，实质上属于委托方参与收益分配，委托人的缔约目的并非单纯借贷，委托人对于受托人管理资产行为及收益后的分成存在预期，受托人所承担的义务也不仅是还本付息的还款义务，受托人的收益来自对资产的有效管理而产生的增值部分的分配，因此双方通过风险由受托人承担，收益归双方分享的安排，达到委托理财的目的，对于这两类保底收益合同应尊重当事人的约定，除有法律禁止性规定外，应认定为有效。

具体到本案中，案涉《投资协议书》系民间委托理财合同，协议中约定的贺某盛资金在双方协议操作时间结束时出现亏损，由李某峰负责赔偿亏损，收益达到一定比例时双方可对收益部分进行分成的内容，系保底条款。协议中的保底收益条款属保证本金不受损失的条款类型。在民间委托理财中，保底收益条款系双方当事人意思自治，委托人一般专业理财知识匮乏，受托人一般专业性知识较强，对委托理财经营中的信息及风险应具备理性的判断，在李某峰没有资金投入而可能获取高额回报的情形下，双方共同作出的意思表示不宜一概认定无效。《投资协议书》中李某峰基于协议操作盈利后可收取高额的费用作为酬劳，该协议对受托人而言，存在高风险亦存在高收益，在并无法律明确禁止性规定的情况下，该投资协议书有效。

因贺某盛与李某峰在履约中均有违约行为，对该损失均应承担相应责任，由双方平均分担损失为宜。

编写人：新疆维吾尔自治区乌鲁木齐市中级人民法院　王婷

41

聚合投资型委托理财关系中受托人的双重身份及其责任认定

——章某诉金某东、朱某委托理财合同案

【案件基本信息】

1. 裁判书字号

北京市第三中级人民法院（2020）京03民终9195号民事判决书

2. 案由：委托理财合同纠纷

3. 当事人

原告（被上诉人）：章某

被告（上诉人）：金某东、朱某

【基本案情】

金某东系某投资管理公司股东。2015年5月28日，某投资管理公司作为甲方与金某东（乙方）签订《股票认购意向协议》，约定乙方可以指定其管理的符合条件的基金或其他第三方替代乙方参与认购甲方发行的股票等。

2015年6月3日，章某作为甲方（委托人）与金某东（乙方、被委托人）、朱某（乙方财产共有人）签订《委托投资代持股协议》（以下简称案涉协议），约定：就甲方委托乙方投资某投资管理公司并持股事宜达成协议：一、委托内容：甲方委托乙方作为甲方对某投资管理公司人民币20万元投资的名义持有人，并代为行使相关股东权利，乙方接受甲方的委托并代为行使该相关股东权利。二、委托权限：甲方委托乙方代为行使的权利包括但不限于：以乙方名义将受托资金投资于某投资管理公司的定向增发项目、某投资管理公司的股票、在某投资管理公司股东登记名册上具名并且以其股东身份参与公司相应活动、代为收取股息或红利、出席股东会并行使表决权，以及行使股东的其他权利等。

同日，章某作为甲方与乙方金某东签订案涉协议《附件一：关于九鼎投资定增项目的操作备忘》，内容包括“……四、基于严重的超额认购现状，乙方不能保证以3亿元（或2000万股）的足额申购，也不能保证定增价格一定低于某投资管理公司在二级市场的价格；乙方享有自主决定以个人名义或有限合伙等机构名义参与此次定增的完全决定权”等。

2015年6月3日，章某通过银行转账方式向单某的银行账户转账20.2万元。单某随后将该笔款项于2015年6月4日汇入金某东账户。

2015年11月2日，某投资管理公司发布的发行对象中无金某东。

金某东称在收到章某交付的资金后，与案外人吴某签订的《资产管理计划代持协议》，由吴某作为资产委托人与资产管理人签订的《某资管计划资产管理合同》，即金某东所确认的实际履行方式为：委托吴某投资，将投资款通过吴某投入某资管计划，再由某资管计划投资到某投资管理公司的定增项目。

金某东确认该最终参增模式未经章某事先同意。

章某以金某东未依据案涉协议履行义务为由，起诉请求法院解除案涉协议；判令金某东返还投资款、管理费并赔偿损失；判令朱某承担连带赔偿责任。

【案件焦点】

1. 涉案法律关系的性质；2. 金某东是否应承担适当性义务；3. 金某东的最终参增模式是否违反适当性义务。

【法院裁判要旨】

北京市朝阳区人民法院经审理认为：金某东所称最终参增模式不符合案涉协议的约定。章某作为委托人要求解除合同，要求金某东返还投资本金、管理费，符合法律规定，应予支持。章某关于损失部分的诉讼请求缺乏依据，不予支持。朱某作为与金某东的财产共有人在案涉协议签字，且未证明涉案债务属于个人债务，章某有权要求朱某就投资本金、管理费的返还承担连带责任。

北京市朝阳区人民法院依照《中华人民共和国合同法》第三十九条、第四十一条、第九十四条第四项、第一百零七条、第一百一十九条、第四百条，《最高人民法院关于适用〈中华人民共和国婚姻法〉若干问题的解释（二）》第二十四条第一款，《最高人民法院关于审理涉及夫妻债务纠纷案件适用法律有关问题的解释》第一条之规定，作出如下判决：

一、解除案涉协议；

二、金某东于判决生效之日起十日内返还章某20.2万元；

三、朱某于判决生效之日起十日内就金某东的应还款项向章某承担连带赔偿责任；

四、驳回章某的其他诉讼请求。

金某东、朱某不服一审判决，提起上诉。

北京市第三中级人民法院经审理认为：第一，关于涉案法律关系。在案证据显示，涉案法律关系是在某投资管理公司计划增资的背景下，由金某东聚合投资人资金，投资人通过金某东参与某投资管理公司新股定向增发项目而形成的投资人与金某东之间的委托合同关系。金某东作为某投资管理公司的股东，利用其与某投资管理公司的管理层熟识的特殊关系，与某投资管理公司签署《股票认购意向协议》，是金某东聚合投资的前提。本案委托理财合同关系并非一般委托合同关系：双方委托关系建立在金某东向投资人推介某投资管理公司新股定向增发项目的基础之上，金某东既是聚合投资的一方，也是接受委托的一方。

第二，关于适当性义务。金某东虽非向金融消费者销售金融理财产品的机构，但因其在聚合投资过程中所起的作用，其应当承担必要的适当性义务。适当性义务的核心即为告知说明义务，此为投资人能够真正了解产品和服务的投资风险和收益的关键，应当根据产品的风险和投资人的实际情况，综合一般人能够理解的客观标准和投资者能够理解的主观标准来确定告知说明义务，对于受托人是否履行了了解客户、告知说明和文件交付等适当性义务等事实，应当由受托人承担举证证明责任。

第三，金某东的行为是否违背适当性义务。案涉协议约定：投资人以金某东名义持股。实际履行中，金某东称受投资人委托以金某东个人名义或有限合伙等机构名义参与定增。金某东所称的最终参增模式是对约定投资方式的重大变化。两种不同的投资方式，所具有的投资风险、收益方式及对风险的防控具有极大区别。金某东作为聚合投资的受托人，未在约定投资方式变更时，就相关风险向投资人作出明确无误的说明，从而确保投资人在充分了解投资方式变化可能引发风险的基础上作出自主决定。鉴于最终参增模式属于高风险等级投资活动，金某东的行为违反其应当承担的适当性义务。

其他争议问题，二审法院同意一审法院的裁判意见。

北京市第三中级人民法院依照《中华人民共和国民事诉讼法》第一百七十条第一款第一项之规定，作出如下判决：

驳回上诉，维持原判。

【法官后语】

在金融投资市场中，投资者通过层层委托参与标的公司定增项目的现象大量存在。通过审判实践，我们发现此类投资行为往往表现为委托理财法律关系，又实质有异于一般法律意义上的委托理财。此类投资活动，并非由委托人自行发起，而是由与目标公司具有特定关系的人，以委托理财关系受托人的身份，通过推介形成资金聚合。聚合投资型委托理财关系的受托人，是投资活动的推介者，即实际发起人，同时也是该投资活动的具体操作人（受托人）。司法实践中，如果仅根据委托理财关系的法律规定确认当事人的权利义务，容易忽略受托人在投资形成中的实际主导作用，造成当事人权利义务失衡。

聚合投资型委托理财活动所针对的金融产品一般具有一定的专业性和复杂性。金融市场上的信息不对称，加上投资者自身的知识和能力局限，使得投资者与受托投资者之间的缔约和履行能力处于不对等地位，结合聚合投资的特性，二审合议庭参考《全国法院民商事审判工作会议纪要》关于金融消费者权益保护纠纷案件审理的精神，认为保护维护投资者的合法权益、保障投资者的知情权和选择权，是审理类似案件的要点之一。

最高人民法院在《全国法院民商事审判工作会议纪要》中，明确卖方机构在向金融消费者推介、销售高风险等级金融产品，以及为金融消费者参与高风险等级投资活动提供服务的过程中，必须履行适当性义务。在以上聚合型委托理财合同纠纷中，应考虑受托人在高风险投资活动中的主导作用，对受托人参照适用适当性义务原则，以实现“推介者尽责”，从而确保“投资者责任自负”。

关于适当性义务的本质及内容。保障投资者的知情权和选择权，其实质在于确保投资者在充分了解投资标的及其风险的基础上作出自主决定。为此，投资受托方应承担必要的“适当性”义务。适当性要求金融机构将适当的产品销售给适当的客户，是平衡金融市场中买卖双方交易不平等地位、信息不对称现象的有效工具。告知说明义务是适当性义务的重要内容，是金融消费者能够真正了解各类高风险等级金融产品或者高风险等级投资活动的投资风险和收益的关键。在聚合型投资所引发的纠纷中，对于适当性义务，特别是告知说明义务，法院应加以特别关注。

关于金某东应承担适当性义务的原因。“高风险等级金融产品和金融服务”中的“高风险”并非金融学意义的风险等级，而是特指将来发生重大不利益状态之可能性。司法实践中，法院一般以本金损失为判断基准。“高风险等级金融产品和金融服务”的范围原则上应包括除存款外的具有本金损失可能性的金融产品和服务。金某东受托代持新三板上市公司定增项目新发行股份，实际通过层层委托参与标的公司定增项目，其投资行为符合“高风险等级金融产品和金融服务”的特征。作为聚合投资的推介者，金某东应承担适当性义务。

关于金某东未履行适当性义务的确认。金某东对外层层委托的最终参增模式，是在未经投资人明确授权的情况下，将受托资金转交给第三方个人，再由该第三方成立资管计划，并最终通过该资管计划参与投资目标公司定增项目。该操作实质改变了约定投资方式，极大增加了投资风险的控制难度。金某东变更投资方式，既无委托人的明确授权，也未告知委托人，严重损害了投资人的知情权和选择权，故应当认定金某东在高风险等级投资活动中并未履行适当性义务。

编写人：北京市第三中级人民法院　谷绍勇

八、财产保险合同纠纷

42

驾驶员未取得道路运输从业资格并不当然构成保险标的危险程度显著增加

——上海某物流有限公司诉某财产保险股份有限公司上海分公司财产保险合同案

【案件基本信息】

1. 裁判书字号

上海金融法院（2019）沪74民终575号民事判决书

2. 案由：财产保险合同纠纷

3. 当事人

原告（上诉人）：上海某物流有限公司（以下简称某物流公司）

被告（被上诉人）：某财产保险股份有限公司上海分公司（以下简称某财险上海分公司）

【基本案情】

某物流公司为其车牌号为沪DL××××的营业用货车向某财险上海分公司投保了交强险和机动车商业险，车辆使用性质为营业货车，商业险包括第三者责任险、车损险、自燃损失险及以上险种的不计免赔率险。保险期间为自2017年

5月24日0时起至2018年5月23日24时止。2018年2月2日16时03分左右，某物流公司驾驶员符某驾驶的沪DL××××、皖JG×××挂行驶到苏州市某地二号厂门口对面，与案外人谭某驾驶的苏E××××发生交通事故，导致苏E××××车辆受损及苏E××××车上人员案外人郝某受伤的交通事故。2018年9月21日，某物流公司、某财险上海分公司委托的永安保险股份有限公司苏州中心支公司及案外人郝某达成《道路交通事故三方调解协议》。2018年9月26日，交警部门出具《道路交通事故认定书》，认定案外人谭某负事故主要责任，某物流公司负事故次要责任。2018年9月26日，某物流公司赔付案外人谭某车辆修理费31800元，赔付案外人郝某医药费10000元。某物流公司诉至法院，请求判令：1. 某财险上海分公司赔偿原告三者车损损失31800元、三者医药费10000元，共计41800元；2. 请求诉讼费由某财险上海分公司承担。某财险上海分公司辩称，事故发生时某物流公司驾驶员符某无营运车辆驾驶员从业资格证，某财险上海分公司不应承担商业险的赔付责任。

【案件焦点】

驾驶员未取得道路运输从业资格证的情形是否构成危险程度显著增加，保险公司是否可以主张免赔。

【法院裁判要旨】

上海市浦东新区人民法院经审理认为：驾驶员未取得相关从业资格证，违反行政法规的强制性规定，不得从事运营车辆的驾驶工作。从保险标的危险程度的角度分析，某物流公司让不具备从业资格的驾驶员驾驶被保险车辆从事货运经营，显然会增加被保险车辆发生事故的概率，且无证据证明某物流公司已就此事实通知某财险上海分公司，故判决驳回某物流公司的全部诉讼请求。后某物流公司不服一审判决，提起上诉。

上海金融法院经审理认为：案涉车辆驾驶员未具有从业资格证并不代表其失去驾驶车辆资格，且无证据证明某财险上海分公司对该条款履行了提示义务。同时，某财险上海分公司亦未提供证据证明在畅讯公司驾驶员不具有营运车辆驾驶证的情况下显著增加了涉案车辆的危险程度。2019 年 8 月 29 日，上海金融法院作出终审判决：

一、撤销上海市浦东新区人民法院（2019）沪 0115 民初 3227 号民事判决；

二、某财险上海分公司应于判决生效之日起十日内赔偿某物流公司 31800 元。

【法官后语】

本案系关于驾驶员未取得道路运输从业资格证是否属于《中华人民共和国保险法》第五十二条规定的危险程度增加之情形，保险公司是否可以主张免赔的争议。

一、保险人是否应履行对驾驶人应具备相关证照的提示义务

对于认定保险人是否履行提示说明义务的前提在于认定《中华人民共和国道路运输条例》（以下简称《道路运输条例》）相关条款是否属于禁止性规定，进而结合案情对是否负有提示义务、如何分配举证责任等问题进行判断。具体而言即：第一，《道路运输条例》相关条款属于禁止性规定。禁止性规定是禁止当事人为一定行为的法律规定，行为人违反禁止性规定，应根据该规定的立法目的受到相应的行政处罚或者刑事处罚。根据《道路运输条例》第二十五条、第六十四条、第六十五条的规定，条文内容已对个人驾驶员取得相应资质和车辆配备营运证等问题做出了明确要求，并且对违反规定的行为作出了应当承担刑事责任或行政处罚的法律后果描述，并且上述内容通俗易懂，因此前述条款符合认定属于禁止性规定一般意义上的判断标准。

第二，针对禁止性规定保险人仍应履行提示义务。结合《中华人民共和国保险法》第十七条、《最高人民法院关于适用〈中华人民共和国保险法〉若干问题的解释（二）》（以下简称《保险法司法解释二》）第十一条的规定，保险人应“以足以引起投保人注意的文字、字体、符号或者其他明显标志作出提示”。而本案中，某财险上海分公司提供的商业险条款并未举证证明其已通过足以区别于其他保险条款的方式，对“许可证书或其他必备证书”等表述内容履行提示义务。

第三，本案中保险人未提供证据证明其已尽提示义务。本案中，首先，难以通过认定上诉人缴纳保费即代表对保险条款送达行为的确认，亦不能因此免除保险人向投保人送达保险条款的义务。其次，根据已查明事实，在上诉人否认收到保险条款的情况下，被上诉人还自认保单背面并未印刷保险条款内容，则某财险上海分公司提供投保单以证明已经送达保险条款的证明目的无法实现，其无法提供证据证明其已向上诉人送达保险条款。另外，被上诉人还辩称上诉人系专业物流企业应当明知保险条款内容，但投保人的公司经营范围并不是免除被保险人向投保人送达保险条款责任的法定情形，因此该项辩称意见仍然依据不足，难以支持。

二、驾驶员未取得营运车辆从业资格证是否构成"危险程度显著增加"

《中华人民共和国保险法》第四十九条、第五十二条和《最高人民法院关于适用〈中华人民共和国保险法〉若干问题的解释（四）》（以下简称《保险法司法解释四》）第四条虽已对保险标的危险程度增加做了一些样态列举，但仍存在进一步明确的空间。该类条款需要依据个案事实，综合法学理论、司法原则和立法目的等因素予以具象，主要可从三个方面进行判断：

第一，显著性。本案中难以认定驾驶员未取得营运车辆从业资格证构成了保险标的危险程度显著增加，这是因为涉案车辆事故发生时的驾驶员符某具有准驾车型为A2的机动车驾驶证，且驾驶证上记载内容表明案涉两车检验均在有效期内。结合《保险法司法解释四》第四条第一款的规定，本案中保险标的的用途等因素均未变化，仅于第一款第五项保险标的使用人的资质问题上产生了争议，尚未满足显著性特征的全部要求。结合本案案情，本案中驾驶员未取得营运车辆从业资格证并不会实质性提高车辆运营的风险，从而并未显著提高保险风险，亦未打破承保风险和保费之间的平衡。

第二，持续性。就本案而言，《保险法司法解释四》第四条第一款第五项对保险标的使用人的限制旨在避免不具有相应车型驾驶资格和能力的人员驾驶车辆，侧重驾驶人的驾驶能力对于车辆行驶安全的影响。本案中，根据《道路交通事故认定书》的内容，公安机关并未因符某未取得营运车辆从业资格证而认为其丧失了驾驶能力。因此符某虽然在一段时间内处于没有营运车辆从业资格证的状态，但其不具有营运车辆从业资格证不等同于未取得驾驶资格，也不符合保险标的持续性地处于危险增加的条件。

第三，不可预见性。本案中法院根据某财险上海分公司出具的机动车保险单上“车辆信息”中“使用性质”载明涉案车辆系营业货车这项事实认定保险风险属于可预见风险，说明在订立保险合同时，某财险上海分公司对于涉案车辆属于营运性质系明知，并在核定保费过程中相应纳入该项考量，即以涉案车辆的约定使用用途为基础，将可预见的风险已纳入评估承保风险、计算费率中，因此保险人的承保行为已实现财产保险“射幸合同、分摊损失”的制度功能。

编写人：上海金融法院　周荃

43

公益保险投保人不当然享有保险合同任意解除权

——某保财险上海分公司诉骏某公司财产保险合同案

【案件基本信息】

1. 裁判书字号

上海金融法院（2020）沪 74 民终 1162 号民事判决书

2. 案由：财产保险合同纠纷

3. 当事人

原告（被上诉人）：某保财险上海分公司

被告（上诉人）：骏某公司

【基本案情】

骏某公司系上海市某地块项目开发商。2017 年 8 月 7 日，该项目竣工验收。

2017年10月30日，骏某公司向上海市嘉定区房管局缴纳该项目物业保修金6768143.16元。因2017年国务院有关部委取消了物业保修金，2018年7月30日，骏某公司收到嘉定区房管局退还的物业保修金（含利息）6809640.95元，嘉定区房管局建议骏某公司购买建筑工程质量潜在缺陷保险（以下简称IDI保险）。

2018年8月22日，骏某公司就该项目向某保财险上海分公司投保涉案IDI保险。涉案IDI保险投保单载明：某地块项目总保险金额为124230825元；总保险费为1304423.66元；缴费计划为一期支付等。涉案保险使用的是2012版《建筑工程质量潜在缺陷保险（上海地区）条款》（以下简称2012版保险条款）。第三十七条约定：本保险合同成立后，投保人可要求解除本保险合同。投保人要求解除本保险合同的，应当向保险人提出书面申请，保险人在收到投保人交纳物业保修金的书面证明之后，本保险合同自保险人收到书面申请时终止。

2018年9月18日，骏某公司向嘉定区房管局提交申请，载明骏某公司已按照要求购买某地块小区的《建筑工程质量潜在缺陷保险》等，申请解冻某地块物业保修金6459640.95元，并附随提交了涉案IDI保险单及保险条款。

投保后，骏某公司未按约支付保险费，经催款，骏某公司支付了50%保险费65万余元。对剩余保险费，骏某公司不愿支付，并提出解除保险合同。某保财险上海分公司催讨无果，诉至法院。

被告骏某公司认为，《中华人民共和国保险法》第十五条规定，除该法另有规定或保险合同另有约定外，保险合同成立后，投保人可以要求解除合同。涉案2012版保险条款第三十七条也有投保人可以解除合同的约定。至于约定解除合同的条件，投保人提交交纳物业保修金的书面证明，因物业保修金项目被取消，对该合同应作出不利于格式条款提供方的解释，该条件自动失效，投保人可以任意解除保险合同。虽然上海市于2019年出台《关于本市推进商品住宅和保障性住宅工程质量潜在缺陷保险的实施意见》（以下简称2019年《实施意见》）、《上海市住宅工程质量潜在保险实施细则》（以下简称2019年《实施细则》)，规定了IDI保险合同不得解除。但涉案合同订立于2018年，不适用该实施意见。骏某公司解除保险合同后，仍会承担工程质量方面的保障义务，未损害业主的合法权益。

某保财险上海分公司则提出，IDI保险是政府为保障业主住宅质量公共利益而推出的保险，建筑开发商作为投保人，对其保险合同解除权必然有所限制。特别在取消物业保修金后，上海将投保IDI保险作为开发商取得建设用地土地出让条件之一，投保人解除保险合同不符合合同约定和公共利益。

【案件焦点】

骏某公司是否享有系争IDI保险合同的解除权。

【法院裁判要旨】

上海市虹口区人民法院经审理认为：某保财险上海分公司、骏某公司签订本案IDI保险合同合法有效，双方均应恪守。案件争议焦点为骏某公司是否有权解除保险合同。首先，保险条款第十九条约定的是投保时建筑工程尚未完工的情形，在完工后剩余保险费交清前该IDI保险合同不生效。而本案骏某公司投保时涉案建筑工程早已竣工，并不适用上述条款。其次，涉案保险条款第三十七条约定了投保人解除保险合同的条件，要求投保人提出书面申请、提供交纳物业保修金的书面证明。本案保险合同订立时，物业保修金已经取消，故第三十七条约定的内容无实际操作可能，该条款无法适用，骏某公司主张根据第三十七条约定解除合同的辩称意见，不予采纳。最后，IDI保险的性质较为特殊，被保险人虽然是建筑工程开发商，但实际保障的是广大小业主的权益，从上海市于2016年出台《关于本市推进商品住宅和保障性住宅工程质量潜在缺陷保险的实施意见》(以下简称2016年《实施意见》)、2019年《实施意见》的相关内容来看，市政府在商品住宅工程中大力推行IDI保险，并且在2019年《实施意见》中明确规定已经投保IDI保险的不得解除。虽然本案保险合同签订于2018年，但是从开发商骏某公司的社会责任、保障广大小业主权益等方面考虑，解除本案保险合同并不合适。综上所述，综合考虑本案保险合同约定和

IDI 保险性质的特殊性，骏某公司应当按照保险合同的约定履行支付保险费的义务，现某保财险上海分公司要求骏某公司支付剩余保险费，于法有据，法院予以支持。至于某保财险上海分公司主张的利息，骏某公司因要求解除合同而未支付剩余保险费，且在保险费付清之前某保财险上海分公司不承担保险责任，故某保财险上海分公司的该项诉讼请求缺乏事实和法律依据，法院不予支持。判决：

一、骏某公司于判决生效之日起十日内支付某保财险上海分公司保险费652211.83 元；

二、驳回某保财险上海分公司的其余诉讼请求。

骏某公司不服一审判决，提起上诉。

上海金融法院经审理认为：上述争议焦点的关键在于对系争合同条款的解释，在以文义解释的方法无法直接确定该解除权条款含义的情况下，应采取整体解释、目的解释、习惯解释、诚实信用原则解释等合同解释方法共同确定约定内容的真实含义。

其一，从 IDI 保险性质看，该保险依据规范性文件设立，其合同的受益人和索赔权益人均为业主，带有较强的公益性质。因建设工程涉众面广，风险周期较长，给予开发商投保人任意合同解除权有所不当。

其二，从保险条款设定投保人的合同解除权目的看，2012 版保险条款拟定时物业保修金有效施行，单位缴纳物业保修金和投保 IDI 保险功能重复，因此格式条款赋予投保人缴纳物业保修金或投保 IDI 保险合同的选择权，具体体现在保险合同中的约定解除权条款。在其后推出的 2016 版 IDI 保险条款中，直接规定该保险合同不得解除。说明系争解除权条款设定的目的是物业保修金和投保二择一，并非任意解除权。

其三，从当事人真实意思表示看，骏某公司向嘉定区房管局申请解冻物业保修金时，书面确认已按要求购买保险并提交涉案保险单佐证，其对于以 IDI 保险的方式代替物业保修金的保障功能应属明知，对于获得退还的物业保修金需以投保 IDI 保险为前提的义务属性亦属明知。骏某公司在获取物业保修金后要求解除保险合同，拒付剩余保费，有违诚信原则。

其四，从规范性文件的约束看，2019 年《实施细则》对于签订于 2017 年 11 月 1 日以前，签订于 2017 年 11 月 1 日至 2019 年 3 月 13 日，以及签订于 2019 年 3 月 14 日后的 IDI 保险合同的保险范围分别进行了具体规定，说明 2019 年《实施细则》的效力应及于上述三时间段签订的保险合同。本案保险合同 2018 年 8 月签订，2019 年《实施意见》《实施细则》应予适用。

综上，在骏某公司已获取退回的物业保修金的情况下，应认定投保人不符合涉案 IDI 保险合同的解除条件，判决：驳回上诉，维持原判。

【法官后语】

建筑工程质量潜在缺陷保险（IDI 保险），为建筑工程的主体结构提供长达十年的保险保障，通过第三方保险责任，落实了建筑开发商的保修义务，保障了业主居住安全的合法权益，也有利于分担政府建筑工程质量管理的压力。上海市将投保 IDI 保险作为开发地产的前提条件，提升了上海市商品房和保障性住房建筑工程质量的管理服务水平。本案系上海市及全国首例 IDI 保险合同退保纠纷，涉案开发商是否有权解除 IDI 保险合同，关系到上海市商品房和保障性住房建筑工程的开发条件设定及相应规范性文件的执行，对于此类保险今后的发展和推进进程产生了较大影响，受到了保险业界及监管部门的关注。

建筑工程质量潜在缺陷是指由于工程建设期间的设计错误、原材料缺陷或施工工艺不善引起的建筑物缺陷所造成的建筑物漏水、裂缝、倾倒或倒塌的风险。该风险具有延时性，且存在责任主体无力承担的可能，因此往往会给建设方、开发方和消费者带来权益纠纷。[①] 2017 年住房和城乡建设部印发了《关于开展工程质量安全提示行动试点工作的通知》，要求上海、江苏、浙江等 9 个地区试点工程质量保险，部分省市以地方政府规范性文件的形式对该保险开展

① 龚保儿：《建筑工程质量潜在缺陷保险：亮点与困难同在》，载《建筑》2019 年第 12 期。

半强制性推广。在“上海模式”的IDI保险合同中，由建设单位为投保人和被保险人，业主为受益人和索赔权益人属于较为典型的向第三人履行并由第三人受益的利他合同。现行保险法虽赋予投保人得以行使任意解除权的原则，但也规定了保险法另有规定或合同另有约定的除外。

基于现代社会必须的部分高风险行业的客观需求，又不可避免地涉及不特定第三者利益的保障，强制保险制度应运而生。2006年6月国务院发布了《国务院关于保险业改革发展的若干意见》，对强制保险提出了“市场运作、政策引导、政府推动、立法强制”的发展思路。IDI保险涉众面广，公益性质凸显。因该险种相对较新，目前还在地方试点中，国家虽尚未出台直接的法律或行政法规进行规制，但上海市依然通过地方规范性文件进行统一部署和推行，通过规范明确保险责任范围、保险期间、赔偿金额、索赔主体等，并建立专门平台进行统一登记和操作。本案纠纷的处理，与涉案IDI保险的开展和推行息息相关。也希望尽快出台更高位阶的规范性法律文件，以降低纠纷发生概率，进一步保障IDI保险的政策性、公益性保险属性的发挥。

编写人：上海金融法院　吴峻雪

44

共同保险中出单公司违法对外赔付的赔偿责任

——甲财产保险股份有限公司上海市分公司诉乙财产保险股份有限公司上海分公司责任保险合同案

【案件基本信息】

1. 裁判书字号

上海金融法院（2020）沪74民终541号民事判决书

2. 案由：责任保险合同纠纷

3. 当事人

原告（上诉人）：甲财产保险股份有限公司上海市分公司（以下简称甲公司）

被告（被上诉人）：乙财产保险股份有限公司上海分公司（以下简称乙公司）

【基本案情】

2014年2月18日，案外人职工度假公司所属机动车发生交通事故，造成三名乘客死亡，多人受伤。交警认定，公司所属司机负事故全部责任。事故车辆在被告处投保了承运人责任保险，共同保险人为原告（承保比例50%）、被告（承保比例25%）及案外人太平洋财险（承保比例25%）。根据甲公司、乙公司与太平洋财险签订的《共保协议书》：甲公司为主承保人，乙公司及太平洋财险为副承保人；出单公司（本案中即为被告）自然成为保单所载客运企业的保险理赔服务方，负责该企业的保险理赔、咨询等；对预计损失金额在十万元以上的赔案，由出单公司通知其他两方保险公司，并牵头与其他两方共同负责事故现场的勘查、检验、定损等理赔服务，出单公司应于结案后3个工作日内向被保险人支付保险赔款，其他两方应于出单公司赔付后3个工作日内按照共保承保比例支付保险赔款给出单公司。本案交通事故发生后，被告作为出单公司，将三名死者的保险金全额支付给了职工度假公司。原告则按照分摊比例，将其应承担的部分支付给了被告。但职工度假公司收到理赔款后未将其支付给三名死者家属。三名死者家属遂提起另案诉讼，要求原、被告及太平洋财险向其支付保险金，并得到了法院支持。原告为此又向死者家属支付保险金681342.40元。

原告支付上述款项后，遂提起本案诉讼，以被告违反《中华人民共和国保险法》规定对外赔付为由，要求其赔偿原告重复支出的保险金681342.40元。

【案件焦点】

1. 原告可否基于《共保协议书》要求被告进行赔偿；2. 被告是否存在违反《共保协议书》的违约行为，是否应承担赔偿责任。

【法院裁判要旨】

上海市静安区人民法院经审理认为：甲公司、乙公司等签订的《共保协议书》《四方协议》以及涉案的责任保险合同，系各方真实意思表示，合法有效。依协议，乙公司作为出单方对三方共保的责任保险事故进行理赔。审理中，甲公司明确本案请求权基础是乙公司在责任保险事故对外理赔中违反《中华人民共和国保险法》第六十五条第三款规定，致甲公司两次赔偿保险金，有重大过失。

《中华人民共和国保险法》第六十五条第三款规定，责任保险的被保险人给第三者造成损害，被保险人未向该第三者赔偿的，保险人不得向被保险人赔偿保险金。由此，违反该法律规定的保险人应继续赔偿第三者，对于保险人不当赔付给被保险人的保险金，应当由保险人向被保险人要求返还。涉案事故经多起诉讼，法院认定甲公司是责任保险合同的共同保险人，应按约定比例对外承担保险赔偿责任，故甲公司亦有权据此向被保险人要求返还。甲公司在诉讼中表示与被保险人无法律关系、不能主张返还，无依据，不予采信。至于乙公司基于共保协议的对外理赔如有违反法律规定或合同约定，甲公司可在向被保险人要求返还、损失确定后再行主张。综上，上海市静安区人民法院判决：不支持甲公司的诉讼请求。

后甲公司不服一审判决，提起上诉。

上海金融法院经审理认为：甲公司、乙公司间存在两层法律关系。在对外关系上，甲公司、乙公司同为共保人，可基于各自承保比例，向职工度假公司主张返还不当得利（即预付的第三者保险金）。在对内关系上，被告为涉案保单的出单公司，在代表共保体对被保险人进行赔付时，与其他共保人之间为代理和被代理的关系。即，就其他共保人应赔付之保险金，由出单方作为代理人向被保险人支付。本案中，原告的诉请显然是基于对内关系，意在追究代理人在履行代理职责过程中未尽必要的注意义务，导致被代理人遭受损失的赔偿责任。此系原告自主行使诉权的行为，于法有据，故本案起诉无须以原告向职工度假公司主张返还保险金不能为前提。

《中华人民共和国保险法》第六十五条第三款规定，责任保险的被保险人给第三者造成损害，被保险人未向该第三者赔偿的，保险人不得向被保险人赔偿保险金。本案中，乙公司作为其他共保方的代理人，本应谨慎、勤勉、忠实地行使代理权，依法进行理赔。但其作为专业的保险机构，却违反保险法的上述规定，在被保险人尚未向三名死者家属作出赔偿时，就将甲公司应分摊的理赔款支付给了被保险人，导致甲公司就相同的保险事故进行了再次赔付，其行为显然违反了《共保协议书》的约定，应对甲公司承担赔偿责任。乙公司在承担损害赔偿责任后，在其赔偿范围内，可代位甲公司行使对职工度假公司的保险金返还请求权。关于乙公司提出的主承保人抗辩，甲公司虽为主承保人，但依约并不承担对外支付保险赔款的义务，而被保险人是否已向第三者赔偿损失，正是对外支付保险金时应当审查的内容，应由出单公司即乙公司完成，甲公司并不参与也无从知悉，故法院对乙公司的抗辩不予采信。综上，上海金融法院判决：

乙公司赔偿甲公司保险金 681342. 40 元。

【法官后语】

共同保险简称共保，是保险业发展过程中自发形成的一种保险模式，一般出现于某项保险标的价值或金额过大，超出单个保险公司的财力承受范围，或保险金额超过保险法强制规定限额的情况，对于大型保险项目的风险分散起着重要作用。我国保险法未对共同保险作出明确规定，但共保在实践中广泛存在，例如，以“京惠宝”“沪惠宝”为代表的各地惠民保产品，采用的即为共同保险模式。共同保险中，通常由出单公司（即负责向投保人出具保单的保险公司）联合多家保险公司共同承保，签订共保协议，出单公司根据共保协议的约定向投保人出具保单、收取保费，并在保险事故发生时，代表共保体向被保险人进行理赔。同时，在各共保人内部，根据承保份额的多少，还有主承保人、副承保人之分，出单公司并不必然是主承保人，也可以是承保份额较少的副承保人。

司法实践中，以往的共保诉讼多由被保险人提起，要求各共保人赔偿保险金，仅涉及共保体的对外关系。而本案为出单公司违法对外理赔后，其他共保人要求其承担损害赔偿责任的纠纷，涉及共保体内部关系，在司法实务中较为少见，属新类型案件。本案判决在以下三个方面对同类案件具有重要参酌价值：(1) 首次明确了共保体内部追责的法律依据。共同保险中，多名保险人以经营共同事业（对某保险项目进行联合承保）为目的相互结合，在共保体内部形成类似于合伙的法律关系。经由共保协议的授权，出单公司在执行签订保险合同、定损、赔付等事务时，具有代理其他共保体成员的权能。该种授权通过保单后附的共保协议，也为投保人所知。基于上述授权，出单方在执行代理实务时兼具双重角色：就自己的承保部分，以本人的名义实施法律行为；就其余承保部分，则作为其他共保人的代理人实施法律行为，行为的法律效果直接由其他共保人承担。(2) 判决明确了基于共保协议授权的代理亦适用《民法通则》第六十六条第二款（现《民法典》第一百六十四条第一款）。出单公司作为代理人，依法应为其他共保人利益，在代理权限内，谨慎、勤勉、忠实地行使代理权，其注意义务应达到善良管理人的程度。如其未能适当履行代理职责，即应对由此给被代理人造成的损失承担赔偿责任。主承保人和副承保人的区分标准仅为承保份额的多少，与共保体对外代理权的授予和行使无关，出单公司不能仅以其并非主承保人为由主张免责。(3) 在出单公司违反保险法规定对被保险人进行不当赔付时，明确区分了共保体内部基于代理关系的追责，以及共保体各成员对外向被保险人要求不当得利返还的两层法律关系。支持了共保体成员要求追究出单方不当履行代理职责的损害赔偿请求，有利于督促出单公司善尽代理职责，推动共保模式更加健康有序地发展。

编写人：上海金融法院　童蕾

九、其他

45

议付行的独立审单义务与善意议付的认定

——普某公司诉传某公司等信用证欺诈案

【案件基本信息】

1. 裁判书字号

最高人民法院（2020）最高法民申 2937 号民事裁定书

2. 案由：信用证欺诈纠纷

3. 当事人

原告（被上诉人、再审被申请人）：普某公司

被告（被上诉人、再审被申请人）：传某公司、诚某公司、商某公司

第三人（被上诉人、再审被申请人）：光某银行

第三人（上诉人、再审申请人）：东某银行

【基本案情】

传某公司、诚某公司均系陈某实际控制的公司，其中诚某公司在香港登记设立。

2013 年 5 月 27 日，传某公司与普某公司签订《代理进口合同》，约定传某公司委托普某公司代为从诚某公司进口棉花 801 吨，合同总价 1906380 美元。

同日，普某公司与诚某公司签订《买卖合同》，约定普某公司自诚某公司购买原棉801吨，合同价款1906380.48美元，付款方式为90天后见票付款信用证，通知行为东某银行，信用证不可撤销并适用UCP600。

随后，普某公司向光某银行申请开立信用证。光某银行开立了受益人为诚某公司、金额为1906380美元的759号信用证，自由议付，适用规则为跟单信用证统一惯例最新版，需要的单据包括全套清洁已装船提单一式三份不可转让的副本提单，指示提单、空白背书并注明“运费预付”等。

2013年5月30日，诚某公司收到东某银行关于759号信用证的通知后，陈某向东某银行递交《交单委托指示》，申请东某银行议付跟单信用证。在递交《交单委托指示》期间，由于其提交的提单没有托运人的背书，陈某按照东某银行工作人员的要求，在该文件“其他指示”栏书写了“担保一切不符点，不用审单直接寄单”。

诚某公司提交的信用证项下提单系商某公司作为承运人的CAQI285××××号、GAGJ284××××号提单。GAGJ284××××号提单托运人为艾伦伯格公司，收货人凭指示，通知方为中国储备棉公司。CAQI285××××号提单托运人为杰斯史密斯父子公司，收货人凭指示，通知方为冠县冠星公司，诚某公司使用的CAQI285××××号、GAGJ284××××号提单，没有提单载明的托运人的背书，仅有诚某公司的签章背书。前述提单并非商某公司签发的真实提单，而是陈某自案外人处购买的虚假提单。

东某银行收到诚某公司的前述申请和提交的单据后，同日即通过快递将信用证项下单据转交给光某银行。2013年6月4日，光某银行向东某银行发出电文，同意承兑汇票/单据，付款日期为2013年8月29日。2013年6月6日，东某银行在扣除利息、预收费、手续费等后，向诚某公司支付了信用证项下款项1890368.7美元。

普某公司收到光某银行转交的单据后，即在提单上背书，并委托第三方办理提货手续，但被告知提单项下货物已被提走。

2013年8月12日，普某公司以诚某公司、商某公司共同串通通过虚假提单进行信用证欺诈为由，提出诉前财产保全申请，请求裁定光某银行中止支付759号信用证项下的款项1906380美元。一审法院经审查，准许了普某公司的前述申请。此后，普某公司提起本案诉讼，请求终止支付759号信用证。

另查明，普某公司在发现提单项下货物被提走后，向公安机关报案。经公安机关侦查，南京市人民检察院以陈某犯信用证诈骗罪向南京市中级人民法院提起公诉。经审理，南京市中级人民法院作出刑事判决，认定陈某犯信用证诈骗罪。陈某不服，上诉至江苏省高级人民法院。江苏省高级人民法院经审理，驳回了陈某的上诉。

【案件焦点】

涉案759号信用证是否应当被终止支付。

【法院裁判要旨】

武汉海事法院经审理认为：在法律适用方面。首先，商某公司的住所地在韩国，诚某公司的住所地在我国香港特别行政区，海运欺诈、信用证欺诈系侵权行为，依法适用侵权行为地法律，故本案应适用侵权行为地即中华人民共和国法律。其次，因本案涉及有关信用证项下议付等信用证纠纷问题，根据《最高人民法院关于审理信用证纠纷案件若干问题的规定》（以下简称《信用证司法解释》）第二条的规定，人民法院审理信用证纠纷案件时，当事人约定适用相关国际惯例或者其他规定的，从其约定；当事人没有约定的，适用国际商会《跟单信用证统一惯例》或者其他相关国际惯例。本案759号信用证明确约定受国际商会《跟单信用证统一惯例》最新版本约束，且本案信用证开立时的最新版本为UCP600，故处理本案信用证议付等法律争议应适用国际商会UCP600的有关规定。759号信用证是否应当被终止支付，应当考虑如下几个方面：1. 本案中是否存在信用证欺诈；2. 东某银行对759号信用证的融资行为是否构成善意议付；3. 东某银行对涉案信用证的议付，是否构成信用证欺诈例外的例外。

关于本案中是否存在信用证欺诈。诚某公司在涉案信用证项下使用的提单，是伪造的虚假提单。根据《信用证司法解释》第八条第一款第一项“受益人伪造单据或者提交记载内容虚假的单据”的规定，诚某公司的行为，构成信用证欺诈。

关于东某银行对 759 号信用证的融资行为是否构成善意议付。第一，东某银行对 759 号信用证的融资行为是否构成议付。诚某公司向东某银行提交了 759 号信用证项下单据及《交单委托指示》，委托东某银行“议付跟单信用证”。东某银行接受诚某公司的指示后，向光某银行递交了信用证项下单据，并于信用证到期日 2013 年 8 月 29 日前，向诚某公司支付了扣除国外银行费用、利息、信用证议付手续费后的信用证金额余额。东某银行的前述行为，符合 UCP600 第二条对于议付的定义，即“议付是指定银行在相符交单下，在其应获偿付的银行工作日当天或之前向受益人预付或者同意预付款项，从而购买汇票（其付款人为指定银行以外的其他银行）及/或单据的行为”，构成信用证议付。第二，东某银行对 759 号信用证的议付是否构成善意议付。首先，根据 UCP600 第二条关于议付的定义，以及第十四条 a 款的规定，议付行应当审核交单，并在相符交单的情况下办理议付。东某银行作为议付行，应当审慎审核诚某公司提交的单据，确保单证相符。本案 759 号信用证明确规定，相应提单应当为“指示提单、空白背书并注明运费预付”。在信用证已对相应提单作出明确要求的情形下，东某银行应当严格依照信用证要求和审单标准对诚某公司提交的提单进行审核。其次，从《跟单信用证统一惯例 1993 年修订本》（国际商会第 500 号出版物，以下简称“UCP500”）起，国际商会制定《关于审核跟单信用证项下单据的国际标准银行实务》（通称“ISBP”），作为银行业审核信用证项下单据的依据。提单代表着货物权利，是信用证项下的核心单证。在 UCP500 之后的 ISBP645 第 85 条、ISBP681 第 102 条、ISBP745 第 E13a 均要求，对于指示提单，必须经托运人背书。审核指示提单是否经托运人有效背书，是银行审核跟单信用证项下单据的重要环节，也是一项长期存在的行业惯例。前述针对指示提单的审单标准，来源于航运惯例，要求指示提单须经托运人背书，正是为了确认持有提单的人系提单的合法持有人，保障提单背后贸易合同的顺利履行。诚某公司向东某银行提交的指示提单均仅有诚某公司的背书，没有托运人或托运人的代理人背书，不符合759号信用证的要求。在东某银行严格依照759号信用证要求和ISBP的相关指引进行审单的情况下，完全可以避免出现该种单证不符的情形。东某银行对诚某公司提交提单予以交单并议付的行为，不符合759号信用证的要求和信用证审单标准，存在重大过失，不能构成善意议付。东某银行辩称UCP600并未对议付行的审单义务作出规定，其对759号信用证予以议付，完全是基于光某银行承兑该信用证的信赖，是基于光某银行的指示所从事的议付。该抗辩意见违反UCP600第十四条a款的规定，属于规避其应尽的审单义务，不能成立。因此，东某银行对759号信用证的议付，不构成善意议付。

关于东某银行对涉案信用证的议付，是否构成信用证欺诈例外的例外。东某银行对759号信用证的融资行为，不构成善意议付，不属于《信用证司法解释》第十条规定的例外情形。

综上，武汉海事法院判决：终止支付以诚某公司为受益人的759号信用证项下款项。

东某银行不服一审判决，上诉至湖北省高级人民法院。

湖北省高级人民法院经审理认为：根据UCP600第二条“定义条款”，相符交单是指与信用证条款、本惯例的相关适用条款以及国际标准银行实务一致的交单。按照前述规定，审单的银行应当根据信用证条款、国际标准银行实务（ISBP）来审查单证是否相符。虽然UCP600没有规定“合理谨慎”的审单要求，但并不意味着银行审单可以不“合理谨慎”。案涉信用证条款明确要求“指示提单、空白背书”。同时，ISBP745（该国际惯例2013年启用）第E13a段规定：若提单收货人为“凭指示或凭托运人指示”，则该提单须由托运人背书。然而，案涉提单背面仅有诚某公司印章背书，无托运人背书，故东某银行在审核单据时未严格按照国际标准银行实务惯例进行审查。东某银行审单过程中发现诚某公司提交的提单没有发货人（即托运人）背书，遂要求陈某在《交单委托指示》注明“担保一切不符点，不用审单直接寄单”，可见东某银行尽管在审核单据时注意到提单的背书瑕疵，但未按照 ISBP745 的规定来履行审单义务，仅要求受益人书面担保确认，不属于善意的议付行。据此，湖北省高级人民法院驳回东某银行的上诉，维持一审判决。

东某银行不服湖北省高级人民法院的二审判决，向最高人民法院申请再审。

最高人民法院再审审查认为：案涉信用证条款明确适用 UCP600。因 UCP600 没有涉及信用证欺诈或欺诈例外的内容，故在本案出现信用证欺诈的情况下，案涉信用证项下款项应否被止付应依据《信用证司法解释》的规定来认定。《信用证司法解释》第十条规定："人民法院认定存在信用证欺诈的，应当裁定中止支付或者判决终止支付信用证项下款项，但有下列情形之一的除外：……（四）议付行善意地进行了议付。"本案中，已有生效刑事判决认定了陈某实施信用证欺诈的事实。东某银行主张两家开证行应继续支付案涉信用证项下款项，应以其议付是善意的为前提。关于东某银行的议付行为是否善意，应综合考虑该银行在议付之前是否参与或知晓欺诈，是否尽到了其应尽的审单义务。首先，东某银行作为议付行具有独立的审单义务。UCP600 第十四条规定了单据审核标准。该条 a 款规定："按指定行事的指定银行、保兑行（如果有的话）及开证行须审核交单，并仅基于单据本身确定其是否在表面上构成相符交单。"根据该规定，东某银行作为议付行，应当审慎审核诚某公司提交的单据，确保单证相符。东某银行应在相符交单的情况下办理议付，该银行具有独立的审单义务。东某银行关于两家开证行接受了案涉提单背书的瑕疵，东某银行的议付行为属于善意之主张缺乏依据，不能成立。其次，案涉提单存在不符点。国际商会制定了 ISBP，作为银行业审核信用证项下单据的依据。案涉信用证明确：相应提单应当为"指示提单、空白背书并注明运费预付"。诚某公司向东某银行提交了指示提单。对于如何审核该指示提单，ISBP745（2013 年启用）第 E13a 要求，对于指示提单，必须经托运人背书。审核指示提单是否经托运人有效背书，已经成为银行审核跟单信用证项下单据的重要环节，也是一项长期存在的行业惯例。诚某公司向东某银行提交的指示提单均仅有诚某公司的背书，没有托运人或托运人代理人的背书，不符合案涉信用证的要求，属于单证不相符。东某银行虽主张诚某公司系托运人的代理人，但缺乏证据证明，该主张不能成立。最后，东某银行未尽到其应尽的审单义务。在信用证已对相应提单作出明确要求的情形下，东某银行应当严格按照信用证要求和审单标准对诚某公司提交的提单进行审核。东某银行员工参与了案涉信用证的全部开立过程，知悉信用证背后的交易流程，并明知陈某同为诚某公司和传某公司的法定代表人和实际控制人。在案涉信用证交易存在较大风险的情况下，东某银行应该尽到专业银行应尽的审慎的审单义务。但东某银行在发现案涉指示提单没有托运人或托运人代理人的背书时，在对提单背后的贸易合同是否能顺利履行仍然存疑的情况下，仅要求受益人在《交单委托指示》中其他指示栏填写了“担保一切不符点，不用审单直接寄单”，即予以议付。根据 UCP600，在单据存在不符点时，开证行可以自行决定联系申请人放弃不符点。东某银行已知悉本案信用证交易情况及风险，让受益人签署担保不符点即予议付，不符合相关规定，而且对于单据的审查未尽到一般注意义务，议付行为不属于善意议付行为。据此，最高人民法院驳回了东某银行的再审申请。

【法官后语】

信用证交易，是一种基于规则的单据交易，若参与方不遵守相应规则，则制度难以持续。信用证的有关规则由商业习惯而来，国际商会制定的信用证交易规则虽然不断完善，但无法涵盖全部的实践，无法充分考虑各个国家的不同司法实践和不同语言的表述习惯，且其本身也有语义上的模糊性，需要在具体的司法实践中予以厘清；同时，UCP600 对于信用证欺诈也未涉及，由各国依据国内法予以规制。本案的核心，是对议付和善意议付的认定。

一、关于信用证议付的认定

在信用证业务实践中，不同的银行往往采取不同的业务形式和名称，如打包放款、票据贴现、出口押汇、出口贷款、福费廷等等。不论其形式和名称如何，对于某一信用证项下的融资是否构成议付，均应当严格按照 UCP600 第二条关于议付的定义进行审查，而不必受限于具体银行对该业务的命名和描述。同时，预付或同意预付款项购买受益人单据的银行，在收到受益人的单据后，可能利用该单据向第三方进行融资，此类融资不应同议付行与受益人之间的议付相混淆，其融资方式、手段不影响符合议付的定义而成立的议付行为。

值得注意的是，UCP600第二条关于议付的定义中“在相符交单下……”的描述，是否要求必须是客观上满足“相符交单”前提才构成议付，还是以议付行主观上的认识来判断。笔者认为，此处应以议付行在主观上的认识状况来判断。即使受益人提交的单据在客观上并不构成UCP600第二条关于“相符交单”的定义，但议付行审查后认为构成相符交单并预付信用证项下款项，仍应认定其构成议付。至于其客观上是否符合“相符交单”，应当作为判断议付行是否善意地议付了信用证的考量因素。

本案中，信用证的到期付款日为2013年8月29日，东某银行在此之前接收并审查了诚某公司递交的单据，认为单证相符，并向诚某公司支付了信用证项下款项，构成对涉案信用证的议付。东某银行是否对诚某公司提交的虚假提单进行了合理审查，应当从其是否善意地履行了相符交单审查义务的层面进行论证。

二、关于善意议付

《最高人民法院关于审理信用证纠纷案件若干问题的规定》第十条第一款第四项规定：“议付行善意地进行了议付”，系信用证欺诈例外的例外情形之一。在此情况下，即使存在信用证欺诈，也不能裁定中止支付或者判决终止支付信用证项下款项。议付行的议付行为是否善意，应当结合议付行在议付之前是否参与或知晓欺诈，是否尽到了其应尽的审单义务来进行判断。

本案中，东某银行始终主张其并无审单义务，其交单系相符交单，且光某银行已经承付了涉案信用证，故应被认定为善意议付行。但其意见均不能成立，理由为：

首先，东某银行作为议付行，负有UCP600下的独立审单义务。UCP600第二条关于议付的定义，以及第14条a款，均对议付行的独立审单义务作出了明确规定，东某银行主张其并无审单义务，违背了前述规定。议付行的独立审单义务，意味着该义务不因开证行放弃不符点或同意承付而免除。东某银行以光某银行放弃不符点且同意承付为由，主张其系相符交单基础上的善意议付，不能成立。

其次，东某银行作为议付行，依据规则履行审单义务，是其议付行为被认定为善意议付的基本条件。议付行在相符交单下具有审单注意义务。UCP600第二条关于议付的定义，表明议付在相符交单情况下才应议付；该条关于相符交单的定义，则指明了对单据的审查方法，即审查受益人提交的单据是否与条款一致，是否符合该惯例的相关适用条款以及国际标准银行实务。前述国际标准银行实务即指国际商会制定的《关于审核跟单信用证项下单据的国际标准银行实务》（通称“ISBP”）。从《跟单信用证统一惯例1993年修订本》（国际商会第500号出版物，以下简称“UCP500”）起，国际商会制定了ISBP作为银行业审核信用证项下单据的依据。按照ISBP的相关规定审核单据，是负有审单义务的信用证交易方应当承担的最基本的注意义务。未尽到该等注意义务而进行的议付，便不能被认定为善意的议付。本案中，东某银行发现诚某公司提交的提单未背书，诚某公司称其系托运人的代理人后，东某银行仅要求诚某公司承诺“担保一切不符点”便进行交单。ISBP745第E13条a款已经明确表明了指示提单应当由托运人背书，或非托运人背书但应当表明其系为托运人或代表托运人作出。而东某银行完全未按照前述指南进行审查，而是以要求受益人承诺“担保一切不符点”来企图规避自身的审单义务，未尽到最基本的注意义务，不属于善意议付。在信用证欺诈成立的情况下，东某银行提出的信用证欺诈例外的例外抗辩不能成立。

编写人：武汉海事法院　邓毅

46

涉外独立保函不符合受益人滥用付款请求权情形下应依法驳回止付申请

——上海某研究所与B国某能源公司、某银行上海市分行申请中止支付保函项下款项案

【案件基本信息】

1. 裁判书字号

上海金融法院（2019）沪74行保复1号民事裁定书

2. 案由：申请中止支付保函项下款项纠纷

3. 当事人

申请人：上海某研究所

被申请人：B国某能源公司

第三人：某银行上海市分行

【基本案情】

2013年12月，上海某研究所与B国某能源公司就电站建造项目分别签订了《施工合同》《离岸供货合同》《项目桥接协议》。2014年1月，应上海某研究所的申请，第三人某银行上海市分行以B国某能源公司作为受益人开立了8份见索即付独立保函，共计金额2.4亿元人民币。履约过程中，除失效的保函外，上海某研究所就其余7份保函先后十次主动申请延长保函期限，到期日均延至2019年4月1日。2019年3月27日，B国某能源公司向某银行上海市分行提出索兑电文，要求兑付保函项下款项，上海某研究所认为根据两家公司签订的《关于120兆瓦联合发电项目的建造合同》第11.9条“最终验收证书申

请”的约定，其在2018年5月3日发送邮件催促B国某能源公司出具最终验收证书，但B国某能源公司既未予拒绝，亦未予签发，应视为B国某能源公司已出具最终验收证书，由此证明上海某研究所已经按合同完成了义务，B国某能源公司属明知没有付款请求权而索兑保函构成保函欺诈，因此向上海金融法院提起中止支付保函项下款项的申请。

【案件焦点】

涉外独立保函业务中，独立保函上载明见索即兑，但开立人提供初步证据认为其和保函接受人之间的基础债权债务关系存在违约情形、同时开立人又多次支付的，是否影响独立保函兑付。

【法院裁判要旨】

上海金融法院经审理认为：受益人明知其没有付款请求权仍滥用该权利的情形构成独立保函欺诈，而申请止付一方提供证据证明存在上述情形的证明标准，由相关司法解释明确规定为具有高度可能性；在涉外案件中，由于此类保函止付案件审理期限较短，需在48小时内做出判断，在涉外企业即受益人难以到庭参加诉讼的情况下，申请止付一方仅以基础债权债务交易关系中存在的违约情形作为证明受益人存在保函欺诈的依据，尚不足以达到高度可能性的证明标准；第三人金融机构在举证证明其受托开立涉外独立保函的过程合法合规，且能够证明申请止付一方在涉外独立保函履行过程中存在多期支付行为，则在申请止付人提供证据尚不充分的情况下不宜认定构成受益人滥用付款请求权情形。

上海金融法院认为申请人的申请依据不足，难以支持。裁定驳回申请人中止支付保函项下款项的请求。后上海某研究所不服，向原审法院提出复议申请。

上海金融法院经审理认为：依照《最高人民法院关于审理独立保函纠纷案件若干问题的规定》第十二条、第十四条、第十七条，《中华人民共和国民事诉讼法》第一百零八条、第一百五十四条第一款第十一项，《最高人民法院关于适用〈中华人民共和国民事诉讼法〉若干问题的解释》第一百七十一条之规定，裁定驳回上海某研究所的复议请求。

【法官后语】

随着我国与各国之间的贸易、金融交往日益增多，国际投资及基础设施建设规模不断扩大，国有企业在“一带一路”国家开展的基础设施建设工程项目明显增多，应涉外企业的要求对外开具独立保函等金融工具的数量快速递增，近年来诉至法院的独立保函纠纷案件亦逐年增长。独立保函纠纷作为我国对外开放新格局下出现的新类型纠纷，对其处理的过程中不可避免将涉及国际通用规则的适用、国内司法解释相关规定的理解以及金融机构跨境支付结算过程中的信用保障等金融司法实践难题。

本案中，一方面涉及对国际商会第758号出版物《见索即付保函统一规则》第二条b款规定的适用和理解，也即见索即付保函与可能作为其基础的合同或者投标条件是相互独立的交易，基础交易的合同违约情形不影响见索即付独立保函本身的法律效力；另一方面，根据《最高人民法院关于审理独立保函纠纷案件若干问题的规定》第十二条、第十四条、第十七条的相关规定，申请人诉称的保函欺诈行为所依据的理由及证据无法排除合理怀疑地认定被申请人构成独立保函欺诈。

编写人：上海金融法院　周荃

ISBN 978-7-5216-2528-8

9 787521 625288 >

图书在版编目（CIP）数据

中国法院2022年度案例．金融纠纷／国家法官学院，最高人民法院司法案例研究院编．—北京：中国法制出版社，2022.2（2022.9重印）

ISBN 978-7-5216-2528-8

Ⅰ．①中… Ⅱ．①国…②最… Ⅲ．①金融-经济纠纷-案例-中国 Ⅳ．①D920.5

中国版本图书馆CIP数据核字（2022）第022463号

策划编辑：李小草　韩璐玮（hanluwei666@163.com）

责任编辑：王熹　　封面设计：李宁

中国法院2022年度案例．金融纠纷

ZHONGGUO FAYUAN 2022 NIANDU ANLI. JINRONG JIUFEN

编者/国家法官学院，最高人民法院司法案例研究院

经销/新华书店

印刷/北京虎彩文化传播有限公司

开本/730毫米×1030毫米　16开　　印张/15.25　字数/181千

版次/2022年2月第1版　　2022年9月第2次印刷

中国法制出版社出版

书号ISBN 978-7-5216-2528-8　　定价：58.00元

北京市西城区西便门西里甲16号西便门办公区

邮政编码100053　　传真：010-63141600

网址：http：//www.zgfzs.com　　**编辑部电话：010-63141833**

市场营销部电话：010-63141612　　**印务部电话：010-63141606**

（如有印装质量问题，请与本社印务部联系。）